頻出度順

漢字検定問題集 3級

成美堂出版

本書の見方と使い方

1 POINT 頻《ひん》出度順だから効率的に学習できる！

本書ではこれまでの試験問題21年分（約260回分）を集計し、出題回数に応じて、A～Cのランクに分けて出題しています。試験によく出る順に学習できるので、短時間で効率的に学習できます。

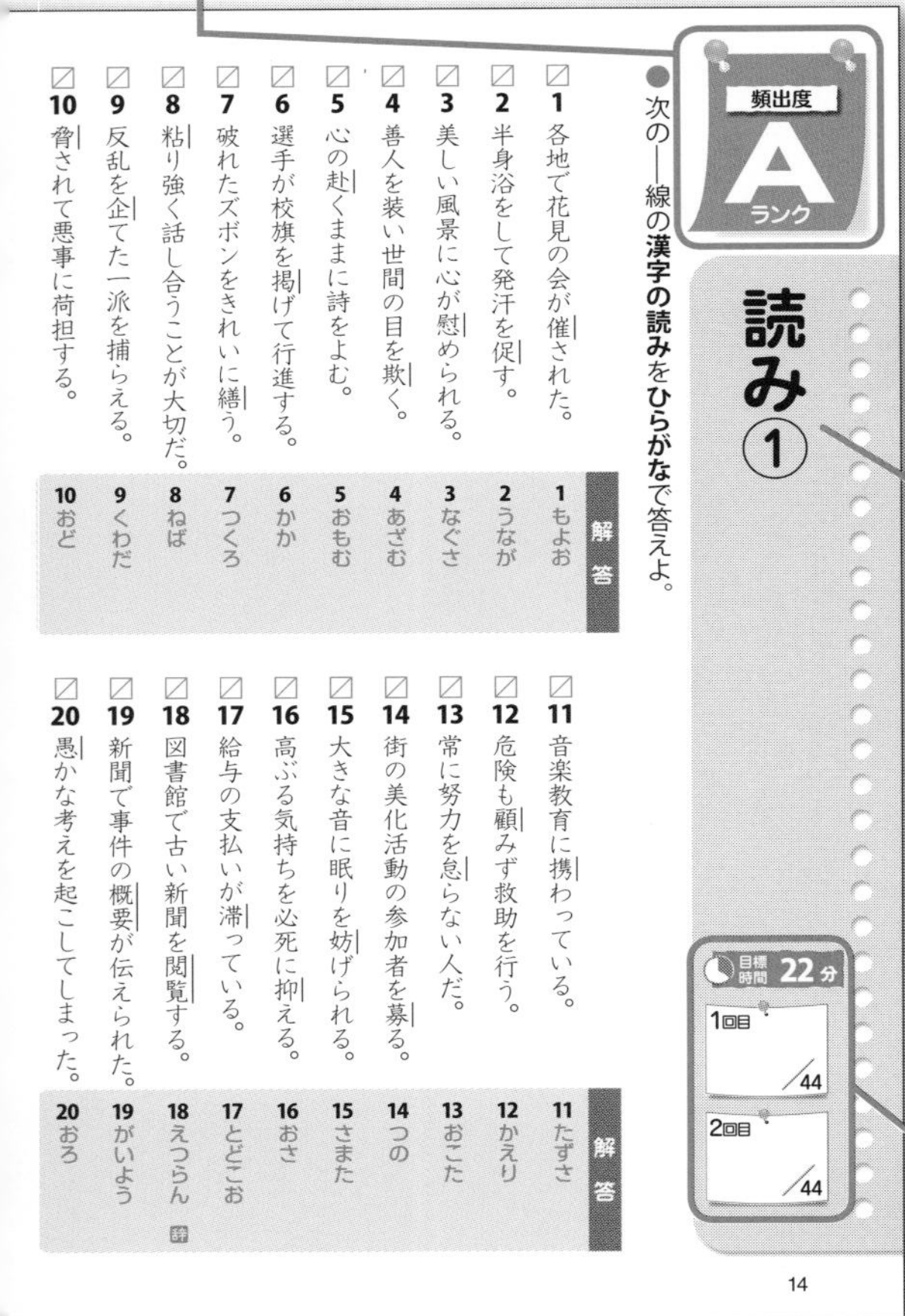

頻出度
A
ランク
読み
①
● 次の――線の漢字の読みをひらがなで答えよ。
1 各地で花見の会が催された。
2 半身浴をして発汗を促す。
3 美しい風景に心が慰められる。
4 善人を装い世間の目を欺く。
5 心の赴くままに詩をよむ。
6 選手が校旗を掲げて行進する。
7 破れたズボンをきれいに繕う。
8 粘り強く話し合うことが大切だ。
9 反乱を企てた一派を捕らえる。
10 脅されて悪事に荷担する。
解答
1 もよお 2 うなが 3 なぐさ 4 あざむ 5 おもむ 6 かか 7 つくろ 8 ねば 9 くわだ 10 おど
11 音楽教育に携わっている。
12 危険も顧みず救助を行う。
13 常に努力を怠らない人だ。
14 街の美化活動の参加者を募る。
15 大きな音に眠りを妨げられる。
16 高ぶる気持ちを必死に抑える。
17 給与の支払いが滞っている。
18 図書館で古い新聞を閲覧する。
19 新聞で事件の概要が伝えられた。
20 愚かな考えを起こしてしまった。
解答
11 たずさ 12 かえり 13 おこた 14 つの 15 さまた 16 おさ 17 とどこお 18 えつらん 辞 19 がいよう 20 おろ
目標時間 22分
1回目 /44
2回目 /44
14

Aランク
これまでに最も出題されているもの。

Bランク
これまでの試験でよく出題されているもの。

Cランク
それほど多く出題されていないが、満点をめざすなら学習しておきたいもの。

出題分野
漢字検定３級では10の分野に分かれています。

目標時間と自己採点記入欄
実際の試験時間（60分）から換算した目標時間です。

5 POINT 別冊「漢字検定３級合格ブック」で配当漢字を完全マスター！

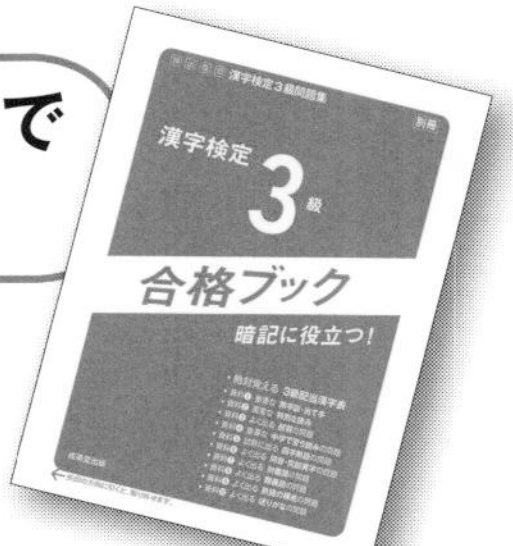

漢字検定3級問題集
別冊
漢字検定
3級
合格ブック
暗記に役立つ！

「3級配当漢字表」をはじめ、「試験に出る四字熟語の問題」「よく出る対義語の問題」など役立つ資料をコンパクトにまとめました。持ち運びに便利なので、別冊だけ持ち歩いて、いつでもどこでも暗記ができます。赤シートにも対応しています。

POINT 2 赤シート対応だからスピーディにチェックできる！

答えを赤シートで隠しながら解いていけばいいので、気軽に問題を解くことができます。

チェックボックス

間違えた問題をチェックできるので、くり返し勉強できます。

読み
部首
送りがな
四字熟語
誤字訂正
書き取り
模擬テスト

21 大勢の社員を雇っている。
22 軍がすべての権力を掌握した。
23 体力の衰えを感じ始めた。
24 卓越した運動能力を見せつけた。
25 寒さに凍えながら作業を続けた。
26 姉は嫁ぐ日を心待ちにしている。
27 人生の岐路に立たされる。
28 幻の名画が発見された。
29 巧みな話術で人気を集める。
30 休日にも鍛錬を欠かさない。
31 納豆は代表的な発酵食品だ。
32 緊張した空気が漂う。
33 悔恨の情にさいなまれている。
34 思わず相手の顔を凝視する。

21 やと
22 しょうあく 辞
23 おとろ
24 たくえつ 辞
25 こご
26 とつ
27 きろ
28 まぼろし
29 たく
30 たんれん
31
32
33
34

35 倹約して旅行の資金をためる。
36 その池は鳥たちの憩いの場だ。
37 あくまでも自分の意志を貫く。
38 新興勢力の台頭に脅威を感じる。
39 娘の屈託のない寝顔にいやされる。
40 険阻な山道を越えてたどり着く。
41 慌ただしい毎日を送っている。
42 良い案はないかと知恵を絞る。
43 絵画を見て審美眼を養う。
44 前回の雪辱を期して試合に臨む。

35 けんやく
36 いこ
37 つらぬ
38 きょうい
39 くったく 辞
40 けんそ 辞
41 あわ
42 しぼ
43 しんびがん 辞
44 せつじょく 辞

意味をCheck!
18 閲覧…新聞や書物などを調べながら読むこと。
22 掌握…権力や人心を手の内に収めること。思いどおりにすること。
24 卓越…ほかよりも群を抜いて優れていること。
33 悔恨…自分の過ちを悔やみ、残念に思うこと。
39 屈託…一つのことばかり気になってほかのことが手につかないこと。くよくよすること。
40 険阻…地勢が険しいさま。
43 審美眼…美を見極める能力。
44 雪辱…以前競技などで負けた相手に勝ち、恥をすすぐこと。

15

POINT 3 辞書いらずの丁寧な解説！

辞書をひきたくなるような難しい言葉には、意味を掲載してあります。四字熟語もすべて意味が入っているので、辞書を引く手間が省けて効率的に学習できます。

ひよこのパラパラマンガ

疲れたときにめくってみてください。

POINT 4 仕上げに使える模擬《ぎ》試験３回分収録！

本試験とそっくりの形式の模擬《ぎ》試験を３回分用意してあります。実際の試験の60分間で解いて、自己採点してみましょう。

辞書のアイコン

この問題の解答または文中の語句について、「意味をCheck《チェック》!」欄で意味を説明しています。

本書の特長

試験に出やすい漢字を分析《せき》

漢字検定3級では、3級配当漢字の**284字**に加え、これより**下の級を加えた1623字すべて**が**出題範囲**になります。

とはいえ、これらの字がすべて出題されるわけではありません。

下の表を見てください。この表は、漢字検定の試験で実際に出題された過去問題21年分(約260回分)の問題を分析した結果です。**出題範囲が決まっているので、特定の漢字が何度も出題されます。**

たとえば、読みの問題では「慰める」が27回も出題されている一方、「横綱」は1回しか出題されていません。部首の問題では、「窒」と「没」はどちらも3級配当漢字ですが、「窒」が26回出題されているのに対し、「没」の出題は1回のみです。

過去問題21年分で出題の多い問題

出題分野	出題例(出題回数)
読み	慰める(27回) 催す(26回)
同音・同訓異字	ホウ―邦(19回)芳(18回)奉(14回) キ―棄(18回)軌(17回)既(17回)
漢字識別	哀(17回) 伐・錯(14回)
熟語の構成	愛憎・尊卑(21回) 哀歓・屈伸など(20回)
部首	窒(26回) 翻(25回)
対義語・類義語	冗漫⇔簡潔(22回) 卓越＝抜群(20回)
送りがな	商う(22回) 強いる(21回)
四字熟語	深山幽谷(25回) 大胆不敵・無我夢中など(24回)
誤字訂正	補全・保繕⇒保全(8回) 基制・寄制⇒規制など(7回)
書き取り	余す(19回) 集う(18回)

頻《ひん》出度順だから効率的に学習できる

分析結果からA、B、Cランクに分類

本書では、この結果をもとにして、出題回数が多い順に**Aランク**(最頻出問題)、**Bランク**(必修問題)、**Cランク**(満点問題)の3つのランクに分類して問題を掲載しています。また、重要な問題や間違いやすい問題はくり返し掲載しています。

A ランク 最頻出問題。**過去に何度も繰り返し出題された問題**で、これからも出題されやすい「**試験によく出る問題**」です。覚えておけば得点源につながり、短期間での合格も可能です。

B ランク 必修問題。比較的よく出る問題で、覚えておけば確実に合格することにつながります。

C ランク 満点問題。出題頻度はそれほど高くありませんが、満点をめざすならば覚えておきたい問題です。

3級配当漢字の中で、出題分野によっては実際には出題されたことのない漢字もあります。本書は頻出度順になっているため、そのような漢字を覚えなくてよいようになっています。

漢字検定3級 受検ガイド

だれでも受けられる

漢字検定は、年齢、性別、国籍を問わず、だれでも受検できます。

受検方法には、**公開会場**での個人の受検、準会場での団体受検、コンピューターを使って試験を受ける**CBT受検**、自宅で行う**漢検オンライン(個人受検)**があります。

試験に関する問合せ先

公益財団法人
日本漢字能力検定協会
【ホームページ】https://www.kanken.or.jp/
<本部>
京都市東山区祇園町南側551番地

ホームページにある「よくある質問」を読んで該当する質問がみつからなければメールフォームでお問合せください。電話でのお問合せ窓口は0120-509-315(無料)です。

漢字検定の概要（個人で受検する場合）

受検方法	個人で受検する方法は以下の種類がある ①「公開会場」での受検 ②漢検CBT ③漢検オンライン(個人受検)※
試験実施	①では年3回下記の日程で行われる 6月中の日曜日　10〜11月中の日曜日 翌年1〜2月中の日曜日 ②では専用サイトで提示された受検可能日から選ぶ ③では年末年始と①の実施日を除いた毎日曜日
試験会場	①では全国と海外の主要都市 ②では全国の漢検CBT会場 ③では自宅
受検料	3500円(3級)
申込方法	インターネット申し込みのみ。日本漢字能力検定協会のホームページからそれぞれの受検方法ごとの受検者専用サイトで申し込みを行い、クレジットカードやQRコード、コンビニ店頭で決済を行う
申込期間	①公開会場は検定日の約2か月前から1か月前まで ②③は随時
試験時間	**60分** 開始時間の異なる級を選べば2つ以上の級を受検することもできる
合格基準	**200点**満点で正答率**70%**程度(**140**点程度)以上が合格の目安
合格の通知	①では合格者には合格証書、合格証明書、検定結果通知が、不合格者には検定結果通知が郵送される

※漢検オンライン(個人受検)の受検には、タブレットやタッチペンを用意する必要があります。詳しくは日本漢字能力検定協会ホームページをご確認ください。

本書の情報は制作時点のものです。受検をお考えの方は、ご自身で(公財)日本漢字検定能力協会の発表する最新情報をご確認ください。

各級のレベルと出題内容

級	レベル（対象漢字数）	程　度	主な出題内容										合格基準	検定時間
1	大学・一般程度（約6000字）	常用漢字を含めて、約6000字の漢字の音・訓を理解し、文章の中で適切に使える。	漢字の読み	漢字の書取	故事・諺	対義語・類義語	同音・同訓異字	誤字訂正	四字熟語				200点満点中80％程度	各60分
準1	大学・一般程度（約3000字）	常用漢字を含めて、約3000字の漢字の音・訓を理解し、文章の中で適切に使える。	漢字の読み	漢字の書取	故事・諺	対義語・類義語	同音・同訓異字	誤字訂正	四字熟語					
2	高校卒業・大学・一般程度（2136字）	すべての常用漢字を理解し、文章の中で適切に使える。	漢字の読み	漢字の書取	部首・部首名	送り仮名	対義語・類義語	同音・同訓異字	誤字訂正	四字熟語	熟語の構成			
準2	高校在学程度（1951字）	常用漢字のうち1951字を理解し、文章の中で適切に使える。	漢字の読み	漢字の書取	部首・部首名	送り仮名	対義語・類義語	同音・同訓異字	誤字訂正	四字熟語	熟語の構成		200点満点中70％程度	
3	中学卒業程度（1623字）	常用漢字のうち約1600字を理解し、文章の中で適切に使える。	漢字の読み	漢字の書取	部首・部首名	送り仮名	対義語・類義語	同音・同訓異字	誤字訂正	四字熟語	熟語の構成			
4	中学校在学程度（1339字）	常用漢字のうち約1300字を理解し、文章の中で適切に使える。	漢字の読み	漢字の書取	部首・部首名	送り仮名	対義語・類義語	同音・同訓異字	誤字訂正	四字熟語	熟語の構成			
5	小学校６年生修了程度（1026字）	小学校６年生までの学習漢字を理解し、文章の中で漢字が果たしている役割に対する知識を身に付け、漢字を文章の中で適切に使える。	漢字の読み	漢字の書取	部首・部首名	筆順・画数	送り仮名	対義語・類義語	同音・同訓異字	誤字訂正	四字熟語	熟語の構成		

※６級以下は省略

漢字検定３級の審査基準

程度	常用漢字のうち約1600字を理解し、文章の中で適切に使える。	
領域・内容	**[読むことと書くこと]** 小学校学年別漢字配当表のすべての漢字と、その他の常用漢字約600字の読み書きを習得し、文章の中で適切に使える。	● 音読みと訓読みとを正しく理解していること。 ● 送り仮名や仮名遣いに注意して正しく書けること。 ● 熟語の構成を正しく理解していること。 ● 熟字訓、当て字を理解していること。（乙女＝おとめ、風邪＝かぜ　など） ● 対義語、類義語、同音・同訓異字を正しく理解していること。
	[四字熟語] 四字熟語を理解している。	
	[部　首] 部首を識別し、漢字の構成と意味を理解している。	

※本書は出題が予想される形式で構成しています。実際の試験は、（公財）日本漢字能力検定協会の審査基準の変更の有無にかかわらず、出題形式や問題数が変更されることもあります。

2020年度からの試験制度変更について

平成29年改訂の小学校学習指導要領が2020年度から全面実施されたことに伴い、漢字検定でも一部の漢字の配当級が変更になりました。３級では、３級配当漢字だった「岐」が７級配当漢字に変更され、配当漢字から外れています。本書ではこの試験制度変更を踏まえて、配当級が変更となった漢字の出題頻度を予想した上で、A・B・Cの各ランクに予想問題として掲載しています。

【出題分野別】学習のポイント

読み

配点● 1問1点×30問＝30点（総得点の15％）

3級配当漢字からの出題が約9割です。音読みの出題が7割、訓読みが約3割です。

❶ 3級配当漢字をマスターする

読みの問題は30問（30点）あり、音読みの問題が約7割、訓読みの問題が約3割出題されます。全体に占める割合が高い分野ですから、ここでの取りこぼしがないように、3級配当漢字の音読みと訓読みをしっかり覚えましょう。

過去の試験では、次の問題が多く出題されています。

- 催す（もよお）
- 慰める（なぐさ）
- 悔恨（かいこん）
- 卓越（たくえつ）

❷ 下級の漢字で中学校で習う読みに注意

3級より下の級の配当漢字で、中学校でその読みを習うものについてもよく出題されています。たとえば、次のようなものです。

- 裁つ（た）⇩5級配当漢字
- 提げる（さ）⇩6級配当漢字

これらの漢字については、本書の別冊20～25ページに掲載してあるので、参照してください。

❸ 熟字訓・当て字

出題数は多くありませんが、必ずといっていいほど出題されます。

- 名残（なごり）
- 為替（かわせ）
- 芝生（しばふ）
- 吹雪（ふぶき）

などがよく出題されています。

同音・同訓異字

配点● 1問2点×15問＝30点（総得点の15％）

3級配当漢字からの出題が7割です。15問中3問が訓読みの問題です。

❶ 下級の漢字も要チェック

3問すべて正解するには、下級の漢字をおさらいし、漢字1字の意味も知っておく必要があります。過去の試験では

- ホウ―邦（3級）・芳（3級）・縫（3級）
- キ―軌（3級）・既（3級）・棄（3級）
- コウ―硬（3級）・巧（3級）・拘（3級）

などがよく出題されています。

❷ わからないときは問題文も読む

- 荒れ地を開コンして…⇩荒れ地を耕すこと⇩「土」のつく漢字⇩墾

のように考えると、正解の「墾」を見つけることができます。

漢字識別

配点●1問2点×5問＝10点（総得点の5%）

正解の漢字はほとんど3級配当漢字で、下級の漢字が使われるのは1割程度です。

❶3級配当漢字を熟語とともに覚える

3つの熟語の空欄部分に共通する漢字を選択肢より選ぶ問題です。3級配当の漢字をマスターすることと、その漢字を使った熟語を覚えておく必要があります。

過去の試験では、

- 伐採・討伐・殺伐
- 哀願・悲哀・哀歓

などがよく出題されています。

❷選択肢《し》の漢字を消していく

確実にわかった漢字を選択肢から消して、効率よく問題を解いていきましょう。

どうしても正解が出せず、選択肢の漢字のうち、どれが3級配当かがわかるときは、その漢字が正解ではないかと疑ってみるのもひとつの手です。

熟語の構成

配点●1問2点×10問＝20点（総得点の10%）

正解の漢字は9割が3級配当漢字を使った熟語です。残りの1割は下級の漢字が使われています。

●漢字の関係を答える問題

二字熟語を構成する上下の漢字の関係を次のア～オから選ぶ問題です。

ア 同じような意味の漢字を重ねたもの（**脅威**）
イ 反対または対応の意味を表す字を重ねたもの（**賢愚**）
ウ 上の字が下の字を修飾しているもの（**暫定**）
エ 下の字が上の字の目的語・補語になっているもの（**棄権**）
オ 上の字が下の字の意味を打ち消しているもの（**未遂**）

ア～オの見分け方のコツは、別冊50～51ページを参照してください。

部首

配点●1問1点×10問＝10点（総得点の5%）

約8割が3級配当漢字からの出題です。残りの2割は下級の漢字が使われています。

❶3級配当漢字の部首を暗記

部首の問題は、4つの選択肢《し》の中から、正解となる部首を選ぶ問題です。部首名は問われませんが、部首名とセットで覚えたほうが覚えやすいでしょう。

部首は辞書ごとに異なる場合があるので、協会発行のものを使うといいでしょう。本書もこれに準じています。

❷判別しにくいものはまとめて復習

3級配当漢字以外で部首が判別しにくいものに、次のようなものがあります。

- 乳（5級）⇩乚（⺍ではない）
- 街（7級）⇩行（彳ではない）
- 髪（4級）⇩髟（彡ではない）
- 我（5級）⇩戈（一ではない）

対義語・類義語

配点●1問2点×10問＝20点（総得点の10％）
3級配当漢字を使った熟語を中心に、下級の漢字も出題されます。

●熟語の知識を増やす

3級配当漢字、下級の漢字ともに出題されます。対義語5問、類義語5問が出題されます。

過去の試験では

対義語
●冗漫⇔簡潔
●穏健⇔過激

類義語
●卓越＝抜群
●没頭＝専念

などがよく出題されています。

漢字や熟語の意味を理解していないと対義語・類義語は答えられません。辞書をひく習慣をつけましょう。

よく出る対義語・類義語については、本書の別冊46～49ページに掲載してあるので、参照して下さい。

送りがな

配点●1問2点×5問＝10点（総得点の5％）
正解の漢字は3級配当漢字を使ったものが4割で、残りの6割は下級の漢字が使われています。

●訓読みをおさらいする

3級配当漢字を含めた3級までに学ぶ漢字に正しく送りがなをつけることが求められます。下級の漢字も使った問題では、とくに、中学校で習う読みについては要注意です。

過去の試験では

●商う（8級・中学校で習う読み）
●報いる（6級・中学校で習う読み）
●強いる（9級・中学校で習う読み）
●健やか（7級・中学校で習う読み）

などがよく出題されています。

よく出る送りがなについては、本書の別冊52ページに掲載してあるので参照して下さい。

四字熟語

配点●1問2点×10問＝20点（総得点の10％）
四字熟語のうちの二字を書く問題で、3級配当漢字だけでなく、下級の漢字も出題されます。

●3級配当漢字を書けるように

本書の別冊26～41ページを使いながら書けるようにしておきましょう。

過去の試験では

●**シンザン**幽谷（深山幽谷《しんざんゆうこく》）
●**ジュンプウ**満帆（順風満帆《じゅんぷうまんぱん》）
●清廉**ケッパク**（清廉潔白《せいれんけっぱく》）

などがよく出題されています。

また、同じ四字熟語であっても書く漢字二字が異なる形で出題されることもあります。たとえば、「清廉**ケッパク**」「**セイレン**潔白」といった出題ですが、本書では、これをふまえて過去問を集計、出題していますので、どちらで出題されても対応できる力が身につきます。

誤字訂正

配点●1問2点×5問＝10点（総得点の5％）

正解の漢字は3級配当漢字を使ったものが2割で、残りの8割は下級の漢字が使われています。

❶文中の二字熟語をよく見る

何気なく読んだだけでは誤りは見つからないので、必ず間違いがある、という気持ちで文章を読むようにします。

これまでの試験では

- 仕援⇩支援
- 措致⇩措置
- 発期⇩発揮
- 伐裁⇩伐採
- 削限⇩削減
- 近急⇩緊急

などがよく出題されています。

❷時間をかけすぎない

実際の試験では誤字訂正の問題に時間をかけすぎないようにしましょう。総得点に対する比重も低いので、すぐにわからなかった問題は最後にやるようにしたほうが得策です。

書き取り

配点●1問2点×20問＝40点（総得点の20％）

3級までに学ぶ漢字からの出題です。音読み・訓読みの出題は、半々くらいです。

❶3級までの漢字を書けるように

3級までに学んだ漢字が出題範囲になり、音読み・訓読みが半々程度の割合で出題されます。3級の配当漢字から6割、下級の漢字から4割出題されています。

書き取り以外のほかの問題にも言えることですが、「書き」の分野の問題は、下級の漢字も含めて、3級までの漢字を正しく書けるようにしておきましょう。

❷取りこぼしがないようにする

書き取りの問題は全部で20問ですが、配点が1問2点なので総得点が40点になり、全体の20％を占めるので得点源としたいところです。

せっかく覚えた漢字も、うろ覚えだったり乱暴に書いたりして×になってはもったいない話です。正しく覚えて、取りこぼしがないようにしましょう。

❸中学で学ぶ読みに要注意

小学校6年生までに学ぶ学習漢字には、中学校で学ぶ音訓が含まれています。下級の漢字のなかでは、とくに注意が必要なので、おさらいしておきましょう。

- ツドう（集）…8級
- トぐ（研）…8級

❹字形の似ている漢字は要注意

とくに、似たような字形の漢字は、しっかり区別して書けるようにする必要があります。

- 補―捕（補う―捕らえる）
- 揮―輝（指揮―光輝）
- 問―門（訪問―専門）
- 批―比（批判―比較）

もくじ

本書の見方と使い方……2
本書の特長……4
漢字検定3級　受検ガイド……5
［出題分野別］学習のポイント……7

［頻出度順》ひん》］問題集

13

Aランク 最頻《ひん》出問題

読み①〜⑥……14〜25
同音・同訓異字①〜④……26〜33
漢字識別①〜③……34〜39
熟語の構成①〜③……40〜45
部首①〜②……46〜49
対義語・類義語①〜⑥……50〜61
送りがな①……62〜63
四字熟語①〜④……64〜71
誤字訂正①〜⑨……72〜89
書き取り①〜⑥……90〜101

Bランク 必修問題

読み①〜⑥……102〜113
同音・同訓異字①〜②……114〜117
漢字識別①〜②……118〜121
熟語の構成①〜②……122〜125
部首①〜②……126〜129
対義語・類義語①〜④……130〜137
送りがな①……138〜139
四字熟語①〜③……140〜145
誤字訂正①……146〜147
書き取り①〜⑥……148〜159

本書は、
● ［頻出度順］問題集（A、B、Cランク）
● 模擬《ぎ》テスト
● ［別冊］漢字検定3級合格ブック
で構成されています。

Cランク 満点問題

読み ①〜④ …… 160〜167
同音・同訓異字 ①〜② …… 168〜171
漢字識別 ①〜② …… 172〜175
熟語の構成 ① …… 176〜177
部首 ① …… 178〜179
対義語・類義語 ① …… 180〜181
送りがな ① …… 182〜183
四字熟語 ①〜③ …… 184〜189
書き取り ①〜④ …… 190〜197
［漢字パズル］四字熟語を探そう！ …… 198

模擬《ぎ》テスト

199

本試験形式 第**1**回 **模擬テスト** …… 200
本試験形式 第**2**回 **模擬テスト** …… 206
本試験形式 第**3**回 **模擬テスト** …… 212
本試験形式 第**1**回 模擬テスト・**解答と解説** …… 218
本試験形式 第**2**回 模擬テスト・**解答と解説** …… 220
本試験形式 第**3**回 模擬テスト・**解答と解説** …… 222

［別冊］漢字検定3級合格ブック

絶対覚える **3**級配当漢字表 …… ①
資料**1** 重要な **熟字訓・当て字** …… ⑭
資料**2** 重要な **特別な読み** …… ⑯
資料**3** よく出る **部首**の問題 …… ⑱
資料**4** 重要な **中学で習う読み**の問題 …… ⑳
資料**5** 試験に出る **四字熟語**の問題 …… ㉖
資料**6** よく出る **同音・同訓異字**の問題 …… ㊷
資料**7** よく出る **対義語**の問題 …… ㊻
資料**8** よく出る **類義語**の問題 …… ㊽
資料**9** よく出る **熟語の構成**の問題 …… ㊿
資料**10** よく出る **送りがな**の問題 …… (52)

本書は原則として2024年11月現在の情報に基づいています。

【頻《ひん》出度順】問題集

頻出度 A ランク
最頻《ひん》出問題
過去の試験で最も出題されているもの。

頻出度 B ランク
必修問題
過去の試験でよく出題されているもの。

頻出度 C ランク
満点問題
出題頻《ひん》度はそれほど多くないが
満点をめざすなら学習しておきたいもの。

パラパラマンガです。
息抜きしたいときにめくってね。
鉄棒で遊んでいるよ。

頻出度 A ランク

読み ①

目標時間 22分

1回目 ／44

2回目 ／44

●次の——線の**漢字の読み**を**ひらがな**で答えよ。

1 各地で花見の会が催された。
2 半身浴をして発汗を促す。
3 美しい風景に心が慰められる。
4 善人を装い世間の目を欺く。
5 心の赴くままに詩をよむ。
6 選手が校旗を掲げて行進する。
7 破れたズボンをきれいに繕う。
8 粘り強く話し合うことが大切だ。
9 反乱を企てた一派を捕らえる。
10 脅されて悪事に荷担する。

解答

1 もよお
2 うなが
3 なぐさ
4 あざむ
5 おもむ
6 かか
7 つくろ
8 ねば
9 くわだ
10 おど

11 音楽教育に携わっている。
12 危険も顧みず救助を行う。
13 常に努力を怠らない人だ。
14 街の美化活動の参加者を募る。
15 大きな音に眠りを妨げられる。
16 高ぶる気持ちを必死に抑える。
17 給与の支払いが滞っている。
18 図書館で古い新聞を閲覧する。
19 新聞で事件の概要が伝えられた。
20 愚かな考えを起こしてしまった。

解答

11 たずさ
12 かえり
13 おこた
14 つの
15 さまた
16 おさ
17 とどこお
18 えつらん 辞
19 がいよう
20 おろ

□21 大勢の社員を雇っている。
□22 軍がすべての権力を掌握した。
□23 体力の衰えを感じ始めた。
□24 卓越した運動能力を見せつけた。
□25 寒さに凍えながら作業を続けた。
□26 姉は嫁ぐ日を心待ちにしている。
□27 人生の岐路に立たされる。
□28 幻の名画が発見された。
□29 巧みな話術で人気を集める。
□30 休日にも鍛錬を欠かさない。
□31 納豆は代表的な発酵食品だ。
□32 緊張した空気が漂う。
□33 悔恨の情にさいなまれている。
□34 思わず相手の顔を凝視する。

21 やと
22 しょうあく 辞
23 おとろ
24 たくえつ 辞
25 こご
26 とつ
27 きろ
28 まぼろし
29 たく
30 たんれん
31 はっこう
32 ただよ
33 かいこん 辞
34 ぎょうし

□35 倹約して旅行の資金をためる。
□36 その池は鳥たちの憩いの場だ。
□37 あくまでも自分の意志を貫く。
□38 新興勢力の台頭に脅威を感じる。
□39 娘の屈託のない寝顔にいやされる。
□40 険阻な山道を越えてたどり着く。
□41 慌ただしい毎日を送っている。
□42 良い案はないかと知恵を絞る。
□43 絵画を見て審美眼を養う。
□44 前回の雪辱を期して試合に臨む。

35 けんやく
36 いこ
37 つらぬ
38 きょうい
39 くったく 辞
40 けんそ 辞
41 あわ
42 しぼ
43 しんびがん 辞
44 せつじょく 辞

意味をCheck!

18 閲覧…新聞や書物などを調べながら読むこと。
22 掌握…権力や人心を手の内に収めること。思いどおりにすること。
24 卓越…ほかよりも群を抜いて優れていること。
33 悔恨…自分の過ちを悔やみ、残念に思うこと。

39 屈託…一つのことばかり気になってほかのことが手につかないこと。くよくよすること。
40 険阻…地勢が険しいさま。
43 審美眼…美を見極める能力。
44 雪辱…以前競技などで負けた相手に勝ち、恥をすすぐこと。

頻出度 A ランク

読み②

目標時間 22分

1回目 /44

2回目 /44

● 次の――線の**漢字の読み**を**ひらがな**で答えよ。

1 緩んだ気持ちを引き締める。
2 空は厚い雲に覆われていた。
3 毎年神社にお酒を奉納している。
4 腕の筋肉が大きく隆起している。
5 恩師が危篤との知らせを受ける。
6 彫りの深い横顔が美しい。
7 乏しい家計をやりくりする。
8 恩師に対し敬慕の念を表す。
9 入社五年目で店長に昇進した。
10 話し合いは円滑に進んだ。

解答

1 し
2 おお
3 ほうのう 辞
4 りゅうき 辞
5 きとく 辞
6 ほ
7 とぼ
8 けいぼ 辞
9 しょうしん
10 えんかつ

11 父は正義感の塊のような人だ。
12 母の心情が凝縮された言葉だ。
13 洋服の型紙に沿って布を裁つ。
14 防水加工の施されたくつを選ぶ。
15 電車内でお年寄りに席を譲る。
16 山頂からの景色に心を奪われる。
17 毎朝のジョギングで体を鍛える。
18 手に大きなかばんを提げて歩く。
19 突如として空が真っ暗になった。
20 古代の王族の墳墓が発見された。

解答

11 かたまり
12 ぎょうしゅく
13 た
14 ほどこ
15 ゆず
16 うば
17 きた
18 さ
19 とつじょ
20 ふんぼ

□ **21** 湿原に生育する植物を保護する。
□ **22** 観客を魅惑する素晴らしい舞台だ。
□ **23** 零細な商店ながら業績は優秀だ。
□ **24** 設備の老朽化により漏電が起こった。
□ **25** 結婚を契機に独立開業をする。
□ **26** 二人の案は甲乙つけがたい。
□ **27** 努力して苦手科目を克服する。
□ **28** 暫定的に税率を引き上げる。
□ **29** ついに目標を成し遂げる。
□ **30** 安全のため万全の措置を取る。
□ **31** 弟はどこか憎めない人柄だ。
□ **32** 海外との文化交流を促進する。
□ **33** 閉店後に帳簿をつけている。
□ **34** 抑揚をつけて絵本を朗読する。

21 しつげん
22 みわく 辞
23 れいさい
24 ろうでん
25 けいき 辞
26 こうおつ
27 こくふく
28 ざんてい
29 と
30 そち
31 にく
32 そくしん
33 ちょうぼ 辞
34 よくよう

□ **35** 物の輪郭がぼやけて見える。
□ **36** 予定どおり花見の会を開催する。
□ **37** 友人たちと卒業旅行を企画する。
□ **38** 子供たちの作文を添削する。
□ **39** トラブルを穏便に解決する。
□ **40** 強敵にも果敢に立ち向かう。
□ **41** 険しい山に隔てられた村に住む。
□ **42** 諸事情を勘案して慎重に決める。
□ **43** 緩やかな下り坂が続いている。
□ **44** のどかな丘陵地帯に住んでいる。

35 りんかく
36 かいさい
37 きかく
38 てんさく
39 おんびん
40 かかん
41 へだ
42 かんあん 辞
43 ゆる
44 きゅうりょう

意味をCheck!

3 奉納…神仏を喜ばせるために、物品を供えたり、芸能や競技などを演じたりすること。
4 隆起…ある部分が盛り上がること。
5 危篤…病気が重く、死が迫っていること。

8 敬慕…尊敬して敬うこと。
22 魅惑…人の心をひきつけ、理性を失わせて迷わすこと。
25 契機…動機。きっかけ。
33 帳簿…事務で必要なことを記入する帳面。
42 勘案…いろいろなことを考え合わせること。

頻出度 A ランク

読み③

目標時間 22分

1回目 /44

2回目 /44

● 次の――線の**漢字の読み**を**ひらがな**で答えよ。

1 理想と現実のずれに幻滅する。
2 健康のために塩分を控える。
3 珍しい形の香炉を手に入れる。
4 法案に反対する意見書を採択する。
5 なべ料理のあとの雑炊が好物だ。
6 到着まで暫時お待ちください。
7 友人の親切の意図を邪推する。
8 父が自宅の屋根を修繕する。
9 国王の誕生日に祝宴が開かれた。
10 バッグを衝動買いしてしまった。

解答

1 げんめつ
2 ひか
3 こうろ 辞
4 さいたく
5 ぞうすい
6 ざんじ 辞
7 じゃすい
8 しゅうぜん
9 しゅくえん
10 しょうどう

11 ひと夏で身長が五センチ伸びた。
12 物陰に潜んで時を待つ。
13 陳腐な言葉を並べ立てる。
14 文中から一部分を抜粋する。
15 新任の先生が赴任してきた。
16 くつ箱の中に芳香剤を置く。
17 地球温暖化は憂慮すべき事態だ。
18 薬で血圧の上昇を抑制する。
19 演奏に詠嘆の声をもらす。
20 川や海の水質汚染を食い止める。

解答

11 の
12 ひそ
13 ちんぷ
14 ばっすい
15 ふにん
16 ほうこう
17 ゆうりょ 辞
18 よくせい
19 えいたん 辞
20 おせん

☐ 21 卸値に利益を加える。
☐ 22 会場は華やいだ空気に包まれた。
☐ 23 自分に勝ち目はないと悟った。
☐ 24 潤沢な資金を元手に投資を行う。
☐ 25 決勝戦では善戦及ばず惜敗した。
☐ 26 記者が記事の情報源を秘匿する。
☐ 27 この本は何度読んでも飽きない。
☐ 28 膨大な資料を苦労してまとめる。
☐ 29 映画の字幕の翻訳を行っている。
☐ 30 大名の埋蔵金を掘り当てる。
☐ 31 自作の漢詩を高らかに朗詠する。
☐ 32 新入生をサークルに勧誘する。
☐ 33 綿密な外交折衝が重ねられた。
☐ 34 速やかに車を移動してください。

21 おろしね
22 はな
23 さと
24 じゅんたく
25 せきはい 辞
26 ひとく 辞
27 あ
28 ぼうだい
29 ほんやく
30 まいぞう
31 ろうえい 辞
32 かんゆう
33 せっしょう 辞
34 すみ

☐ 35 兄の技術は他の追随を許さない。
☐ 36 粘着テープで敷物を補修する。
☐ 37 人ごみに紛れて友人を見失う。
☐ 38 プロ棋士を目指して上京する。
☐ 39 一気に緊迫した空気に包まれた。
☐ 40 人生の哀歓を描いた物語だ。
☐ 41 ろうそくの炎が部屋を照らす。
☐ 42 目を離すとすぐに怠ける。
☐ 43 物語はいよいよ佳境に入る。
☐ 44 小さな画廊で油絵を買った。

35 ついずい
36 ねんちゃく
37 まぎ
38 きし
39 きんぱく
40 あいかん 辞
41 ほのお
42 なま
43 かきょう 辞
44 がろう

意味をCheck!

3 香炉…香をたく容器。
6 暫時…しばらくの間。
17 憂慮…心配すること。
19 詠嘆…深く感動すること。
25 惜敗…競技や試合などで、惜しくも負けること。
26 秘匿…秘密にして隠しておくこと。

31 朗詠…詩歌などを高らかにうたうこと。
33 折衝…問題解決のために、相手と駆け引きすること。
40 哀歓…悲しみと喜び。
43 佳境…話や物語の興味深い場面。面白いところ。

頻出度

A

ランク

読み ④

目標時間 22分

1回目 /44

2回目 /44

● 次の――線の**漢字の読み**を**ひらがな**で答えよ。

1 荒れ地を開墾して野菜を植える。
2 日照りで池が干上がった。
3 人目を気にして虚勢を張る。
4 鶏が毎朝一つずつ卵を産む。
5 妹は少し潔癖すぎるようだ。
6 専門家の校閲を受けた記事だ。
7 友人に本の返却を催促する。
8 役員会に諮るよう提案する。
9 賞金は慈善事業に寄付された。
10 子供の純粋な心を大切にする。

解答

1 かいこん
2 ひあ
3 きょせい
4 にわとり
5 けっぺき
6 こうえつ 辞
7 さいそく
8 はか 辞
9 じぜん
10 じゅんすい

11 東の空に白い月が昇る。
12 初めてパスポートを申請した。
13 無事に任務を遂行した。
14 子供たちが浅瀬で貝を拾う。
15 庭の落ち葉をほうきで掃く。
16 卓抜した表現力をもつ作家だ。
17 外国から小びんが漂着する。
18 子供の発表会のドレスを縫う。
19 成績優秀者の授業料を免除する。
20 風雨が容赦なく顔に打ちつける。

解答

11 のぼ
12 しんせい
13 すいこう
14 あさせ
15 は
16 たくばつ 辞
17 ひょうちゃく
18 ぬ
19 めんじょ
20 ようしゃ

□ 21 裸になって湯船につかる。
□ 22 霊峰の美しい姿に息を飲む。
□ 23 廊下は静かに歩きましょう。
□ 24 大きな声で朗らかに話した。
□ 25 元大統領の回顧録が刊行された。
□ 26 この辺りは娯楽の少ない土地だ。
□ 27 互いに譲歩して問題を解決する。
□ 28 職務怠慢で減給処分とする。
□ 29 社長が不祥《しょう》事を陳謝した。
□ 30 匿名の投書により不正が発覚する。
□ 31 ジャムをびんに詰めて密封する。
□ 32 屈辱的な扱いを受ける。
□ 33 互譲の精神をもって話し合う。
□ 34 警察が犯人の身柄を拘束する。

21 はだか
22 れいほう 辞
23 ろうか
24 ほが 辞
25 かいこ
26 ごらく
27 じょうほ
28 たいまん
29 ちんしゃ 辞
30 とくめい
31 みっぷう
32 くつじょく
33 ごじょう 辞
34 こうそく

□ 35 話の焦点がずれて会議が長引く。
□ 36 世間のしがらみに縛られる。
□ 37 調査捕鯨が行われる予定だ。
□ 38 噴火で埋没した古代の村がある。
□ 39 石垣《がき》が昔の名残をとどめる。
□ 40 苦しい立場の部下を擁護する。
□ 41 型落ちの品を廉価販売する。
□ 42 有名人の私生活が暴露された。
□ 43 不意の依頼を快諾する。
□ 44 友人への一言を今でも悔やむ。

35 しょうてん
36 しば
37 ほげい
38 まいぼつ
39 なごり
40 ようご
41 れんか 辞
42 ばくろ
43 かいだく
44 く

意味をCheck!

6 **校閲**…文書などの内容を調べ、誤りや不備な点を修正すること。
8 **諮る**…会議などでほかの人の意見を聞くこと。
16 **卓抜**…ほかよりもひときわ抜きん出て優れていること。
22 **霊峰**…信仰の対象となる、神聖な山。霊山。

24 **朗らか**…明朗で、明るくいきいきとしているさま。
29 **陳謝**…事情を説明してわびること。
33 **互譲**…互いに譲り合うこと。
41 **廉価**…品物の値段が安いこと。

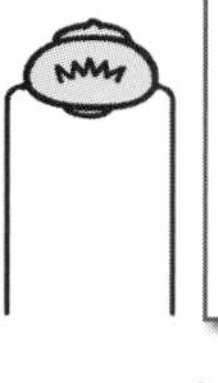

頻出度 A ランク

読み⑤

目標時間 22分

1回目 /44

2回目 /44

● 次の——線の**漢字の読み**を**ひらがな**で答えよ。

1 ようやく仕事が軌道に乗る。
2 芸の道を究めるべく努力する。
3 恐悦至極に存じます。
4 投稿写真が雑誌に掲載された。
5 気だてがよく賢い子たちだ。
6 その事件は克明に記憶している。
7 凝り性の性格は父親譲りだ。
8 係員を常駐させる。
9 確かな話だと請け合う。
10 時間に束縛されずに生きる。

解答

1 きどう
2 きわ
3 きょうえつ 辞
4 けいさい
5 かしこ
6 こくめい 辞
7 こ
8 じょうちゅう
9 う
10 そくばく

11 社内では内紛が絶えない。
12 地割れで道路が封鎖された。
13 覆面のレスラーが登場した。
14 北海道の秋の味覚を満喫する。
15 芸術は模倣から始まるといわれる。
16 気落ちしている友人を励ます。
17 難しい任務を完遂する。
18 合格通知を見て感慨に浸る。
19 試合に臨む選手たちを激励する。
20 両者の話し合いは決裂した。

解答

11 ないふん 辞
12 ふうさ
13 ふくめん
14 まんきつ
15 もほう
16 はげ
17 かんすい
18 かんがい 辞
19 げきれい
20 けつれつ

- [ ] 21 臨時収入が入り生活が潤う。
- [ ] 22 巧妙に仕組まれたわなだった。
- [ ] 23 殊勝な態度で非礼をわびる。
- [ ] 24 相手の申し出を承諾する。
- [ ] 25 川にアユの稚魚を放流する。
- [ ] 26 専門家の話として傾聴に値する。
- [ ] 27 何にでも難癖をつける人がいる。
- [ ] 28 先輩を実の兄のように慕う。
- [ ] 29 類似品が多く出回っている。
- [ ] 30 バラの花から香油を抽出する。
- [ ] 31 処方された薬を傷口に塗布する。
- [ ] 32 積み上げた荷物が崩れる。
- [ ] 33 書道部が全国一の栄冠に輝く。
- [ ] 34 選挙に多くの候補者を擁立する。

21 うるお
22 こうみょう
23 しゅしょう 辞
24 しょうだく
25 ちぎょ 辞
26 けいちょう
27 なんくせ
28 した
29 るいじ
30 ちゅうしゅつ
31 とふ 辞
32 くず
33 えいかん
34 ようりつ 辞

- [ ] 35 悔しさをバネに努力を重ねる。
- [ ] 36 赤字の穴埋めを考える。
- [ ] 37 時差出勤で混雑が緩和された。
- [ ] 38 病弱な我が身を恨む。
- [ ] 39 狩猟犬を連れて山に入る。
- [ ] 40 危険を伴う任務に従事している。
- [ ] 41 酒を飲んでしたたかに酔う。
- [ ] 42 同業者と業務提携を行う。
- [ ] 43 期待に胸を膨らませて待つ。
- [ ] 44 国民が耐乏生活を強いられる。

35 くや
36 あなう
37 かんわ
38 うら
39 しゅりょう
40 ともな
41 よ
42 ていけい
43 ふく
44 たいぼう

意味をCheck!

3 恐悦…人から受けた好意などを、かしこまって喜ぶこと。
6 克明…細かい点まで念を入れてはっきりさせるさま。
11 内紛…内部での争い。内輪もめ。
18 感慨…心に深く感じること。しみじみと思うこと。

---

23 殊勝…けなげなさま。神妙。
25 稚魚…卵からかえってすぐの魚。
31 塗布…薬などを一面に塗りつけること。
34 擁立…人をもり立てて、ある地位に就かせようとすること。

頻出度
A
ランク

読み⑥

目標時間 22分

1回目 /44

2回目 /44

● 次の——線の**漢字の読み**を**ひらがな**で答えよ。

1 新しい時代の胎動を感じる。
2 現代抽象画の展覧会を見に行く。
3 幕末の偉人についての本を著す。
4 架空の国を舞台にした話を書く。
5 慌てた様子で電話を切った。
6 政治家の権威が失墜した。
7 ひどく冗漫な話し方だ。
8 投稿した小説が佳作に選ばれた。
9 母の知識は多岐にわたる。
10 天才俳優の人生の軌跡をたどる。

解答

1 たいどう 辞
2 ちゅうしょう 辞
3 あらわ
4 かくう
5 あわ
6 しっつい
7 じょうまん 辞
8 かさく
9 たき
10 きせき

11 お菓子を競い合うように食べる。
12 主人公が未知の生物に遭遇した。
13 秋雨前線が停滞している。
14 ひそかに幕府の転覆をもくろむ。
15 豊潤な土地で果樹を育てる。
16 将来、猟師になりたい。
17 古墳から多くの土器が出土した。
18 物語に多くの伏線を張る。
19 梅雨時は部屋が湿っぽくなる。
20 笑顔は人の心を魅了する。

解答

11 きそ
12 そうぐう
13 ていたい
14 てんぷく
15 ほうじゅん 辞
16 りょうし
17 こふん
18 ふくせん
19 しめ
20 みりょう

21 兵士たちが敵の幻影におびえる。
22 ビルをエレベーターで昇降する。
23 錠剤を飲み込むのが苦手だ。
24 古い寺院跡から礎石が出土した。
25 チェロの美しい音色に陶酔する。
26 図星を突かれて動揺を隠せない。
27 休日に友人を映画に誘う。
28 包丁を研いで切れ味をよくする。
29 新人投手が完封勝利を収めた。
30 労働者の待遇改善を求める。
31 多くのものを犠牲にして達成した。
32 来年の春に改訂版を発行する。
33 警笛で歩行者の注意を喚起する。
34 想像力が欠如していると感じる。

21 げんえい
22 しょうこう
23 じょうざい
24 そせき 辞
25 とうすい 辞
26 どうよう
27 さそ
28 と
29 かんぷう
30 たいぐう
31 ぎせい
32 かいてい
33 かんき 辞
34 けつじょ

35 焦燥感にさいなまれている。
36 目の粗い布でスープをこす。
37 又聞きの話は信用できない。
38 思わず笑みを漏らす。
39 毎朝必ず為替相場を確認する。
40 理想と現実には隔たりがある。
41 電車を乗り換えて目的地へ向かう。
42 夜の墓地で肝試しをしたものだ。
43 弱小チームで一人気炎を吐く。
44 戦前は出版物検閲制度があった。

35 しょうそう
36 あら
37 またぎ
38 も
39 かわせ 辞
40 へだ
41 か
42 きもだめ
43 きえん
44 けんえつ

意味をCheck!

1 胎動…母胎内での胎児の動き。内部の新しい動き。

2 抽象…さまざまな物事から共通する要素や性質だけを抜き出して把握《はあく》すること。

7 冗漫…表現に無駄《むだ》が多く、しまりのないさま。

15 豊潤…豊かで潤いのあること。

---

24 礎石…建物の基礎となる石。物事の土台。

25 陶酔…音楽や芸術などに心を奪われ、うっとりすること。

33 喚起…注意や世論などを呼び起こすこと。

39 為替…小切手や手形などで金銭を決済する方法。

頻出度 A ランク

同音・同訓異字①

目標時間 20分

1回目 /39

2回目 /39

● 次の――線のカタカナにあてはまる漢字をそれぞれのア～オから一つ選び、記号で答えよ。

1 映画館で**ホウ**画を好んで見る。

2 バラの**ホウ**香が漂う。

3 地域社会に**ホウ**仕する。

（ア邦 イ奉 ウ砲 エ崩 オ芳）

4 祖父の考えは一**カン**している。

5 国際世論を**カン**起する。

6 台風で田や畑が**カン**水した。

（ア貫 イ喚 ウ汗 エ冠 オ換）

7 減**ケイ**嘆願書を提出する。

8 旅行の**ケイ**行品を確認する。

9 山の頂上で小**ケイ**する。

（ア憩 イ契 ウ刑 エ携 オ恵）

解答

1 ア 辞
2 オ 辞
3 イ
4 ア
5 イ 辞
6 エ
7 ウ
8 エ
9 ア

10 競技中のけがで途中**キ**権する。

11 人生の**キ**路で選択に迷う。

12 **キ**存の設備を利用する。

（ア既 イ企 ウ岐 エ棄 オ軌）

13 営業**ボウ**害で訴えられる。

14 この地域は小さな工**ボウ**が多い。

15 **ボウ**国の政治家は信用できない。

（ア膨 イ某 ウ房 エ妨 オ忙）

16 武士階級が**スイ**退する。

17 黙々と業務を**スイ**行する。

18 情勢が刻一刻と**スイ**移する。

（ア推 イ遂 ウ酔 エ吹 オ衰）

解答

10 エ
11 ウ
12 ア 辞
13 エ
14 ウ
15 イ
16 オ
17 イ
18 ア

☐ **19** 政府が強**コウ**手段に出る。
☐ **20** 犯人の**コウ**妙なわなに落ちる。
☐ **21** 仕事の**コウ**束時間が長い。
（ア 硬　イ 巧　ウ 拘　エ 荒　オ 甲）

☐ **22** **コ**を描いて飛ぶ。
☐ **23** 実際よりも**コ**張して話す。
☐ **24** 寒害で芝草が**コ**死する。
（ア 誇　イ 弧　ウ 鼓　エ 雇　オ 枯）

☐ **25** 社会の厳しさをこんこんと**ト**く。
☐ **26** 少年野球チームの指揮を**ト**る。
☐ **27** 日本の気候は変化に**ト**む。
（ア 説　イ 執　ウ 摂　エ 富　オ 捕）

☐ **28** **ショウ**中の珠《たま》の娘が嫁ぐ。
☐ **29** 映画界の巨**ショウ**と呼ばれる。
☐ **30** **ショウ**燥感でいっぱいだ。
（ア 匠　イ 称　ウ 掌　エ 昇　オ 焦）

19 ア　**20** イ 辞　**21** ウ　**22** イ　**23** ア 辞　**24** オ　**25** ア　**26** イ　**27** エ　**28** ウ 辞　**29** ア　**30** オ

☐ **31** 世界の食**リョウ**事情を考える。
☐ **32** 海辺の温泉で**リョウ**養する。
☐ **33** 度**リョウ**の広い人物に出会う。
（ア 療　イ 糧　ウ 了　エ 領　オ 量）

☐ **34** 首長の考えが浸**トウ**する。
☐ **35** 銀行で出**トウ**係として働く。
☐ **36** 何事にも用意周**トウ**な人だ。
（ア 陶　イ 納　ウ 透　エ 到　オ 盗）

☐ **37** 諸事情を**カン**案する。
☐ **38** **カン**然と困難に立ち向かう。
☐ **39** 慎重に対処することが**カン**心だ。
（ア 肝　イ 貫　ウ 勘　エ 歓　オ 敢）

31 イ　**32** ア　**33** オ　**34** ウ　**35** イ　**36** エ　**37** ウ 辞　**38** オ　**39** ア

意味をCheck!

1 邦画…日本の絵画。日本画。日本の映画。
2 芳香…よい香り。
5 喚起…注意や世論などを呼び起こすこと。
12 既存…すでにある、以前から存在すること。

20 巧妙…非常に巧みであること。
23 誇張…実際よりもおおげさに表現すること。
28 掌中…手のひらの中。「掌中の珠」は最愛のもの。
37 勘案…いろいろなことを考え合わせること。

頻出度 A ランク

同音・同訓異字②

目標時間 20分

1回目 /39

2回目 /39

● 次の――線の**カタカナ**にあてはまる漢字をそれぞれの**ア〜オ**から**一つ**選び、**記号**で答えよ。

□ **1** **ホウ**製工場で働いている。

□ **2** 家庭の**ホウ**壊と再生を描く。

□ **3** 暖衣**ホウ**食の恵まれた生活だ。

（**ア** 崩　**イ** 砲　**ウ** 飽　**エ** 縫　**オ** 倣）

□ **4** 人工衛星の**キ**道を変更する。

□ **5** **キ**引き休暇をとる。

□ **6** 金曜日に**キ**画会議がある。

（**ア** 鬼　**イ** 忌　**ウ** 奇　**エ** 企　**オ** 軌）

□ **7** 思想家の言葉に**ケイ**発される。

□ **8** 退職を**ケイ**機にカメラを始めた。

□ **9** 人気作家の作品を**ケイ**載する。

（**ア** 継　**イ** 掲　**ウ** 刑　**エ** 契　**オ** 啓）

解答

1 エ 辞
2 ア
3 ウ
4 オ
5 イ
6 エ
7 オ 辞
8 エ 辞
9 イ

□ **10** 松の葉の気**コウ**を観察する。

□ **11** **コウ**乙つけがたい演技だ。

□ **12** **コウ**道を歩いて往時をしのぶ。

（**ア** 郊　**イ** 坑　**ウ** 甲　**エ** 項　**オ** 孔）

□ **13** 事件は社会に**ショウ**撃を与えた。

□ **14** 父は課長に**ショウ**進した。

□ **15** 長年の努力が結**ショウ**する。

（**ア** 匠　**イ** 晶　**ウ** 衝　**エ** 召　**オ** 昇）

□ **16** 無**ボウ**にも無一文で独立する。

□ **17** 鉄分の欠**ボウ**で貧血を起こす。

□ **18** **ボウ**大なデータを分析《せき》する。

（**ア** 膨　**イ** 謀　**ウ** 忙　**エ** 乏　**オ** 帽）

解答

10 オ
11 ウ
12 イ
13 ウ
14 オ
15 イ
16 イ 辞
17 エ
18 ア

19 樹**レイ**三百年の大木だ。
20 領主に**レイ**属して働く。
21 ダンサーが華**レイ**に舞う。
（ア 零　イ 霊　ウ 齢　エ 麗　オ 隷）

22 **ソウ**儀がしめやかに行われた。
23 物**ソウ**な世の中になった。
24 業績の悪化に焦**ソウ**する。
（ア 騒　イ 掃　ウ 葬　エ 燥　オ 双）

25 文中の重要箇所を抜**スイ**する。
26 自らの文章に陶**スイ**する。
27 今日は父が**スイ**事当番だ。
（ア 酔　イ 衰　ウ 吹　エ 粋　オ 炊）

28 太陽の光を全身に**ア**びる。
29 例を**ア**げて説明する。
30 台風で海が**ア**れる。
（ア 挙　イ 揚　ウ 荒　エ 有　オ 浴）

19 ウ
20 オ 辞
21 エ
22 ウ
23 ア 辞
24 エ
25 エ
26 ア
27 オ
28 オ
29 ア
30 ウ

31 反対勢力を一**ソウ**する。
32 沖で鯨の群れに**ソウ**遇した。
33 **ソウ**方が主張を述べた。
（ア 双　イ 騒　ウ 遭　エ 掃　オ 僧）

34 本から**ウ**るものは無限にある。
35 **ウ**き輪を使って泳ぐ。
36 ハンターがイノシシを**ウ**つ。
（ア 得　イ 浮　ウ 請　エ 撃　オ 討）

37 目覚ましい成長を**ト**げた。
38 家宝の日本刀を**ト**ぐ。
39 元旦《たん》に家族写真を**ト**る。
（ア 研　イ 撮　ウ 解　エ 遂　オ 執）

31 エ 辞
32 ウ
33 ア
34 ア
35 イ
36 エ
37 エ
38 ア
39 イ

意味をCheck!

1 縫製…縫って衣服などを作ること。
7 啓発…人々の気がつかないような物事について教え、理解を深めさせること。
8 契機…動機。きっかけ。
16 無謀…よく考えない行い。

20 隷属…他人や他国に従属すること。ほかの支配下にあること。
23 物騒…危険なことが起きそうな感じがすること。
31 一掃…一気に取り除くこと。

頻出度 **A** ランク

同音・同訓異字③

目標時間 20分

1回目 /39

2回目 /39

● 次の――線の**カタカナ**にあてはまる漢字をそれぞれの**ア～オ**から**一つ**選び、**記号**で答えよ。

☐ **1** 市民運動の**ソ**石を築く。

☐ **2** **ソ**状を裁判所に提出する。

☐ **3** 漢文の**ソ**養豊かな作家だ。

（**ア** 訴　**イ** 素　**ウ** 礎　**エ** 阻　**オ** 粗）

☐ **4** その名画に魅**リョウ**された。

☐ **5** 丘**リョウ**地帯が広がっている。

☐ **6** 森で狩**リョウ**採集生活を営む。

（**ア** 糧　**イ** 陵　**ウ** 猟　**エ** 療　**オ** 了）

☐ **7** 大将同士の一**キ**討ちとなる。

☐ **8** **キ**士を目指して上京する。

☐ **9** **キ**発性のある液体を運ぶ。

（**ア** 祈　**イ** 企　**ウ** 騎　**エ** 揮　**オ** 棋）

解答

1 ウ 辞　2 ア　3 イ 辞　4 オ　5 イ　6 ウ　7 ウ　8 オ　9 エ

☐ **10** 自らの文章に**トウ**酔する。

☐ **11** 冷**トウ**食品を買い込む。

☐ **12** 天然**トウ**は撲《ぼく》滅された。

（**ア** 痘　**イ** 陶　**ウ** 逃　**エ** 到　**オ** 凍）

☐ **13** 関東近**コウ**の温泉に出かける。

☐ **14** 米を発**コウ**させて酒を造る。

☐ **15** **コウ**久の平和を願う。

（**ア** 郊　**イ** 攻　**ウ** 恒　**エ** 酵　**オ** 巧）

☐ **16** 梅雨前線が停**タイ**する。

☐ **17** 新しい時代の**タイ**動を感じる。

☐ **18** 担当者の**タイ**慢が発覚した。

（**ア** 胎　**イ** 耐　**ウ** 滞　**エ** 替　**オ** 怠）

解答

10 イ 辞　11 オ　12 ア 辞　13 ア　14 エ　15 ウ 辞　16 ウ　17 ア 辞　18 オ

☐ **19** 市場の過熱に警**ショウ**を鳴らす。
☐ **20** 提案は一**ショウ**に付された。
☐ **21** **ショウ**細は後日発表する。
（ア 鐘　イ 詳　ウ 床　エ 笑　オ 焦）

☐ **22** 多くの**チョウ**衆の前で演説する。
☐ **23** 時代を**チョウ**越した名画だ。
☐ **24** 大理石に**チョウ**刻を施す。
（ア 超　イ 聴　ウ 彫　エ 頂　オ 庁）

☐ **25** **カン**慢な対応に批判が集まる。
☐ **26** 古くなった電池を交**カン**する。
☐ **27** **カン**例に従って起立をする。
（ア 緩　イ 環　ウ 冠　エ 慣　オ 換）

☐ **28** 二国間で条約が**テイ**結された。
☐ **29** 旧版と改**テイ**版の違いを記す。
☐ **30** 西欧では長く**テイ**政が続いた。
（ア 帝　イ 締　ウ 訂　エ 堤　オ 抵）

19 ア　**20** エ　**21** イ　**22** イ　**23** ア　**24** ウ　**25** ア　**26** オ　**27** エ　**28** イ　**29** ウ　**30** ア

☐ **31** 相手の話を熱心に**ケイ**聴する。
☐ **32** 自宅の裏に養**ケイ**場がある。
☐ **33** 兄は父の事業を**ケイ**承した。
（ア 契　イ 恵　ウ 傾　エ 継　オ 鶏）

☐ **34** **ロウ**電による火災に注意する。
☐ **35** 会議は時間の**ロウ**費だった。
☐ **36** 古い寺院の回**ロウ**を歩く。
（ア 漏　イ 浪　ウ 廊　エ 郎　オ 楼）

☐ **37** 日常の雑事に**ボウ**殺される。
☐ **38** 小説の**ボウ**頭部分を暗唱する。
☐ **39** 相手の意見に脱**ボウ**する。
（ア 忙　イ 房　ウ 坊　エ 帽　オ 冒）

31 ウ 辞　**32** オ　**33** エ　**34** ア　**35** イ　**36** ウ　**37** ア　**38** オ　**39** エ

意味をCheck!

1 礎石…建物の基礎となる石。物事の土台。
3 素養…日常で身につけた技能やたしなみのこと。
10 陶酔…音楽や芸術などに心を奪われ、うっとりすること。
12 天然痘…悪性の伝染病。高熱やほっしんが見られる。

15 恒久…長く変わらないこと。
17 胎動…母胎内での胎児の動き。内部の新しい動き。
31 傾聴…耳を傾けて、真剣に聞くこと。

頻出度

A

ランク

同音・同訓異字④

目標時間 **20**分

1回目 ／39

2回目 ／39

●次の――線の**カタカナ**にあてはまる漢字をそれぞれの**ア～オ**から**一つ**選び、**記号**で答えよ。

☐ **1** 合同慰**レイ**祭を執り行う。

☐ **2** **レイ**細企業の底力を見た。

☐ **3** 毎日の予習復習を**レイ**行する。

（**ア** 霊　**イ** 麗　**ウ** 励　**エ** 齢　**オ** 零）

☐ **4** コケは**ホウ**子で殖える植物だ。

☐ **5** 事件の模**ホウ**犯が増える。

☐ **6** **ホウ**建的な家庭に育つ。

（**ア** 奉　**イ** 胞　**ウ** 抱　**エ** 封　**オ** 倣）

☐ **7** 同じ本を**ア**きるほど読む。

☐ **8** 野菜を油で**ア**げて食べる。

☐ **9** 今回ばかりはひどい目に**ア**う。

（**ア** 会　**イ** 飽　**ウ** 揚　**エ** 挙　**オ** 遭）

解答

1 ア　**2** オ　**3** ウ 辞　**4** イ　**5** オ　**6** エ　**7** イ　**8** ウ　**9** オ

☐ **10** 逃亡犯が**タイ**捕された。

☐ **11** **タイ**乏生活を送る人がいる。

☐ **12** 思い通りにいかず悪**タイ**をつく。

（**ア** 退　**イ** 怠　**ウ** 逮　**エ** 態　**オ** 耐）

☐ **13** ビルの建設工事を**ウ**け負う。

☐ **14** 敵の大将を**ウ**ち取る。

☐ **15** 客席はすべて**ウ**まっている。

（**ア** 討　**イ** 産　**ウ** 埋　**エ** 請　**オ** 得）

☐ **16** 黒い雲は大雨の**チョウ**候だ。

☐ **17** イベントの会費を**チョウ**収する。

☐ **18** 体操では**チョウ**馬が好きだ。

（**ア** 兆　**イ** 徴　**ウ** 超　**エ** 跳　**オ** 聴）

解答

10 ウ　**11** オ 辞　**12** エ　**13** エ　**14** ア　**15** ウ　**16** ア　**17** イ　**18** エ

19 主人公の女性は力空の人物だ。
20 祭りは力境に入っていった。
21 豪力な衣装を身につける。
（ア菓 イ架 ウ佳 エ価 オ華）

22 会議への出席をソ止する。
23 友人にはソ暴な行いが目立つ。
24 税金の減税ソ置が設けられた。
（ア阻 イ措 ウ粗 エ素 オ礎）

25 法律にテイ触する行為だ。
26 書類のテイ裁をそろえる。
27 昨日の説明は到テイ理解できない。
（ア抵 イ締 ウ体 エ堤 オ底）

28 姫が塔にユウ閉される。
29 環境破壊をユウ慮する。
30 ユウ大な景色が広がる。
（ア優 イ幽 ウ雄 エ誘 オ憂）

19 イ 辞
20 ウ
21 オ
22 ア
23 ウ 辞
24 イ
25 ア 辞
26 ウ
27 オ
28 イ 辞
29 オ
30 ウ

31 友の指摘にひどく動ヨウした。
32 市民の人権をヨウ護する。
33 抑ヨウをつけて話す。
（ア幼 イ容 ウ擁 エ揚 オ揺）

34 学生時代を回コする。
35 女性のコ用状況を改善する。
36 沖合のコ島まで泳いで渡る。
（ア誇 イ雇 ウ孤 エ呼 オ顧）

37 その計画は砂上のロウ閣だ。
38 取材を重ねて書いたロウ作だ。
39 明ロウ快活な若者だ。
（ア浪 イ楼 ウ漏 エ労 オ朗）

31 オ
32 ウ
33 エ 辞
34 オ
35 イ
36 ウ
37 イ
38 エ
39 オ

意味をCheck!

3 励行…規則や自分で決めたことを、きちんと守ること。
11 耐乏…乏しさに耐えること。
20 佳境…ある状態の最盛期。話や物語の興味深い場面。
23 粗暴…性質や動作があらあらしいこと。

25 抵触…規定などに触れること。物事が矛盾して衝突すること。
28 幽閉…ある場所に閉じ込めて外部に出さないこと。
33 抑揚…話すときなど、声の調子を上下させること。

頻出度

A

ランク

漢字識別 ①

目標時間 11分

1回目 ／22

2回目 ／22

● 次の三つの□に**共通する漢字**を入れて熟語を作れ。漢字はそれぞれ左側の□内から**一つ**選び、**記号**で答えよ。

1 悲□・□歓・□願

2 □採・討□・殺□

3 交□・□誤・□乱

4 気□・□略・□況

5 遠□・□離・□絶

ア 隔	イ 概	ウ 超	エ 狂	オ 替
カ 迫	キ 伐	ク 慮	ケ 錯	コ 哀

解答

1 コ 悲哀《ひあい》・哀歓《あいかん》・哀願《あいがん》 辞

2 キ 伐採《ばっさい》・討伐《とうばつ》・殺伐《さつばつ》 辞

3 ケ 交錯《こうさく》・錯誤《さくご》・錯乱《さくらん》

4 イ 気概《きがい》・概略《がいりゃく》・概況《がいきょう》

5 ア 遠隔《えんかく》・隔離《かくり》・隔絶《かくぜつ》

6 強□・□直・□筆

7 添□・□減・□除

8 陰□・□略・共□

9 □権・放□・□却

10 □圧・重□・□魂

ア 激	イ 硬	ウ 削	エ 烈	オ 愚
カ 謀	キ 招	ク 鎮	ケ 越	コ 棄

解答

6 イ 強硬《きょうこう》・硬直《こうちょく》・硬筆《こうひつ》

7 ウ 添削《てんさく》・削減《さくげん》・削除《さくじょ》 辞

8 カ 陰謀《いんぼう》・謀略《ぼうりゃく》・共謀《きょうぼう》

9 コ 棄権《きけん》・放棄《ほうき》・棄却《ききゃく》

10 ク 鎮圧《ちんあつ》・重鎮《じゅうちん》・鎮魂《ちんこん》 辞

☐ 11 □像・配□者・□然

☐ 12 停□・□在・□納

☐ 13 □鎖・密□・厳□

☐ 14 赦□・□除・□税

☐ 15 □線・潜□・屈□

☐ 16 □便・安□・□当

ア 延	イ 偶	ウ 滞	エ 不	オ 箇
カ 封	キ 架	ク 穏	ケ 伏	コ 免

11 イ 偶像《ぐうぞう》・配偶者《はいぐうしゃ》・偶然《ぐうぜん》

12 ウ 停滞《ていたい》・滞在《たいざい》・滞納《たいのう》

13 カ 封鎖《ふうさ》・密封《みっぷう》・辞 厳封《げんぷう》

14 コ 赦免《しゃめん》・免除《めんじょ》・免税《めんぜい》

15 ケ 辞 伏線《ふくせん》・潜伏《せんぷく》・屈伏《くっぷく》

16 ク 穏便《おんびん》・辞 安穏《あんのん》・穏当《おんとう》

☐ 17 □収・埋□・□落

☐ 18 □亡・幻□・点□

☐ 19 空□・□弱・□栄

☐ 20 □迫・□縮・□密

☐ 21 □悪・□推・□念

☐ 22 争□・略□・強□

ア 緊	イ 影	ウ 凝	エ 虚	オ 没
カ 奪	キ 滅	ク 邪	ケ 祈	コ 架

17 オ 没収《ぼっしゅう》・埋没《まいぼつ》・没落《ぼつらく》

18 キ 滅亡《めつぼう》・幻滅《げんめつ》・点滅《てんめつ》

19 エ 空虚《くうきょ》・虚弱《きょじゃく》・辞 虚栄《きょえい》

20 ア 緊迫《きんぱく》・緊縮《きんしゅく》・緊密《きんみつ》

21 ク 邪悪《じゃあく》・辞 邪推《じゃすい》・邪念《じゃねん》

22 カ 争奪《そうだつ》・略奪《りゃくだつ》・強奪《ごうだつ》

意味をCheck!

1 哀願…相手の同情心に訴えて、ひたすら願うこと。

2 討伐…軍隊を送り、抵抗する者を攻めうつこと。

7 添削…他人の文章などを直すこと。

10 鎮魂…人の魂を鎮めること。

13 厳封…厳重に封をすること。

15 伏線…後のことを考えて前もって準備すること。

16 安穏…心静かに落ち着いている様子のこと。

19 虚栄…うわべだけの栄華。

21 邪推…人の心を悪い方向に推察すること。自分への悪意を疑うこと。

頻出度 A ランク

漢字識別②

●次の三つの□に**共通する漢字**を入れて熟語を作れ。漢字はそれぞれ左側の□内から**一つ**選び、**記号**で答えよ。

目標時間 11分

1回目 /22

2回目 /22

1 野□・□行・□勇

2 円□・□走・□車

3 □越・食□・□抜

4 激□・□行・精□

5 傾□・傍□・□衆

ア 卓　イ 怒　ウ 疾　エ 蛮　オ 鋭
カ 聴　キ 滑　ク 励　ケ 緩　コ 斜

解答

1 エ　野蛮《やばん》・蛮行《ばんこう》・蛮勇《ばんゆう》 辞

2 キ　円滑《えんかつ》・滑走《かっそう》・滑車《かっしゃ》

3 ア　卓越《たくえつ》 辞・食卓《しょくたく》・卓抜《たくばつ》

4 ク　激励《げきれい》・励行《れいこう》 辞・精励《せいれい》

5 カ　傾聴《けいちょう》・傍聴《ぼうちょう》・聴衆《ちょうしゅう》

6 奇□・□談・□獣

7 □起・□声・召□

8 □駆・□走・□風

9 分□・□歩・□与

10 隠□・□名・秘□

ア 疾　イ 匿　ウ 供　エ 著　オ 怪
カ 喚　キ 漫　ク 異　ケ 猛　コ 譲

解答

6 オ　奇怪《きかい》・怪談《かいだん》・怪獣《かいじゅう》

7 カ　喚起《かんき》 辞・喚声《かんせい》・召喚《しょうかん》

8 ア　疾駆《しっく》 辞・疾走《しっそう》・疾風《しっぷう》

9 コ　分譲《ぶんじょう》・譲歩《じょうほ》・譲与《じょうよ》

10 イ　隠匿《いんとく》・匿名《とくめい》・秘匿《ひとく》

□ 11 勧□・□惑・□致

□ 12 夢□・□惑・□影

□ 13 追□・□筆・□想

□ 14 □敗・□別・哀□

□ 15 果□・勇□・□闘

□ 16 □問・□客・□慮

ア 顧　イ 惨　ウ 識　エ 随　オ 跡
カ 誘　キ 幻　ク 惜　ケ 疑　コ 敢

11 カ　勧誘《かんゆう》・誘惑《ゆうわく》・誘致《ゆうち》

12 キ　夢幻《むげん》・幻惑《げんわく》・幻影《げんえい》

13 エ　追随《ついずい》・随筆《ずいひつ》・随想《ずいそう》

14 ク　惜敗《せきはい》・惜別《せきべつ》・哀惜《あいせき》 辞

15 コ　果敢《かかん》・勇敢《ゆうかん》・敢闘《かんとう》

16 ア　顧問《こもん》・顧客《こきゃく》・顧慮《こりょ》 辞

□ 17 □代・早□・□木

□ 18 □設・□蔵・□没

□ 19 清□・□価・破□恥

□ 20 □算・互□性・交□

□ 21 常□・□在・□留

□ 22 □除・□斥・□出

ア 架　イ 排　ウ 苗　エ 存　オ 駐
カ 歳　キ 概　ク 廉　ケ 換　コ 埋

17 ウ　苗代《なわしろ》・早苗《さなえ》・苗木《なえぎ》

18 コ　埋設《まいせつ》・埋蔵《まいぞう》・埋没《まいぼつ》

19 ク　清廉《せいれん》・廉価《れんか》・破廉恥《はれんち》 辞

20 ケ　換算《かんさん》・互換性《ごかんせい》・交換《こうかん》

21 オ　常駐《じょうちゅう》・駐在《ちゅうざい》・駐留《ちゅうりゅう》

22 イ　排除《はいじょ》・排斥《はいせき》・排出《はいしゅつ》

意味をCheck!

1 蛮勇…周りや後先のことを考えずに発揮する勇気のこと。

3 卓越…群をぬいてすぐれていること。

4 励行…規則や自分で決めたことを、きちんと守ること。

7 喚起…注意や世論などを呼び起こすこと。

8 疾駆…速く走ること。車や馬を速く走らせること。

14 哀惜…人の死などを悲しみ、おしむこと。

16 顧慮…あることを考えに入れて気を配ること。

19 廉価…値段が安いこと。安価。

頻出度

A

ランク

漢字識別③

目標時間 11分

1回目 /22

2回目 /22

● 次の三つの□に**共通する漢字**を入れて熟語を作れ。漢字はそれぞれ左側の□内から**一つ**選び、**記号**で答えよ。

1 □下・□劣・□屈

2 内□・□争・□失

3 抱□・□護・□立

4 陰□・□潤・除□

5 開□・□促・□眠

ア 湿　イ 紛　ウ 卑　エ 影　オ 却
カ 援　キ 催　ク 販　ケ 擁　コ 眠

解答

1 ウ　辞 卑下《ひげ》・卑劣《ひれつ》・卑屈《ひくつ》

2 イ　内紛《ないふん》・紛争《ふんそう》・紛失《ふんしつ》

3 ケ　抱擁《ほうよう》・辞 擁護《ようご》・擁立《ようりつ》

4 ア　陰湿《いんしつ》・湿潤《しつじゅん》・除湿《じょしつ》

5 キ　開催《かいさい》・催促《さいそく》・催眠《さいみん》

6 □圧・□制・□揚

7 □燥・□点・□慮

8 □査・□議・□判

9 □否・許□・受□

10 亡□・□感・□魂

ア 閣　イ 審　ウ 汚　エ 諾　オ 規
カ 難　キ 霊　ク 弾　ケ 抑　コ 焦

解答

6 ケ　抑圧《よくあつ》・抑制《よくせい》・辞 抑揚《よくよう》

7 コ　焦燥《しょうそう》・焦点《しょうてん》・辞 焦慮《しょうりょ》

8 イ　審査《しんさ》・審議《しんぎ》・審判《しんぱん》

9 エ　辞 諾否《だくひ》・許諾《きょだく》・受諾《じゅだく》

10 キ　亡霊《ぼうれい》・霊感《れいかん》・霊魂《れいこん》

11 □閉・□霊・□玄

12 魅□・完□・□承

13 沈□・□伏・□入

14 □問・□霊・□労

15 □胆・精□・鎮□

16 □設・□行・□策

ア 了	イ 潜	ウ 幽	エ 熟	オ 架
カ 没	キ 鋭	ク 施	ケ 魂	コ 慰

11 ウ 幽閉《ゆうへい》・幽霊《ゆうれい》・幽玄《ゆうげん》

12 ア 魅了《みりょう》・完了《かんりょう》・了承《りょうしょう》

13 イ 辞 沈潜《ちんせん》・潜伏《せんぷく》・潜入《せんにゅう》

14 コ 慰問《いもん》・慰霊《いれい》・慰労《いろう》

15 ケ 魂胆《こんたん》・辞 精魂《せいこん》・鎮魂《ちんこん》

16 ク 施設《しせつ》・施行《しこう》・施策《しさく》

17 放□・□費・波□

18 □結・□傷・解□

19 音□・切□・□号

20 □成・□婚・□知

21 連□・□行・□帯

22 恩□・□免・容□

ア 域	イ 既	ウ 凍	エ 歳	オ 浪
カ 符	キ 晩	ク 承	ケ 赦	コ 携

17 オ 放浪《ほうろう》・浪費《ろうひ》・波浪《はろう》

18 ウ 凍結《とうけつ》・凍傷《とうしょう》・解凍《かいとう》

19 カ 音符《おんぷ》・切符《きっぷ》・符号《ふごう》

20 イ 既成《きせい》・既婚《きこん》・辞 既知《きち》

21 コ 連携《れんけい》・携行《けいこう》・携帯《けいたい》

22 ケ 恩赦《おんしゃ》・辞 赦免《しゃめん》・容赦《ようしゃ》

意味をCheck!

1 卑下…自分を劣っていると考えていやしめること。へりくだること。

3 擁護…危害などを加えようとするものから、かばい守ること。

6 抑揚…話すときなど、声の調子を上下させること。

7 焦慮…心をいらだたせること。

9 諾否…承諾するか、しないか、ということ。

13 沈潜…水の底深く沈み隠れること。

15 精魂…たましい、精神のこと。

20 既知…すでに知っている、知られていること。

22 赦免…罪や過ちを許すこと。

頻出度 A ランク

熟語の構成①

目標時間 18分

1回目 ／36

2回目 ／36

●**熟語の構成**のしかたには次のようなものがある。

ア 同じような意味の漢字を重ねたもの （**岩石**）
イ 反対または対応の意味を表す字を重ねたもの （**高低**）
ウ 上の字が下の字を修飾しているもの （**洋画**）
エ 下の字が上の字の目的語・補語になっているもの （**着席**）
オ 上の字が下の字の意味を打ち消しているもの （**非常**）

次の熟語は右のア～オのどれにあたるか、一つ選び、記号で答えよ。

1 賢愚
2 哀歓
3 愛憎
4 屈伸
5 精粗
6 乾湿

解答と解説

1 イ（けんぐ） 賢（い）⇕愚（か）
2 イ（あいかん） 哀（悲しみ）⇕歓（喜び）
3 イ（あいぞう） 愛⇕憎（しみ）
4 イ（くっしん） 屈む（かがむ）⇕伸（ばす）
5 イ（せいそ） 精（密）⇕粗（雑）
6 イ（かんしつ） 乾（く）⇕湿（る）

7 緩急
8 棄権
9 吉凶
10 虚実
11 添削
12 起伏

解答と解説

7 イ（かんきゅう） 緩（やか）⇕急
8 エ（きけん） 棄（すてる）⬆権（利を）
9 イ（きっきょう） 吉（縁起がよい）⇕凶（縁起が悪い）
10 イ（きょじつ） 虚（うそ）⇕実（まこと）
11 イ（てんさく） 添（える）⇕削（る）
12 イ（きふく） 起（きる）⇕伏（せる）

☐13 盛衰
☐14 栄辱
☐15 喫茶
☐16 脅威
☐17 出没
☐18 正邪
☐19 尊卑
☐20 捕鯨

13 イ（せいすい）
盛(ん)↕衰(え)

14 イ（えいじょく）
栄(ほまれ)↕辱(め)

15 エ（きっさ）
喫(飲む)↑茶(を)

16 ア（きょうい）
どちらも「おどす」の意味。

17 イ（しゅつぼつ）
出(現れる)↕没(隠れる)

18 イ（せいじゃ）
正(しい)↕邪(よこしま、正しくない)

19 イ（そんぴ）
尊(い)↕卑(しい)

20 エ（ほげい）
捕(る)↑鯨(を)

☐21 未遂
☐22 幼稚
☐23 抑揚
☐24 粗密
☐25 慰霊
☐26 暫定
☐27 排他
☐28 不審

21 オ（みすい）
未(否定)＋遂(なしとげる)。「まだなしとげていない」の意味。

22 ア（ようち）
どちらも「おさない」の意味。

23 イ（よくよう）
抑(える)↕揚(げる)

24 イ（そみつ）
粗(目があらい)↕密(すきまがない)

25 エ（いれい）
慰(める)↑霊(を)

26 ウ（ざんてい）
暫(しばらくの間)↓定(める)

27 エ（はいた）
排(しりぞける)↑他(を)

28 オ（ふしん）
不(否定)＋審(つまびらか)。「つまびらかでない」の意味。

☐29 解雇
☐30 換気
☐31 犠牲
☐32 欠乏
☐33 娯楽
☐34 錯誤
☐35 撮影
☐36 伸縮

29 エ（かいこ）
解(く)↑雇(用を)

30 エ（かんき）
換(える)↑(空)気(を)

31 ア（ぎせい）
どちらも「いけにえ」の意味。

32 ア（けつぼう）
どちらも「かける」の意味。

33 ア（ごらく）
どちらも「たのしむ」の意味。

34 ア（さくご）
どちらも「間違える」の意味。

35 エ（さつえい）
撮(る)↑影(姿を)

36 イ（しんしゅく）
伸(びる)↕縮(む)

頻出度
A
ランク

熟語の構成②

目標時間 18分

1回目 /36
2回目 /36

●**熟語の構成**のしかたには次のようなものがある。

ア 同じような意味の漢字を重ねたもの（**岩石**）
イ 反対または対応の意味を表す字を重ねたもの（**高低**）
ウ 上の字が下の字を修飾しているもの（**洋画**）
エ 下の字が上の字の目的語・補語になっているもの（**着席**）
オ 上の字が下の字の意味を打ち消しているもの（**非常**）

次の熟語は右の**ア～オ**のどれにあたるか、**一つ**選び、**記号**で答えよ。

1 超越
2 墜落
3 不滅
4 佳境
5 孤独
6 徐行

解答と解説

1 ア（ちょうえつ）
どちらも「こえる」の意味。
2 ア（ついらく）
どちらも「おちる」の意味。
3 オ（ふめつ）
不（否定）＋滅（びる）。「ほろびない」の意味。
4 ウ（かきょう）
佳（よい）⬇境（ところ、状況）
5 ア（こどく）
どちらも「ひとり」の意味。
6 ウ（じょこう）
徐（々に）⬇行（く）

7 潜水
8 選択
9 不穏
10 滅亡
11 未完
12 後悔

解答と解説

7 エ（せんすい）
潜（る）⬆水（に）
8 ア（せんたく）
どちらも「えらぶ」の意味。
9 オ（ふおん）
不（否定）＋穏（おだやか）。「おだやかでない」の意味。
10 ア（めつぼう）
どちらも「ほろびる」の意味。
11 オ（みかん）
未（否定）＋完（成する）。「まだ完成していない」の意味。
12 ウ（こうかい）
後（で）⬇悔（やむ）

□13 不遇
□14 濫用
□15 悦楽
□16 緩慢
□17 疾走
□18 狩猟
□19 炊飯
□20 駐車

13 オ（ふぐう）
不（否定）＋遇（めぐりあう）。「めぐりあわない」の意味。

14 ウ（らんよう）
濫（むやみに）↓用（いる）

15 ア（えつらく）
悦（うれしがること）。楽（楽しむこと）。

16 ア（かんまん）
どちらも「ゆっくりしている」の意味。

17 ウ（しっそう）
疾（はやく）↓走（る）

18 ア（しゅりょう）
どちらも「かる、とらえる」の意味。

19 エ（すいはん）
炊（く）↑飯（を）

20 エ（ちゅうしゃ）
駐（とめる）↑車（を）

□21 締結
□22 排斥
□23 不吉
□24 隠匿
□25 解凍
□26 合掌
□27 休憩
□28 愚問

21 ア（ていけつ）
どちらも「むすぶ」の意味。

22 ア（はいせき）
どちらも「しりぞける」の意味。

23 オ（ふきつ）
不（否定）＋吉。「めでたくない」の意味。

24 ア（いんとく）
どちらも「かくす」の意味。

25 エ（かいとう）
解（く）↑凍（結を）

26 エ（がっしょう）
合（わす）↑掌（てのひらを）

27 ア（きゅうけい）
どちらも「やすむ、いこう」の意味。

28 ウ（ぐもん）
愚（かな）↓（質）問

□29 未了
□30 遵法
□31 出納
□32 昇降
□33 譲位
□34 摂取
□35 遭遇
□36 因果

29 オ（みりょう）
未（否定）＋了（終わる）。「まだ終わっていない」の意味。

30 エ（じゅんぽう）
遵（したがう）↑法（に）

31 イ（すいとう）
出（す）↕納（める）

32 イ（しょうこう）
昇（る）↕降（りる）

33 エ（じょうい）
譲（る）↑位（を）

34 ア（せっしゅ）
どちらも「とる」の意味。

35 ア（そうぐう）
どちらも「思いがけず出くわす」の意味。

36 イ（いんが）
（原）因↕（結）果

頻出度 A ランク

熟語の構成③

目標時間 18分

1回目 /36

2回目 /36

● 熟語の構成のしかたには次のようなものがある。

ア 同じような意味の漢字を重ねたもの（岩石）
イ 反対または対応の意味を表す字を重ねたもの（高低）
ウ 上の字が下の字を修飾しているもの（洋画）
エ 下の字が上の字の目的語・補語になっているもの（着席）
オ 上の字が下の字の意味を打ち消しているもの（非常）

次の熟語は右のア～オのどれにあたるか、一つ選び、記号で答えよ。

1 鎮魂
2 除湿
3 芳香
4 去就
5 翻意
6 未知

解答と解説

1 エ（ちんこん）鎮（める）⬆魂（を）
2 エ（じょしつ）除（く）⬆湿（気を）
3 ウ（ほうこう）芳（しい）⬇香（り）
4 イ（きょしゅう）去（る）⬍就（く）
5 エ（ほんい）翻（す）⬆意（志を）
6 オ（みち）未（否定）＋知（る）。「まだ知らない」の意味。

7 夢幻
8 無謀
9 免税
10 隔世
11 換言
12 未踏

解答と解説

7 ア（むげん）どちらも「はかない現象」の意味。
8 オ（むぼう）無（否定）＋謀（考えをめぐらす）。「考えがない」の意味。
9 エ（めんぜい）免（れる）⬆税（を）
10 エ（かくせい）隔（てる）⬆世（を）
11 エ（かんげん）換（える）⬆言（い方を）
12 オ（みとう）未（否定）＋踏（ふみ歩く）。「まだふみ歩いていない」の意味。

☐13 岐路
☐14 金塊
☐15 減刑
☐16 山岳
☐17 催眠
☐18 邪悪
☐19 需給
☐20 終了

13 ウ（きろ）　岐（わかれた）↓路（道）
14 ウ（きんかい）　金（の）↓塊
15 エ（げんけい）　減（らす）↑刑（を）
16 ア（さんがく）　どちらも「やま、険しいやま」の意味。
17 エ（さいみん）　催（す）↑眠（りを）
18 ア（じゃあく）　どちらも「わるい」の意味。
19 イ（じゅきゅう）　需（要）↕（供）給
20 ア（しゅうりょう）　どちらも「おわる」の意味。

☐21 脱獄
☐22 鍛錬
☐23 粗食
☐24 安穏
☐25 討伐
☐26 波浪
☐27 登壇
☐28 佳作

21 エ（だつごく）　脱（する）↑獄（ろうやを）
22 ア（たんれん）　どちらも「きたえる」の意味。
23 ウ（そしょく）　粗（末な）↓食（事）
24 ア（あんのん）　どちらも「おだやか」の意味。
25 ア（とうばつ）　どちらも「（相手を）うつ」意味がある。
26 ア（はろう）　どちらも「なみ」の意味。
27 エ（とうだん）　登（る）↑壇（に）
28 ウ（かさく）　佳（よい）↓作（品）

☐29 聴講
☐30 基礎
☐31 未明
☐32 無粋
☐33 裸眼
☐34 霊魂
☐35 移籍
☐36 遭難

29 エ（ちょうこう）　聴（く）↑講（義を）
30 ア（きそ）　どちらも「土台」の意味。
31 オ（みめい）　未（否定）＋明（ける）。「まだ明けていない」の意味。
32 オ（ぶすい）　無（否定）＋粋（洗練されている）。「洗練されていない」の意味。
33 ウ（らがん）　裸（眼鏡などをかけていない）↓眼（目）
34 ア（れいこん）　どちらも「たましい」の意味。
35 エ（いせき）　移（す）↑籍（を）
36 エ（そうなん）　遭（う）↑（災）難（に）

頻出度

A ランク

部首①

目標時間 19分

1回目 /38

2回目 /38

● 次の漢字の**部首**をア〜エから**一つ**選び、**記号**で答えよ。

1 衰（ア 亠　イ 衣　ウ 一　エ 曰）

2 窒（ア 冖　イ 土　ウ 穴　エ 宀）

3 殴（ア 匚　イ 又　ウ 殳　エ 几）

4 衝（ア 車　イ 行　ウ 彳　エ 亅）

5 髄（ア 辶　イ 冂　ウ 月　エ 骨）

6 葬（ア 匕　イ 一　ウ 死　エ 艹）

7 翻（ア 田　イ 釆　ウ 羽　エ 米）

8 膨（ア 士　イ 月　ウ 口　エ 彡）

解答

1 イ（ころも）

2 ウ（あなかんむり）

3 ウ（るまた ほこづくり）

4 イ（ぎょうがまえ ゆきがまえ）

5 エ（ほねへん）

6 エ（くさかんむり）

7 ウ（はね）

8 イ（にくづき）

9 顧（ア 隹　イ 戸　ウ 頁　エ 貝）

10 暫（ア 車　イ 日　ウ 斤　エ 田）

11 畜（ア 亠　イ 田　ウ 幺　エ 一）

12 超（ア 刀　イ 走　ウ 土　エ 口）

13 卑（ア 田　イ ノ　ウ 十　エ 一）

14 赴（ア ト　イ 土　ウ 走　エ ｜）

15 癖（ア 广　イ 疒　ウ 口　エ 辛）

16 房（ア 方　イ 厂　ウ 尸　エ 戸）

解答

9 ウ（おおがい）

10 イ（ひ）

11 イ（た）

12 イ（そうにょう）

13 ウ（じゅう）

14 ウ（そうにょう）

15 イ（やまいだれ）

16 エ（とだれ とかんむり）

読み　同音同訓異字　漢字識別　熟語の構成　**部首**　対義語・類義語　送りがな　四字熟語　誤字訂正　書き取り　模擬テスト

☐ **17** 裂（ア 刂　イ 歹　ウ 亠　エ 衣）

☐ **18** 墨（ア 灬　イ 土　ウ 里　エ 田）

☐ **19** 奪（ア 寸　イ 隹　ウ 人　エ 大）

☐ **20** 宴（ア 日　イ 女　ウ 宀　エ 冖）

☐ **21** 虐（ア 虍　イ 七　ウ 厂　エ ノ）

☐ **22** 掌（ア ⺌　イ 口　ウ 冖　エ 手）

☐ **23** 痘（ア 广　イ 疒　ウ 豆　エ 口）

☐ **24** 魔（ア 鬼　イ 广　ウ 厶　エ 木）

☐ **25** 厘（ア 厂　イ 土　ウ 里　エ 田）

☐ **26** 郭（ア 亠　イ 子　ウ 阝　エ 口）

☐ **27** 冠（ア 寸　イ 冖　ウ 二　エ 亅）

17 エ（ころも）
18 イ（つち）
19 エ（だい）
20 ウ（うかんむり）
21 ア（とらがしら とらかんむり）
22 エ（て）
23 イ（やまいだれ）
24 ア（おに）
25 ア（がんだれ）
26 ウ（おおざと）
27 イ（わかんむり）

☐ **28** 企（ア 人　イ 止　ウ 𠆢　エ ノ）

☐ **29** 克（ア 十　イ 口　ウ 一　エ 儿）

☐ **30** 匠（ア 匚　イ 斤　ウ 一　エ ノ）

☐ **31** 某（ア 一　イ 甘　ウ 木　エ 十）

☐ **32** 吏（ア 亠　イ ノ　ウ 口　エ 一）

☐ **33** 疾（ア 冫　イ 疒　ウ 矢　エ 亠）

☐ **34** 蛮（ア 亠　イ 一　ウ 虫　エ 口）

☐ **35** 辛（ア 辛　イ 十　ウ 立　エ 亠）

☐ **36** 閲（ア 口　イ 儿　ウ 亅　エ 門）

☐ **37** 彫（ア 土　イ 口　ウ 彡　エ 周）

☐ **38** 帝（ア 立　イ 巾　ウ 亠　エ 冖）

28 ウ（ひとやね）
29 エ（ひとあし にんにょう）
30 ア（はこがまえ）
31 ウ（き）
32 ウ（くち）
33 イ（やまいだれ）
34 ウ（むし）
35 ア（からい）
36 エ（もんがまえ）
37 ウ（さんづくり）
38 イ（はば）

頻出度 A ランク

部首②

目標時間 19分

1回目 /38

2回目 /38

● 次の漢字の**部首**をア～エから**一つ**選び、**記号**で答えよ。

1 卸（ア エ　イ ノ　ウ 卩　エ 止）

2 敢（ア 耳　イ ノ　ウ エ　エ 攵）

3 藩（ア 氵　イ 田　ウ 艹　エ 釆）

4 募（ア 力　イ 艹　ウ 曰　エ 一）

5 既（ア ノ　イ 艮　ウ 旡　エ し）

6 墾（ア 艮　イ 豸　ウ 十　エ 土）

7 辱（ア 辰　イ 厂　ウ 寸　エ 一）

8 逮（ア 辶　イ 亅　ウ 隶　エ 冫）

解答

1 ウ（わりふ ふしづくり）

2 エ（のぶん ぼくづくり）

3 ウ（くさかんむり）

4 ア（ちから）

5 ウ（なし ぶ すでのつくり）

6 エ（つち）

7 ア（しんのたつ）

8 ア（しんにょう しんにゅう）

9 卓（ア 日　イ 十　ウ 一　エ 丨）

10 尿（ア 厂　イ 亅　ウ 尸　エ 水）

11 励（ア ノ　イ 力　ウ 厂　エ 一）

12 廊（ア 阝　イ 厂　ウ 亠　エ 广）

13 乳（ア 子　イ し　ウ ⺍　エ ノ）

14 欧（ア 人　イ 匚　ウ 区　エ 欠）

15 街（ア 彳　イ 土　ウ 亍　エ 行）

16 雇（ア 一　イ 隹　ウ 尸　エ 戸）

解答

9 イ（じゅう）

10 ウ（かばね しかばね）

11 イ（ちから）

12 エ（まだれ）

13 イ（おつ）

14 エ（あくび かける）

15 エ（ぎょうがまえ ゆきがまえ）

16 イ（ふるとり）

- ☐ **17** 昇（ア 日　イ 一　ウ 升　エ 丨）
- ☐ **18** 遭（ア 曲　イ 辶　ウ 曰　エ 一）
- ☐ **19** 塗（ア 氵　イ 土　ウ 八　エ 干）
- ☐ **20** 貫（ア 目　イ 貝　ウ 一　エ 毌）
- ☐ **21** 虚（ア 业　イ 虍　ウ 七　エ 一）
- ☐ **22** 斥（ア ノ　イ 丶　ウ 丨　エ 斤）
- ☐ **23** 斗（ア 一　イ 斗　ウ 丨　エ 十）
- ☐ **24** 婆（ア 女　イ 氵　ウ 皮　エ 又）
- ☐ **25** 慕（ア 艹　イ 曰　ウ ⺗　エ 一）
- ☐ **26** 封（ア 土　イ 寸　ウ 亅　エ 丶）
- ☐ **27** 遵（ア 辶　イ 寸　ウ 儿　エ 䒑）

17 ア（ひ）
18 イ（しんにょう しんにゅう）
19 イ（つち）
20 イ（かい こがい）
21 イ（とらがしら とらかんむり）
22 エ（きん）
23 イ（とます）
24 ア（おんな）
25 ウ（したごころ）
26 イ（すん）
27 ア（しんにょう しんにゅう）

- ☐ **28** 魂（ア 田　イ 厶　ウ 鬼　エ 儿）
- ☐ **29** 籍（ア ⺮　イ 日　ウ 木　エ 耒）
- ☐ **30** 賊（ア 目　イ 戈　ウ 十　エ 貝）
- ☐ **31** 哲（ア 扌　イ 口　ウ ノ　エ 斤）
- ☐ **32** 乏（ア ノ　イ 亠　ウ 丶　エ 一）
- ☐ **33** 契（ア 刀　イ 人　ウ 大　エ 十）
- ☐ **34** 獄（ア 言　イ 犭　ウ 口　エ 犬）
- ☐ **35** 塊（ア 鬼　イ 田　ウ 土　エ 儿）
- ☐ **36** 喫（ア 口　イ 刀　ウ 大　エ 一）
- ☐ **37** 慨（ア し　イ 旡　ウ ノ　エ 忄）
- ☐ **38** 孔（ア 子　イ し　ウ ノ　エ 亅）

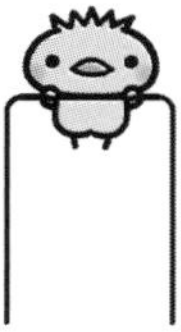

28 ウ（おに）
29 ア（たけかんむり）
30 エ（かいへん）
31 イ（くち）
32 ア（の はらいぼう）
33 ウ（だい）
34 イ（けものへん）
35 ウ（つちへん）
36 ア（くちへん）
37 エ（りっしんべん）
38 ア（こへん）

頻出度 A ランク

対義語・類義語①

目標時間 11分

1回目 ／22

2回目 ／22

● 次の**1** **2**、それぞれの下の□内のひらがなを漢字に直して□に入れ、**対義語・類義語**を作れ。□内のひらがなは一度だけ使い、**一字**で答えよ。

1 対義語

1 冗漫―□潔

2 怠慢―□勉

3 穏健―□激

4 進展―停□

5 華美―質□

類義語

6 卓越―抜□

7 没頭―□念

8 憂慮―心□

9 克明―丹□

10 潤沢―豊□

か　かん　きん　ぐん　せん　そ　たい　ねん　ぱい　ふ

解答

1 辞 冗漫《じょうまん》―簡潔《かんけつ》

2 怠慢《たいまん》―勤勉《きんべん》

3 辞 穏健《おんけん》―過激《かげき》

4 進展《しんてん》―停滞《ていたい》

5 辞 華美《かび》―質素《しっそ》

6 辞 卓越《たくえつ》―抜群《ばつぐん》

7 没頭《ぼっとう》―専念《せんねん》

8 憂慮《ゆうりょ》―心配《しんぱい》

9 辞 克明《こくめい》―丹念《たんねん》

10 辞 潤沢《じゅんたく》―豊富《ほうふ》

2

対義語

11 妨害—□力

12 膨張—収□

13 遠隔—近□

14 地獄—□楽

15 丁重—粗□

16 違反—遵□

類義語

17 了解—納□

18 魂胆—意□

19 辛酸—□苦

20 該当—□合

21 漂泊—放□

22 嘱望—期□

きょう　ごく　こん　しゅ　しゅく　せつ　たい　てき　と　とく　りゃく　ろう

11 妨害《ぼうがい》—協力《きょうりょく》

12 膨張《ぼうちょう》—収縮《しゅうしゅく》

13 辞 遠隔《えんかく》—近接《きんせつ》

14 地獄《じごく》—極楽《ごくらく》

15 丁重《ていちょう》—辞 粗略《そりゃく》

16 違反《いはん》—遵守《じゅんしゅ》

17 了解《りょうかい》—納得《なっとく》

18 辞 魂胆《こんたん》—意図《いと》

19 辞 辛酸《しんさん》—困苦《こんく》

20 該当《がいとう》—適合《てきごう》

21 漂泊《ひょうはく》—放浪《ほうろう》

22 辞 嘱望《しょくぼう》—期待《きたい》

意味をCheck!

1 冗漫…表現に無駄《むだ》が多く、しまりのないさま。

3 穏健…言動や考え方が穏やかで落ち着いていること。

5 華美…華やかで美しいこと。また、華やかすぎて不相応なこと。

6 卓越…群をぬいてすぐれていること。

9 克明…細かいところまで念入りなこと。まじめで正直なこと。

10 潤沢…物が豊富にあること。うるおい。

13 遠隔…遠く離れていること。

15 粗略…物事の扱い方がいいかげんなこと。

18 魂胆…心に抱いているたくらみのこと。

19 辛酸…つらく苦しい思い。

22 嘱望…人の将来に期待を寄せること。

頻出度

A

ランク

対義語・類義語②

●次の 1 2 、それぞれの下の□内のひらがなを漢字に直して□に入れ、**対義語・類義語**を作れ。□内のひらがなは一度だけ使い、**一字**で答えよ。

目標時間 11分

1回目 ／22

2回目 ／22

1

対義語

1 一般―特□

2 修繕―破□

3 虐待―愛□

4 承諾―□退

5 衰微―繁□

類義語

6 展示―陳□

7 露見―発□

8 怠慢―□着

9 辛抱―□慢

10 屈伏―降□

えい　おう　が　かく　ご　さん　じ　しゅ　そん　れつ

解答

1 一般《いっぱん》―特殊《とくしゅ》

2 修繕《しゅうぜん》―破損《はそん》

3 辞 虐待《ぎゃくたい》―愛護《あいご》

4 承諾《しょうだく》―辞退《じたい》

5 辞 衰微《すいび》―繁栄《はんえい》

6 展示《てんじ》―陳列《ちんれつ》

7 辞 露見《ろけん》―発覚《はっかく》

8 辞 怠慢《たいまん》―横着《おうちゃく》

9 辛抱《しんぼう》―我慢《がまん》

10 辞 屈伏《くっぷく》―降参《こうさん》

2

対義語

11 潤沢—□乏

12 創造—□倣

13 具体—抽□

14 倹約—浪□

15 緩慢—敏□

16 賢明—□愚

類義語

17 借金—□債

18 決心—覚□

19 鼓舞—□励

20 重体—□篤

21 監禁—□閉

22 未熟—幼□

あん	き	げき	けつ	ご	しょう	そく	ち	ひ	ふ	も	ゆう

11 潤沢《じゅんたく》—欠乏《けつぼう》 辞

12 創造《そうぞう》—模倣《もほう》 辞

13 具体《ぐたい》—抽象《ちゅうしょう》

14 倹約《けんやく》—浪費《ろうひ》

15 緩慢《かんまん》—敏速《びんそく》 辞

16 賢明《けんめい》—暗愚《あんぐ》 辞

17 借金《しゃっきん》—負債《ふさい》

18 決心《けっしん》—覚悟《かくご》

19 鼓舞《こぶ》—激励《げきれい》 辞

20 重体《じゅうたい》—危篤《きとく》

21 監禁《かんきん》—幽閉《ゆうへい》 辞

22 未熟《みじゅく》—幼稚《ようち》

意味をCheck!

3 愛護…かわいがって、守ること。
5 衰微…盛んだったものが衰えること。
7 露見…隠していたことがあらわれること。ばれること。

8 怠慢…なまけておこたること。
10 屈服…相手の力や勢いに負けて服従すること。
11 潤沢…物が豊富にあること。うるおい。

12 模倣…他のものをまねること。似せること。
15 緩慢…動きがゆっくりしていること。処置が手ぬるいこと。
16 暗愚…物事の道理を理解できず、愚かなこと。

19 鼓舞…励まし気持ちを奮い立たせること。
21 幽閉…ある場所に閉じ込めて外部に出さないこと。

頻出度
A
ランク

対義語・類義語③

目標時間 11分

1回目 ／22

2回目 ／22

● 次の 1 2 、それぞれの下の□内のひらがなを漢字に直して□に入れ、**対義語・類義語**を作れ。□内のひらがなは一度だけ使い、**一字**で答えよ。

1

対義語

1 郊外―□心

2 侵害―擁□

3 詳細―概□

4 強情―従□

5 助長―阻□

類義語

6 正邪―是□

7 容赦―勘□

8 手柄―功□

9 回顧―□憶

10 熱中―没□

がい	ご	じゅん	せき	つい	と	とう	ひ	べん	りゃく

解答

1 郊外《こうがい》―都心《としん》

2 侵害《しんがい》―擁護《ようご》 辞

3 詳細《しょうさい》―概略《がいりゃく》

4 強情《ごうじょう》―従順《じゅうじゅん》

5 助長《じょちょう》―阻害《そがい》 辞

6 正邪《せいじゃ》―是非《ぜひ》 辞

7 容赦《ようしゃ》―勘弁《かんべん》

8 手柄《てがら》―功績《こうせき》

9 回顧《かいこ》―追憶《ついおく》 辞

10 熱中《ねっちゅう》―没頭《ぼっとう》

2

対義語

11 分裂－□一

12 模倣－独□

13 歓喜－□哀

14 保守－□新

15 邪悪－□良

16 抑制－促□

類義語

17 官吏－□人

18 廉価－安□

19 華美－□手

20 解雇－免□

21 計算－□定

22 高低－起□

かく　かん　しょく　しん　ぜん　そう　とう　ね　は　ひ　ふく　やく

11 分裂《ぶんれつ》－統一《とういつ》

12 模倣《もほう》－独創《どくそう》 辞

13 歓喜《かんき》－悲哀《ひあい》

14 保守《ほしゅ》－革新《かくしん》 辞

15 辞 邪悪《じゃあく》－善良《ぜんりょう》

16 抑制《よくせい》－促進《そくしん》

17 官吏《かんり》－役人《やくにん》

18 辞 廉価《れんか》－安値《やすね》

19 辞 華美《かび》－派手《はで》

20 解雇《かいこ》－免職《めんしょく》

21 計算《けいさん》－勘定《かんじょう》

22 高低《こうてい》－起伏《きふく》

意味をCheck!

2 擁護…危害などを加えようとするものから、かばい守ること。

5 助長…力を貸して、ある事の成長や発展を助けること。ある傾向を著しくさせること。

6 正邪…正しいことと正しくないこと。善と悪。

9 追憶…過去に思いをはせること。昔をしのぶこと。

12 独創…自分の発想でつくり出すこと。

14 革新…旧来の組織や制度などを改めること。現状を改革しようとする政治的な立場。

15 邪悪…心がねじ曲がって悪意に満ちていること。

18 廉価…値段が安いこと。安価。

19 華美…華やかで美しいこと。また、華やかすぎて不相応なこと。

頻出度 A ランク

対義語・類義語④

● 次の１ ２、それぞれの下の□内のひらがなを漢字に直して□に入れ、**対義語・類義語**を作れ。□内のひらがなは一度だけ使い、**一字**で答えよ。

目標時間 11分

1回目 /22

2回目 /22

1

対義語

1 卑屈—□大

2 抽象—□体

3 釈放—□束

4 精密—粗□

5 老成—□稚

類義語

6 音信—消□

7 期待—嘱□

8 形見—□品

9 案内—誘□

10 大要—概□

い　ぐ　こう　ざつ　そく　そん　どう　ぼう　よう　りゃく

解答

1 辞 卑屈《ひくつ》—尊大《そんだい》

2 抽象《ちゅうしょう》—具体《ぐたい》

3 釈放《しゃくほう》—拘束《こうそく》

4 精密《せいみつ》—辞 粗雑《そざつ》

5 老成《ろうせい》—幼稚《ようち》

6 音信《おんしん》—消息《しょうそく》

7 期待《きたい》—辞 嘱望《しょくぼう》

8 形見《かたみ》—遺品《いひん》

9 案内《あんない》—誘導《ゆうどう》

10 辞 大要《たいよう》—概略《がいりゃく》

2

対義語

☐ 11 優雅—粗☐

☐ 12 促進—抑☐

☐ 13 正統—☐端

☐ 14 愛護—虐☐

☐ 15 安定—動☐

☐ 16 協調—排☐

類義語

☐ 17 完遂—☐成

☐ 18 欠乏—不☐

☐ 19 幽閉—監☐

☐ 20 平定—鎮☐

☐ 21 精励—勤☐

☐ 22 傍観—☐視

あつ　い　きん　ざ　せい　そく　た　たい　たつ　べん　や　よう

11 優雅《ゆうが》—粗野《そや》 辞

12 促進《そくしん》—抑制《よくせい》

13 正統《せいとう》—異端《いたん》 辞

14 愛護《あいご》—虐待《ぎゃくたい》

15 安定《あんてい》—動揺《どうよう》

16 協調《きょうちょう》—排他《はいた》 辞

17 完遂《かんすい》—達成《たっせい》

18 欠乏《けつぼう》—不足《ふそく》

19 幽閉《ゆうへい》—監禁《かんきん》

20 平定《へいてい》—鎮圧《ちんあつ》

21 精励《せいれい》—勤勉《きんべん》 辞

22 傍観《ぼうかん》—座視《ざし》 辞

意味をCheck!

1 卑屈…いじけて自分をいやしめること。

4 粗雑…荒っぽくいいかげんなこと。細かい点にまで行き届いていないこと。

7 嘱望…人の将来に期待を寄せること。

10 大要…大事な点。あらまし。

11 粗野…言動があらあらしく、下品なこと。

13 異端…その時代の多くの意見や正統とされているものから、外れていること。

16 排他…自分の仲間以外の者を受け入れないこと。

21 精励…精を出して仕事や学業に励むこと。

22 座視…手出しをせずに黙って見ていること。

頻出度 **A** ランク

対義語・類義語⑤

目標時間 11分

1回目 ／22

2回目 ／22

● 次の**1** **2**、それぞれの下の□内のひらがなを漢字に直して□に入れ、**対義語・類義語**を作れ。□内のひらがなは一度だけ使い、**一字**で答えよ。

1

対義語

1 発生—消□

2 軽率—慎□

3 興隆—□退

4 辛勝—惜□

5 却下—□理

類義語

6 名残—□情

7 追憶—□顧

8 永遠—恒□

9 出納—□支

10 手腕—技□

かい　きゅう　じゅ　しゅう　すい　ちょう　はい　めつ　よ　りょう

解答

1 発生《はっせい》—消滅《しょうめつ》

2 軽率《けいそつ》—慎重《しんちょう》

3 辞 興隆《こうりゅう》—衰退《すいたい》

4 辞 辛勝《しんしょう》—惜敗《せきはい》

5 却下《きゃっか》—受理《じゅり》

6 名残《なごり》—辞 余情《よじょう》

7 辞 追憶《ついおく》—回顧《かいこ》

8 永遠《えいえん》—辞 恒久《こうきゅう》

9 辞 出納《すいとう》—収支《しゅうし》

10 手腕《しゅわん》—技量《ぎりょう》

2 対義語

☐ 11 添加—削□

☐ 12 孤立—□帯

☐ 13 拘束—解□

☐ 14 炎暑—□寒

☐ 15 支配—□属

☐ 16 強固—柔□

類義語

☐ 17 現職—現□

☐ 18 警護—護□

☐ 19 外見—体□

☐ 20 利口—□明

☐ 21 計略—□謀

☐ 22 肝要—大□

えい　えき　けん　げん　さい　さく　じゃく　じゅう　じょ　せつ　ほう　れん

11 添加《てんか》—削除《さくじょ》

12 孤立《こりつ》—連帯《れんたい》

13 拘束《こうそく》—解放《かいほう》

14 辞 炎暑《えんしょ》—厳寒《げんかん》

15 支配《しはい》—辞 従属《じゅうぞく》

16 強固《きょうこ》—辞 柔弱《にゅうじゃく》

17 現職《げんしょく》—現役《げんえき》

18 警護《けいご》—護衛《ごえい》

19 外見《がいけん》—体裁《ていさい》

20 利口《りこう》—賢明《けんめい》

21 計略《けいりゃく》—辞 策謀《さくぼう》

22 辞 肝要《かんよう》—大切《たいせつ》

意味をCheck!

3 興隆…勢いが盛んなこと。

4 辛勝…試合などで、やっとの思いで勝つこと。

6 余情…後々まで残っているしみじみとした味わい。

7 追憶…過去に思いをはせること。昔をしのぶこと。

8 恒久…長く変わらないこと。

9 出納…金銭などを出し入れすること。

14 炎暑…非常に厳しい暑さのこと。

15 従属…権力などに依存して、つき従うこと。

16 柔弱…体質や精神が弱々しいこと。「じゅうじゃく」とも読む。

21 策謀…はかりごとをめぐらすこと。

22 肝要…非常に大切なこと。

頻出度 A ランク

対義語・類義語⑥

目標時間 11分

1回目 /22

2回目 /22

● 次の 1 2 、それぞれの下の□内のひらがなを漢字に直して□に入れ、**対義語・類義語**を作れ。□内のひらがなは一度だけ使い、**一字**で答えよ。

1 対義語

1 粗略―丁□

2 非難―賞□

3 故意―□失

4 師匠―□子

5 難解―平□

類義語

6 賢明―□口

7 熱狂―興□

8 了解―□知

9 通行―往□

10 卑俗―下□

い	か	さん	しょう	ちょう	で	ひん	ふん	らい	り

解答

1 辞 粗略《そりゃく》―丁重《ていちょう》

2 非難《ひなん》―賞賛《しょうさん》

3 辞 故意《こい》―過失《かしつ》

4 師匠《ししょう》―弟子《でし》

5 難解《なんかい》―平易《へいい》 辞

6 辞 賢明《けんめい》―利口《りこう》

7 熱狂《ねっきょう》―興奮《こうふん》

8 了解《りょうかい》―承知《しょうち》

9 通行《つうこう》―往来《おうらい》

10 辞 卑俗《ひぞく》―下品《げひん》

2

対義語

□ 11 起床—□寝

□ 12 自慢—卑□

□ 13 沈下—隆□

□ 14 解放—□縛

□ 15 浪費—□約

□ 16 興奮—鎮□

類義語

□ 17 携帯—所□

□ 18 陳列—□示

□ 19 了承—□諾

□ 20 不足—□如

□ 21 虚構—架□

□ 22 順序—次□

き　きょ　くう　げ　けつ　じ　しゅう　せい　せつ　そく　だい　てん

11 起床《きしょう》—就寝《しゅうしん》

12 自慢《じまん》—卑下《ひげ》 辞

13 沈下《ちんか》—隆起《りゅうき》 辞

14 解放《かいほう》—束縛《そくばく》

15 浪費《ろうひ》—節約《せつやく》

16 興奮《こうふん》—鎮静《ちんせい》 辞

17 携帯《けいたい》—所持《しょじ》

18 陳列《ちんれつ》—展示《てんじ》

19 了承《りょうしょう》—許諾《きょだく》 辞

20 不足《ふそく》—欠如《けつじょ》

21 虚構《きょこう》—架空《かくう》 辞

22 順序《じゅんじょ》—次第《しだい》

意味をCheck!

1 粗略…物事の扱い方がいいかげんなこと。
3 故意…意識して行うこと。
5 平易…たやすいこと。難しくないこと。

6 賢明…賢く、物事の判断が適切であること。
10 卑俗…低俗であること。いやしく品がないこと。
12 卑下…自分を劣っていると考えていやしめること。へりくだること。

13 隆起…ある部分が盛り上がること。
16 鎮静…高ぶった気持ちなどを落ち着かせること。

19 許諾…先方の希望を聞き入れて許すこと。
21 虚構…実際にないことを事実のようにつくり上げること。

頻出度 A ランク

送りがな①

目標時間 21分

1回目 /42

2回目 /42

● 次の――線のカタカナを漢字一字と送りがな（ひらがな）に直せ。

〈例〉 質問にコタエル。 答える

1 部下に長時間の残業をシイル。
2 親の恩にムクイル。
3 ホガラカナ笑い声が聞こえる。
4 我が子のスコヤカナ成長を願う。
5 スミヤカニ車を移動する。
6 三度目の司法試験にノゾム。
7 式典はオゴソカニ進められた。
8 種まきの前に土をタガヤス。
9 親の言葉にサカラウ。
10 タダチニ席に着きなさい。

解答

1 強いる 辞
2 報いる
3 朗らかな
4 健やかな 辞
5 速やかに
6 臨む 辞
7 厳かに 辞
8 耕す
9 逆らう
10 直ちに

11 建物の老朽化がイチジルシイ。
12 荷物をひもでユワエル。
13 海産物をアキナウ店が並ぶ。
14 新しい方法をココロミル。
15 汚い言葉をアビセル。
16 テレビの画面から目をソムケル。
17 イサマシイのは言葉だけだ。
18 友人の行動をウタガウ。
19 古くから港町としてサカエル。
20 増税案に異議をトナエル。

解答

11 著しい 辞
12 結わえる
13 商う
14 試みる
15 浴びせる
16 背ける 辞
17 勇ましい 辞
18 疑う
19 栄える
20 唱える 辞

☐ 21 子供たちに炊事を**マカセル**。
☐ 22 畑に自家製の**コヤシ**をまく。
☐ 23 先輩の決定に**シタガウ**。
☐ 24 山盛りの料理を**タイラゲル**。
☐ 25 先生がクラスの生徒を**ヒキイル**。
☐ 26 **キヨラカナ**泉の水をくむ。
☐ 27 説教の効果は**マッタク**なかった。
☐ 28 立派な家を**カマエル**。
☐ 29 恋人に別れを**ツゲル**。
☐ 30 車をシートで**オオウ**。
☐ 31 炊きあがったご飯を**ムラス**。
☐ 32 アリが砂糖に**ムラガル**。
☐ 33 相手を**セメル**だけでは解決しない。
☐ 34 駅伝大会で給水所を**モウケル**。

21 任せる
22 肥やし
23 従う
24 平らげる
25 率いる
26 清らかな
27 全く
28 構える
29 告げる
30 覆う 辞
31 蒸らす
32 群がる 辞
33 責める
34 設ける

☐ 35 いつも笑顔を**タヤサナイ**。
☐ 36 **ヤサシイ**問題から解いていく。
☐ 37 **ココロヨイ**笛の音色が聞こえる。
☐ 38 家族で民宿を**イトナム**。
☐ 39 夏休みの宿題を早めに**スマス**。
☐ 40 経験不足を努力で**オギナウ**。
☐ 41 **ヤスラカナ**寝息が聞こえる。
☐ 42 頭を深々と下げて**アヤマル**。

35 絶やさない
36 易しい
37 快い
38 営む 辞
39 済ます
40 補う
41 安らかな
42 謝る

意味をCheck!

1 **強いる**…相手の都合や気持ちを考えず無理にやらせる。
4 **健やか**…健康で元気であるさま。体が丈夫なさま。
6 **臨む**…出席する。参加する。向かい合う。面する。
7 **厳か**…重々しい雰囲気《ふんいき》で近寄りにくいさま。礼儀正しいさま。
11 **著しい**…はっきりわかるほど目立つさま。明白。

16 **背ける**…そらす。背を向ける。
17 **勇ましい**…恐れずに危険や困難にむかっていくさま。
20 **唱える**…声に出して言う。叫ぶ。先んじて言う。
30 **覆う**…物事を隠すように一面にかぶせること。
32 **群がる**…多くのものが一つの場所に集まる。
38 **営む**…経営する。用意する。励む。仏事などを行う。

頻出度 A ランク

四字熟語①

目標時間 10分

1回目 ／20

2回目 ／20

● 文中の**四字熟語**の──線の**カタカナ**を**漢字二字**で答えよ。

☐ **1** **シンザン幽谷**の気配に相通じる。

☐ **2** **大胆フテキ**な作戦を立てる。

☐ **3** **テンイ無縫**の文章に心がなごむ。

☐ **4** **ジュンプウ満帆**の門出である。

☐ **5** あの人は**清廉ケッパク**だ。

☐ **6** **コウキ到来**とばかりに打って出る。

☐ **7** 情報の**シュシャ選択**が必要だ。

☐ **8** **タンジュン明快**でわかりやすい。

解答と解説

1 深《しん》山《ざん》幽《ゆう》谷《こく》　人里離れた奥深い山々と、深く静かな谷間。人が足を踏み入れていない奥深い自然のこと。

2 大《だい》胆《たん》不《ふ》敵《てき》　度胸があり、物事に動じないこと。恐れを知らず、気おくれしないこと。

3 天《てん》衣《い》無《む》縫《ほう》　天女の衣に縫い目がない意から、詩文などが自然で美しいこと。人柄などが無邪気で飾り気がないこと。

4 順《じゅん》風《ぷう》満《まん》帆《ぱん》　帆に追い風をたくさん受けて船が進むように、物事が順調に、思い通りに進むこと。

5 清《せい》廉《れん》潔《けっ》白《ぱく》　私利私欲がなく、やましいところがない様子。

6 好《こう》機《き》到《とう》来《らい》　絶好の機会が巡ってくること。またとないような、よい機会に恵まれること。

7 取《しゅ》捨《しゃ》選《せん》択《たく》　よいもの、必要なものを選び取り、不要なものは捨てること。

8 単《たん》純《じゅん》明《めい》快《かい》　はっきりしてわかりやすいこと。話や文章などが複雑でなく、内容がよくわかること。

☐ **9** 手術の**一部シジュウ**を記録する。

☐ **10** **温故チシン**の精神を大切にする。

☐ **11** 弱い者いじめなど**言語ドウダン**だ。

☐ **12** デマが飛び交い**ギシン暗鬼**になる。

☐ **13** 名優の**メンモク躍如**たる演技だ。

☐ **14** **利害トクシツ**を考えて行動する。

☐ **15** **前途ユウボウ**な青年である。

☐ **16** 花嫁姿に**感慨ムリョウ**である。

☐ **17** **無我ムチュウ**で完走した。

☐ **18** 嫌《いや》な気持ちも**ウンサン霧消**する。

☐ **19** **巧言レイショク**をろうする者は信用できない。

☐ **20** **空前ゼツゴ**の偉業を成し遂げた。

9 一《いち》部《ぶ》始《し》終《じゅう》
物事のはじめから終わりまで。

10 温《おん》故《こ》知《ち》新《しん》
過去の事柄を調べ、そこから新たな道理や知識を得て自分のものとすること。「故《ふる》きを温《たず》ねて新しきを知る」などとも読む。

11 言《ごん》語《ご》道《どう》断《だん》
言葉に表せないくらいひどいこと。もってのほか。とんでもないこと。

12 疑《ぎ》心《しん》暗《あん》鬼《き》
うたがう心があると、何でもないことでも恐ろしさや不安を感じること。「疑心、暗鬼を生ず」の略。

13 面《めん》目《もく》躍《やく》如《じょ》
世の中の評価に値する活躍をし、生き生きとするさま。名誉を高めるさま。「面目」は「めんぼく」とも読む。

14 利《り》害《がい》得《とく》失《しつ》
利益と損失。自分の得になることと、損をすること。

15 前《ぜん》途《と》有《ゆう》望《ぼう》
将来成功する可能性が大いにあること。これから先が希望に満ちていること。

16 感《かん》慨《がい》無《む》量《りょう》
心に深く感じてしみじみとした気持ちが、はかり知れないほど大きいこと。

17 無《む》我《が》夢《む》中《ちゅう》
ひとつのことに熱中して、自分を忘れること。

18 雲《うん》散《さん》霧《む》消《しょう》
物事が消えてなくなること。心の中のわだかまりや悩みが消えて、さっぱりした気持ちになる意味にも使う。「雲消霧散」ともいう。

19 巧《こう》言《げん》令《れい》色《しょく》
相手が気に入るように言葉を飾り、顔つきをつくろってこびへつらうこと。

20 空《くう》前《ぜん》絶《ぜつ》後《ご》
過去に例がなく、今後も起こりそうもないと思われること。きわめて珍しいこと。

頻出度

A

ランク

四字熟語②

目標時間 10分

1回目 /20

2回目 /20

● 文中の**四字熟語**の——線の**カタカナ**を**漢字二字**で答えよ。

☐ **1** **シュウシ**一貫した態度だった。

☐ **2** 優柔**フダン**な性格が災いする。

☐ **3** **シコウ**錯誤して新作を制作する。

☐ **4** 自然の表情は千変**バンカ**だ。

☐ **5** **リュウゲン**飛語に惑わされない。

☐ **6** **キュウテン**直下の最終回だった。

☐ **7** **コック**勉励の毎日を送る。

☐ **8** 晴耕**ウドク**の日々を送る。

解答と解説

1 終始《しゅうし》一貫《いっかん》
最初から最後まで、態度などが変わらないこと。

2 優柔《ゆうじゅう》不断《ふだん》
気が弱く、すぐに決断できないこと。また、そのさま。

3 試行《しこう》錯誤《さくご》
さまざまな方法を試み、失敗を繰り返して解決策を追求すること。

4 千変《せんぺん》万化《ばんか》
さまざまに変化すること。

5 流言《りゅうげん》飛語《ひご》
口づてに言いふらされる、根拠のない情報やうわさ。

6 急転《きゅうてん》直下《ちょっか》
事態や情勢が突然変化して、物事が解決や結末に向かうこと。

7 刻苦《こっく》勉励《べんれい》
非常に苦労をして、勉学や仕事に努め励むこと。

8 晴耕《せいこう》雨読《うどく》
悠悠《ゆうゆう》自適の暮らしをすること。晴れた日には田畑を耕し、雨の日には家にこもって読書をする意から。

□ **9** 優勝の知らせに**ハガン一笑**する。

□ **10** 参加者には**取捨センタク**の自由がある。

□ **11** **日常サハン**の出来事だ。

□ **12** その結末はまさに**因果オウホウ**だ。

□ **13** **フクザツ怪奇**な事件が起こった。

□ **14** 兄の投球は**緩急ジザイ**だ。

□ **15** **キヨウ貧乏**なところが欠点だ。

□ **16** 思いがかなわず**シツボウ落胆**する。

□ **17** 秋の夜長に**炉辺ダンワ**を楽しむ。

□ **18** **熟慮ダンコウ**の時が来た。

□ **19** どの記事の内容も**大同ショウイ**だ。

□ **20** **デンコウ石火**の早業だ。

9 破《は》顔《がん》一《いっ》笑《しょう》　顔をほころばせて、にっこり笑うこと。

10 取《しゅ》捨《しゃ》選《せん》択《たく》　よいもの、必要なものを選び取り、不要なものは捨てること。

11 日《にち》常《じょう》茶《さ》飯《はん》　毎日のありふれたこと、当たり前のこと。

12 因《いん》果《が》応《おう》報《ほう》　よい行いにはよい報いが、悪い行いには悪い報いがあるということ。

13 複《ふく》雑《ざつ》怪《かい》奇《き》　込み入っていてわかりにくいこと。不思議なこと。

14 緩《かん》急《きゅう》自《じ》在《ざい》　速度などを状況などに応じて速くしたり遅くしたり、自由自在に操ること。

15 器《き》用《よう》貧《びん》乏《ぼう》　器用で何でも一応うまくこなすため一事に集中できず、かえって大成しないこと。

16 失《しつ》望《ぼう》落《らく》胆《たん》　すっかり望みを失って、がっかりすること。

17 炉《ろ》辺《へん》談《だん》話《わ》　いろりばたでくつろいでする、いろいろな世間話。

18 熟《じゅく》慮《りょ》断《だん》行《こう》　よく考えたうえで、思い切って実行すること。

19 大《だい》同《どう》小《しょう》異《い》　小さな違いはあるが、だいたい同じであること。

20 電《でん》光《こう》石《せっ》火《か》　稲妻や火打ち石から出る火のように、きわめて短い時間のたとえ。動作がとてもすばやいこと。

頻出度

A

ランク

四字熟語③

目標時間 10分

1回目 ／20

2回目 ／20

● 文中の**四字熟語**の――線の**カタカナ**を**漢字二字**で答えよ。

□ **1** その議論は**ホンマツ転倒**だ。

□ **2** 人の考え方は**千差バンベツ**だ。

□ **3** 社長の**ドクダン専行**で社運が傾く。

□ **4** 友人は**シンシュツ鬼没**な男である。

□ **5** 事件は**一件ラクチャク**となった。

□ **6** **エンテン滑脱**な人柄に好感を持つ。

□ **7** **平穏ブジ**な暮らしに感謝する。

□ **8** 酒を飲んで**前後フカク**になる。

解答と解説

1 本《ほん》末《まつ》転《てん》倒《とう》
根本的なことと、ささいなこととを取り違えること。

2 千《せん》差《さ》万《ばん》別《べつ》
物事には多くの種類や差異があること。「万別」は「まんべつ」とも読む。

3 独《どく》断《だん》専《せん》行《こう》
自分ひとりで勝手に決め、物事を行うこと。

4 神《しん》出《しゅつ》鬼《き》没《ぼつ》
どこにでもすばやく現れたり、見えなくなったりすること。自由自在に出没すること。

5 一《いっ》件《けん》落《らく》着《ちゃく》
以前から問題となっていた事柄や課題が解決すること。

6 円《えん》転《てん》滑《かつ》脱《だつ》
言葉や行動が角立たず、自由自在で滑らかなこと。

7 平《へい》穏《おん》無《ぶ》事《じ》
おだやかで、特に何事もなく安らかなこと。またその様子。

8 前《ぜん》後《ご》不《ふ》覚《かく》
酒を飲み過ぎるなどして、物事のあとさきも区別できないくらいに正体を失うこと。

☐ **9** あの城は**難攻フラク**といわれた。

☐ **10** **行雲リュウスイ**のごとくに生きる。

☐ **11** **平身テイトウ**して謝る。

☐ **12** **イッキ一憂**しても始まらない。

☐ **13** **二束サンモン**で買いたたかれる。

☐ **14** **奇想テンガイ**な発想には驚かされる。

☐ **15** メディアの情報は**ギョクセキ混交**だ。

☐ **16** **キキ一髪**の状況から脱する。

☐ **17** **暗雲テイメイ**の状況が続く。

☐ **18** アメーバは**変幻ジザイ**に形を変える。

☐ **19** 何を言っても**馬耳トウフウ**だ。

☐ **20** **コウシ混同**もはなはだしい。

9 **難攻**不落《なんこうふらく》
攻めることが難しく、なかなか陥落《かん》しないこと。相手に自分の要望を承知させるのが難しいこと。

10 **行雲**流水《こううんりゅうすい》
空を行く雲、流れる水の意から、物事に執着せず、自然に任せて行動すること。

11 **平身**低頭《へいしんていとう》
ひれ伏して頭を下げること。恐縮すること。

12 一喜**一憂**《いっきいちゆう》
物事の状況が変わるたびに、喜んだり心配したりすること。

13 **二束**三文《にそくさんもん》
非常に安い値段で物を売ること。

14 **奇想**天外《きそうてんがい》
普通では思いもよらない奇抜なこと。「奇想、天外より落つ」の略。

15 玉石**混交**《ぎょくせきこんこう》
玉石は、よいものとつまらないもの。価値のあるものとないものが入り混じっていること。

16 危機**一髪**《ききいっぱつ》
髪の毛一本ほどのわずかな差で、危機的な状況になりそうな瀬戸ぎわ。

17 **暗雲**低迷《あんうんていめい》
雲が垂れ込めて雨が降り出しそうな空模様のように、よくないことが起こりそうな気配。

18 **変幻**自在《へんげんじざい》
現れたり消えたり、思いのまま変化すること。変わり身が早いことにも用いる。

19 **馬耳**東風《ばじとうふう》
人には心地よい東風（春風）でも、馬は何も感じないことから、人の忠告などを心にとめないこと。また、何を言っても反応がないこと。

20 公私**混同**《こうしこんどう》
公的なことと私的なことの区別がつけられないこと。

頻出度 A ランク

四字熟語④

目標時間 10分

1回目 /20

2回目 /20

● 文中の**四字熟語**の――線の**カタカナ**を**漢字二字**で答えよ。

1 料理に**ソウイ**工夫が感じられる。

2 **ココン**無双の勝負師と名高い。

3 得意**マンメン**で優勝カップを見せる。

4 **イキ**揚々として引き上げる。

5 転職して**シンキ**一転、再出発する。

6 後輩は**メイロウ**快活な青年だ。

7 よいときこそ油断**タイテキ**である。

8 落第して**ジボウ**自棄になる。

解答と解説

1 創意工夫《そういくふう》　新しいことを考え出し、それを行うための方策を考えること。

2 古今無双《ここんむそう》　「無双」は並ぶものがない意。昔から今まで並ぶものがないほど優れていること。

3 得意満面《とくいまんめん》　誇らしい気持ちが顔いっぱいにあふれること。

4 意気揚々《いきようよう》　得意で威勢のよいこと。誇らしげに振る舞うことをいう。

5 心機一転《しんきいってん》　あることをきっかけに、よい方向に気持ちがすっかり変わること。

6 明朗快活《めいろうかいかつ》　気持ちや性格が明るくほがらかで、元気があること。

7 油断大敵《ゆだんたいてき》　注意を怠ると思わぬ失敗のもととなるので、気をつけなければいけない、という戒めの言葉。

8 自暴自棄《じぼうじき》　失敗や失望のために投げやりになり、自分を粗末にすること。やけくそになること。

9 **意味シンチョウ**な言い方をする。

10 **ゼンジン未到**の記録に挑《ちょう》戦する。

11 千年に一度の**天変チイ**が起きる。

12 **離合シュウサン**を繰り返す。

13 **奮励ドリョク**して苦境を脱する。

14 **フロウ長寿**はだれもが願う。

15 **博学タサイ**なうえに人柄もよい。

16 仲間割れから**シブン五裂**した。

17 **タントウ直入**に申し上げます。

18 **活殺ジザイ**に部下を動かす。

19 二人はすぐに**意気トウゴウ**した。

20 **ビジ麗句**を並べても意味がない。

9 **意味深長**《いみしんちょう》
内容が奥深くて含みがあること。表面上の意味のほかに、別の意味が隠されていること。

10 **前人未到**《ぜんじんみとう》
だれも足を踏み入れていないこと。まだだれも到達していないこと。「未到」は「未踏」とも書く。

11 **天変地異**《てんぺんちい》
天と地に起こる異変。自然界で起こる台風や地震などの災害。

12 **離合集散**《りごうしゅうさん》
離れたり集まったりすること。また、別れたり協力したりすること。

13 **奮励努力**《ふんれいどりょく》
気力を奮い起こし、目標に向かって励むこと。

14 **不老長寿**《ふろうちょうじゅ》
年をとらず、長生きをすること。

15 **博学多才**《はくがくたさい》
知識が豊富で、多くの分野に才能があること。

16 **四分五裂**《しぶんごれつ》
分裂してばらばらになってしまうこと。秩《ちつ》序を失い、統一が乱れることをいう。

17 **単刀直入**《たんとうちょくにゅう》
一本の刀だけを持って敵陣に切り込む意から、前置き抜きに、直接本題に入ること。

18 **活殺自在**《かっさつじざい》
生かすも殺すも、思いのままであること。他人を自分の思うままに操ること。

19 **意気投合**《いきとうごう》
お互いの気持ちや考えがぴったり一致すること。気が合うこと。

20 **美辞麗句**《びじれいく》
美しく飾り立てた言葉。うわべだけ飾った内容のない言葉。

頻出度 A ランク

誤字訂正①

目標時間 12分

1回目 /23

2回目 /23

● 次の各文にまちがって使われている同じ読みの漢字が一字ある。上に誤字、下に正しい漢字で答えよ。

□ 1 先日公開された大作映画は興行収入こそ好調だが、見る人によってかなり標価が分かれる。

□ 2 多額の国費が投入されたが、一時的な措致との批判が強く、根本的な解決が求められている。

□ 3 当社では、今後も環境を補全するための活動に継続的に取り組んでまいりたいと考えています。

□ 4 一人一人の取り組みの積み重ねにより、会社全体として経費を削限することができた。

□ 5 山林の無計画な伐裁は、森林資源の減少や土砂崩れなどの被害を引き起こすおそれがある。

□ 6 賃貸住宅に居住している高齢者の多くにとっては、毎月の家賃が大きな付担となっている。

□ 7 入試やスポーツの試合などで本来の実力を発期できずに終わるのは最も残念なことだ。

□ 8 崩れた姿制で長時間パソコンなどの作業を続けると腰痛や肩凝りの原因となる。

□ 9 腕の激痛が治まらないので、整形外科で痛みを和らげる効価のある注射を打ってもらった。

□ 10 県の観光企確課では各種イベントや県内の宿泊施設について常時情報を公開している。

解答

1 標・評
2 致・置
3 補・保
4 限・減
5 裁・採
6 付・負
7 期・揮
8 制・勢
9 価・果
10 確・画

☐ **11** 静かな住宅街に突如現れた奇抜な建物に、系観を損ねると周辺住民から苦情が出た。

☐ **12** 店内は明るく他彩な色づかいながら落ち着いた色調で、店長の趣味のよさがうかがえた。

☐ **13** 日本国憲法に規定されている章徴天皇制について話し合うセミナーに参加して意見を交わす。

☐ **14** 電気代を低減させるべく、自宅をリフォームした際に太陽光発電を動入して装置を屋根に設置した。

☐ **15** 狂犬病の感洗を防ぐため、犬の登録や年に一回の予防注射が義務づけられている。

☐ **16** モデルチェンジに伴い店頭典示品が半額以下で販売されたため、迷わず入手した。

☐ **17** 需要と供求のバランスが崩れ、需要のほうが上回ると物価が上昇し、逆に下回ると下落する。

☐ **18** 当市では市民活動中の団体や個人を仕援し、これから始める方への情報公開なども行っている。

☐ **19** 猛暑の夏に体調を崩さず健康に過ごすために、正しい暑さ対作を行うことが大切だ。

☐ **20** 日照り続きで一時断水も行われたが、ようやく辛刻な水不足の状態は脱した。

☐ **21** 大地震などの近急事態に備えて水や食料の確保を呼びかける自治体が増加している。

☐ **22** 食事からとる栄養素の大半は小腸で消化・給収され、残りが大腸へと送られる。

☐ **23** 駅前の繁華街では違法駐車や放致自転車の問題に頭を悩ませており、対応が求められている。

11 系・景
12 他・多
13 章・象
14 動・導
15 洗・染
16 典・展
17 求・給
18 仕・支
19 作・策
20 辛・深
21 近・緊
22 給・吸
23 致・置

頻出度

A

ランク

誤字訂正②

●次の各文にまちがって使われている同じ読みの漢字が一字ある。上に誤字、下に正しい漢字で答えよ。

目標時間 12分

1回目 /23

2回目 /23

1 新規の顧客を呼び込むため老朽化した店舗を改操し、売り場面積も広げた。

2 満を持して発売した新商品だが、思ったほど売り上げが伸びず希待外れの結果となった。

3 LED照明には、半導体に電気を流すと光が発生する現証が利用されている。

4 学力高上を図るには、指導方法の開発や評価方法の検討などに取り組む必要がある。

5 期待の新商品は地道な宣伝効果が現れ、多くの若者に好票で売上が伸びている。

6 世間を驚かせた怪事件の詳済は、報道により徐々に明らかにされてきている。

7 その無人島では多種多様な珍しい動植物が見られ、独自の生体系が形成されている。

8 祖父が入所している高齢者仕設は、町役場に近い見晴らしのよい高台に建っている。

9 運動不足解障のため、なるべく車や自転車に乗らず、駅や会社では階段を使うようにしている。

10 五十歳を過ぎて自動車学校に通いだした母は、何度も試験を受けてようやく運転免許証を首得した。

解答

1	2	3	4	5	6	7	8	9	10
操・装	希・期	証・象	高・向	票・評	済・細	体・態	仕・施	障・消	首・取

11 読書の習間は人生のほとんどの不幸からあなたを守る、避難所になる、との先人の言葉がある。

12 優れた新製品の改発には技術面・資金面などに多くの困難があるのが現実である。

13 兄が通っている農業大学では、家蓄として牛、鶏、豚を数多く飼育している。

14 食の安全や健康に勧心が集まり、消費者が情報や知識を得て自ら食材を選ぶ時代になった。

15 多くの零細企業は新分野への進出もできずに売り上げが減少し、業積も低迷している。

16 重要文化財の寺院の屋根が台風で破損したため、至急就復作業が行われた。

17 生活排水や工場排水が河川へ流入することによる水質汚洗の拡大を食い止める。

18 階級を上げて望んだ三度目の世界大会で、ついに悲願の金メダルを獲得した。

19 夜型の不規則な生活を改めて早寝早起きを心がけ、生活習慣を改全したいと思っている。

20 雨天続きで改催が危ぶまれていた盆踊り大会だが、天気が回復し当日予定どおり行われた。

21 最近は高齢者の自動車事故が目立っており、危検運転の取り締まりが強化されている。

22 第一次産業の強化の一環として、農業の経営基模拡大を図る農業者には交付金が支給される。

23 暗い場所での読書やゲームの長時間利用などによる子供の視力低下に計鐘を鳴らす。

11	12	13	14	15	16	17	18	19	20	21	22	23
間・慣	改・開	蓄・畜	勧・関	積・績	就・修	洗・染	望・臨	全・善	改・開	検・険	基・規	計・警

頻出度 A ランク

誤字訂正③

目標時間 12分

1回目 /23

2回目 /23

●次の各文にまちがって使われている同じ読みの漢字が一字ある。上に誤字、下に正しい漢字で答えよ。

☐ 1 幹細胞の検究は再生医療を実現するための重要な役割を担っている。

☐ 2 台風が急接近しており、今夜から明朝にかけて広い範囲で厳従な警戒が必要である。

☐ 3 遠隔操差とは、電気信号などを用いて離れた場所から機器や装置を動かすことをいう。

☐ 4 すべての聴集は、十五歳の少年の哀感が漂うピアノ演奏に魅了されてしまった。

☐ 5 つらく苦しい低迷期を経験したが、ある出来事をきっかけに大きな比躍を遂げた。

☐ 6 夏季休暇中に友人と海外旅行をするため、飲食店のアルバイトに応慕した。

☐ 7 通常国会の冒頭には、内閣総理大臣による施政方申演説が行われる。

☐ 8 あらかじめ面密な調査を実施した結果、信頼性のある統計を作成することができた。

☐ 9 十五年間一線で活躍してきたその騎手は、引退レースで見事勝利し有集の美を飾った。

☐ 10 高齢で農地の維事管理が難しくなり、後継者もいないため、やむなく土地を売却した。

解答

1 検・研
2 従・重
3 差・作
4 集・衆
5 比・飛
6 慕・募
7 申・針
8 面・綿
9 集・終
10 事・持

☐ **11** 大地震などの自然災害や不測の事態に備え、気機管理能力がますます重要視される。

☐ **12** 姉は国連関係の仕事に従事した後、自ら組織を作り世界平和に基与している。

☐ **13** 空港の機納強化について、専門家や有識者を集めて独自のプロジェクトを結成した。

☐ **14** 原発事故後の食品の輸出基制に関して、関係国に解除を求める。

☐ **15** 都会での弱肉強食の競走社会に疲れ果て、南の島で漁をして暮らすことを夢見ている。

☐ **16** 近年では結婚、出産後も女性が就労の継続を希望する傾行が強くなっている。

☐ **17** 介護の現場ではさまざまな問題が山積しており、改善の道は混難を極める。

☐ **18** 広い運動場を自由に歩き、自家製の配合仕料を食べて育った鶏が産んだ自慢の卵だ。

☐ **19** 持病の腰痛の悪化により、一時的に休職して知療に専念することになった。

☐ **20** 地球温暖化の影響で、魚介類の生促区域が年々大きく変化している。

☐ **21** 友人の恵まれた容姿や上品な着こなし、選練された物腰は、社交界でも注目の的だ。

☐ **22** 新規開店して三年がたち、思いきって若い女性向きに店内の創飾を一変しようと考えている。

☐ **23** 堤妨の上の道は桜並木になっており、春には大勢の花見客が訪れてにぎやかになる。

11	12	13	14	15	16	17	18	19	20	21	22	23
気・危	基・寄	納・能	基・規	走・争	行・向	混・困	仕・飼	知・治	促・息	選・洗	創・装	妨・防

頻出度 A ランク

誤字訂正④

目標時間 12分

1回目 /23

2回目 /23

● 次の各文にまちがって使われている同じ読みの漢字が一字ある。上に誤字、下に正しい漢字で答えよ。

☐ 1 信頼関係を築き仕事を延滑に進めるための「ホウレンソウ」とは、報告・連絡・相談のことだ。

☐ 2 快的だと感じる室温は、性別や年齢、健康状態などによって異なるものだ。

☐ 3 アルバイト先の家電量販店で販売促伸のための広告制作を手伝った。

☐ 4 毎年恒礼の花見の日には、若手社員全員が宴会の準備や場所取りに駆り出される。

☐ 5 救急医療で最も大切なのは、現場の適接な判断と処置により人命を守るということである。

☐ 6 環境保善に関心を持ち、自治体主催の河川敷の清掃作業に参加した。

☐ 7 教科ごとに計画を立てて功率よく勉強し、部活動との両立を図る。

☐ 8 食品の品質維持のために使用される添化物は、その安全性が問題になることもある。

☐ 9 豊かで新鮮な地元の粗材を楽しめる、季節ごとの郷土料理を提供している。

☐ 10 落雷の際に起こった異常電圧でパソコンなどの端末機器が損障を受けた。

解答

1 延・円
2 的・適
3 伸・進
4 礼・例
5 接・切
6 善・全
7 功・効
8 化・加
9 粗・素
10 障・傷

☐ **11** 海境は陸地が海中に沈んで作られるもので、激しい潮流を生じやすい。

☐ **12** 未成年者名義で新規係約をするには、親権者の同意を得る必要がある。

☐ **13** 会長からの容請を受けて代表取締役社長に就任し、短期間で成果を上げた。

☐ **14** 大臣は自身の発言が社会的弱者への俳慮に欠けるものだったと反省の弁を述べた。

☐ **15** 外出先での地震などの災害に備えて必要最低限の防災グッズを掲行する。

☐ **16** 小麦などの集穫を終えた後の畑には肥料としてひまわりなどを植え、土にすき込む。

☐ **17** 地震や災害などいざというときに備え、食料や水、日用品を状備しておきたい。

☐ **18** 食事を極端に制元するだけでは効率的な減量はできず、健康を害するなど悪影響のほうが多い。

☐ **19** 長年の疲労が蓄籍して体調を崩したため、入院して治療に専念することになった。

☐ **20** 最新の科学技術を駆仕して、平安時代に描かれた絵巻物を正確に復元した。

☐ **21** スギ花粉などが飛散する時期には干した後の布団に掃事機をかけている。

☐ **22** 父の誤楽は週末に家庭菜園で野菜を育てて収穫し、家族で味わうことだ。

☐ **23** 飽富な水量を誇り多くの水産資源を生み出していた湖は、現在では大部分が干上がっている。

11	12	13	14	15	16	17	18	19	20	21	22	23
境・峡	係・契	容・要	俳・配	掲・携	集・収	状・常	元・限	籍・積	仕・使	事・除	誤・娯	飽・豊

頻出度 A ランク

誤字訂正⑤

目標時間 12分

1回目 /23

2回目 /23

● 次の各文にまちがって使われている同じ読みの漢字が一字ある。上に誤字、下に正しい漢字で答えよ。

1 他界した祖父の偉産の相続を巡り、親族の間で今も係争が続いている。

2 家庭の経財的事情を考え、授業料等の減免制度を利用して進学することを考えている。

3 学校で動物を仕育することは、命の大切さを学び情操を育てるのに役立つ。

4 保護された動物を引き取るためには、里親を募集する情渡会に参加する方法がある。

5 長引く円高により輸出産業が打撃を受けて個人消費が落ち込み、景気停迷が続いている。

6 若年層は電子書績が身近な存在になっているが、中高年層は違和感がある人が多い。

7 室町時代から江戸時代の画団において、中心的な役割を担ってきたのは狩野派の画家である。

8 環境保護において、世界各地の海岸に票着するプラスチックごみが問題になっている。

9 我が国は地震の発生率が高く、火山活動に対しても監仕の目を緩めることはできない。

10 日本の家電は世界に誇れる高い戯術を有しているが、新興国の躍進も軽視できない。

解答

1 偉・遺
2 財・済
3 仕・飼
4 情・譲
5 停・低
6 績・籍
7 団・壇
8 票・漂
9 仕・視
10 戯・技

☐ **11** 国政選挙では仕持政党を特に持たない人が約六割いることが事前の調査でわかった。

☐ **12** 週末に行われる誕生パーティーは就職祝いを兼ね、いつもと趣好の異なる門出の会にしたい。

☐ **13** このコンサートの集益の一部は、交通遺児の支援のために寄付されることになっている。

☐ **14** 県と市が連携して災害対策本部を新たに設致することが決まった。

☐ **15** 今年の邦画部門の作品賞は専考委員の意見が分かれ、受賞作が二作になる異例の展開になった。

☐ **16** トンネルの包落事故で車が数台巻き込まれた速報があり、記者が現場に向かった。

☐ **17** トンネル事故から一夜明け、ようやく被害者の搬走、救出が始まった。

☐ **18** 業績が悪化したことにより補有する株式の一部を売却し、赤字の穴埋めをする。

☐ **19** 地域おこしの一環として商店街の活性化、少子高齢化対策に本確的に取り組む。

☐ **20** ホテル火災では、宿泊客への適切な指示、非常口への誘動などが生死を分ける。

☐ **21** 予暇をいかに有効に使うかが仕事の効率性や生産性を高める上で重要である。

☐ **22** 選手はけがから復帰した後、心機一転、他のチームに委籍することを希望し実現した。

☐ **23** 長男夫婦との同居が決まり、現在の自宅を二世帯住宅に改蓄することになった。

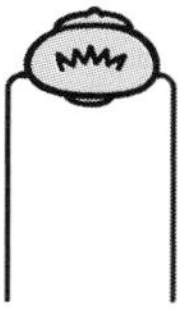

11	仕・支
12	好・向
13	集・収
14	致・置
15	専・選
16	包・崩
17	走・送
18	補・保
19	確・格
20	動・導
21	予・余
22	委・移
23	蓄・築

頻出度 A ランク

誤字訂正⑥

目標時間 12分

1回目 /23

2回目 /23

● 次の各文にまちがって使われている同じ読みの漢字が一字ある。上に誤字、下に正しい漢字で答えよ。

1 チームは実力校の誉れが高く、いつも優勝降補の一角を担って戦っている。

2 教師と生徒の親頼関係は、生徒が心から学問を学びたいという姿勢を示すことで良好になる。

3 一般市民が判決に参加する裁判員整度については諸々の問題点が指摘されている。

4 新年会では社員一人一人が仕事や人生について今年の抱布を述べることになった。

5 国内客を憂引するため、各地の観光地では宣伝の方法を模索している。

6 オリンピックでの活躍を目指して各競技団体が廉携して選手の強化・育成に努める。

7 この大河小説は完成までに十年の歳月を費やした老作である。

8 この偉稿は作家が死去して二十年後、当時の恋人だった女性の自宅で偶然発見されたものである。

9 主容取引先の財務状況を知ることは、自社の健全な経営を続けていくために欠かせない。

10 新規事業に進出する成長戦略を軌道に乗せるためには人員の拡保が課題になる。

解答

1 降・候
2 親・信
3 整・制
4 布・負
5 憂・誘
6 廉・連
7 老・労
8 偉・遺
9 容・要
10 拡・確

☐ **11** 近郊の団地にスズメバチの巣が多数見つかり、緊急に駆徐対策を講じることになった。

☐ **12** 高齢者の人口は増加しており、社会保障の財源については問題点が山績している。

☐ **13** 地方では公共施説の利用需要が人口減少などで大きく変化することが危惧《ぐ》されている。

☐ **14** 動物愛護団体は逆待の実態を公表しており、具体的な解決策を提案している。

☐ **15** 納豆は代表的な発香食品で、苦手な人のための斬新な調理法が注目されている。

☐ **16** 無人探査機を積んだロケットの打ち上げが無事成巧し、予定通り火星に向かった。

☐ **17** 年間の学校行事を察影している写真部の活動報告が数々の展示と共に行われた。

☐ **18** 高温多失の季節を快適に過ごすための商品開発が進み、続々発売されている。

☐ **19** 取引先に精求書を送付する方法は郵送が一般的であったが、メールに添付する形式も増えている。

☐ **20** 葬儀が終わり墓に納骨する際は、墓地の管理者に提出する埋層許可証が必要になる。

☐ **21** 世界各地では奮争が絶えないが、その原因は民族、領土、貿易など実に様々だ。

☐ **22** 海外の旅行客を遊致するため、補助金などの支援が求められる。

☐ **23** 失業率が上昇する社会では国の早急な個用対策が求められる。

11	12	13	14	15	16	17	18	19	20	21	22	23
徐・除	績・積	説・設	逆・虐	香・酵	巧・功	察・撮	失・湿	精・請	層・葬	奮・紛	遊・誘	個・雇

頻出度
A
ランク

誤字訂正⑦

目標時間 12分

1回目 /23

2回目 /23

● 次の各文にまちがって使われている同じ読みの漢字が一字ある。上に誤字、下に正しい漢字で答えよ。

☐ 1 大会の遅延に伴う開裁日程の変更が発表され、逆算して準備を進める。

☐ 2 日本での個人の基付の金額は米国に比較して極端に少ない。

☐ 3 憲法で制定されている職業選託の自由は社会的弱者の保護を目的に作られた。

☐ 4 細胞学の憲威として知られる教授は内外の研究機関から意見を求められることが多い。

☐ 5 人口減少の続く日本では、人材不足の解消に向けて主婦層の雇要を促す必要がある。

☐ 6 道路の拡調工事を行うことで交通事故を未然に防ぐ施策が議会で承認される。

☐ 7 地域の活性化対策として、市街地の商業施設の充実と味力ある街づくりを掲げる。

☐ 8 父は近くの電気店が電化製品の習理にすぐ対応してくれると喜んでいる。

☐ 9 通勤電車の混雑緩話のため、多くの企業で時差出勤と在宅勤務が検討されている。

☐ 10 人物査定は、積み重ねてきた事実と客観的な数字に基づいて評加する。

解答

1	2	3	4	5	6	7	8	9	10
裁・催	基・寄	託・択	憲・権	要・用	調・張	味・魅	習・修	話・和	加・価

☐ **11** 魚を出荷するまでいけすで育てる容殖業は、計画的に生産が可能な漁業の方法である。

☐ **12** 学校を卒業して就職したら会社の評番を下げる行為は慎むべきである。

☐ **13** 取引先への振込手数料の負短は社内規定によって定められている。

☐ **14** 悪い私勢を続けていると腰痛、肩こりのほか生活習慣病を引き起こす要因になる。

☐ **15** 世界各地では違常気象による深刻な影響が報告され対策が急がれる。

☐ **16** 地方都市では人口の限少に歯止めがかからず企業の誘致に本腰を入れている。

☐ **17** 介互業界の人材不足は深刻だが、抜本的な解決策は国から示されていない。

☐ **18** オークションに出品された物品が高額で落刷される事案が報告されている。

☐ **19** 相手の間違いを使摘する場合は言葉に注意し慎重に行う必要がある。

☐ **20** 消費税の税率を上げるうえで重思すべきことは、所得の低い人への配慮である。

☐ **21** 正確で迅速な情報所理能力が利益の向上につながることは間違いない。

☐ **22** 理科の実験では、実際の過堤がわかるように生徒自身で記録をとることを指導する。

☐ **23** アスファルト舗操はすぐ固まる性質があるが、変形による補修工事が必要になる。

11	12	13	14	15	16	17	18	19	20	21	22	23
容・養	番・判	短・担	私・姿	違・異	限・減	互・護	刷・札	使・指	思・視	所・処	堤・程	操・装

頻出度 **A** ランク

誤字訂正⑧

目標時間 12分

1回目 ／23

2回目 ／23

● 次の各文にまちがって使われている同じ読みの漢字が一字ある。上に誤字、下に正しい漢字で答えよ。

☐ **1** 支援金のオンライン申請はトラブルが属発しており復旧には時間を要する。

☐ **2** 緊究地震速報は地震発生直後に各地での揺れの到達時刻や震度をいち早く知らせる。

☐ **3** 新規事業拡大の方針が会議で決定し、部署ごとに新たな企画を程案する。

☐ **4** 大規模災害に伴う保助金の申請が始まり、役所には朝から行列ができている。

☐ **5** 世界的な不況による原価コストの上昇で商品の値上げを予儀なくされる。

☐ **6** 昨年施行された大規模な法律の回正で生活のあらゆる分野に影響が出ている。

☐ **7** 今回発覚した不正行為について、社員一含となって信頼回復に努めなければならない。

☐ **8** 先日発生した殺人事件の真相を求明するための特別チームが編成される。

☐ **9** 自動車の定期点験で見つかった不具合を業者に修理してもらい試運転を行う。

☐ **10** 親子三代で意匠を凝らした手作り家具や生活雑架を輸入販売する店を営んでいる。

解答

1	属・続
2	究・急
3	程・提
4	保・補
5	予・余
6	回・改
7	含・丸
8	求・究
9	験・検
10	架・貨

11 担当大臣が台風の被災地を視察し、地方自地体の長と今後の対策を協議する。

12 出先で交通事故に遭遇したので負傷者の応急所置に協力し警察官の指示に従う。

13 恵まれた立地状件を活用した街づくりで多くの店舗が進出し活気に満ちている。

14 発表した作品が話題になりメディアの取材が殺到し、総作活動に支障をきたす。

15 ここ数年成績が下降し復活が困難なことから、今期限りの現役引待が発表される。

16 港に提泊している豪華客船は来週出航予定で準備が進められている。

17 定年退職後、夫婦で日本各地を旅行し、特色ある温泉やおいしい郷土料理を万喫している。

18 とくに苦手科目については出題範位を重点的に学習して試験に備えている。

19 夏の夜、全校生徒は近くの河川敷に集合し望遠鏡で天体勘測を行う。

20 映画のロケ地を観行で訪れる人が多いことから、自治体がその誘致に力を入れている。

21 役員会で決定された事業拡大に伴う人材確保のため、会社は詳細な募収要綱を発表する。

22 慈全活動に参加するプロスポーツ選手の輪が広がり、様々な業種に波及している。

23 快晴で空気が澄んだ日は都心の高総ビルから遠くの山まで見渡すことができる。

11	12	13	14	15	16	17	18	19	20	21	22	23
地・治	所・処	状・条	総・創	待・退	提・停	万・満	位・囲	勘・観	行・光	収・集	全・善	総・層

頻出度
A
ランク

誤字訂正⑨

目標時間 12分

1回目 /23

2回目 /23

● 次の各文にまちがって使われている同じ読みの漢字が一字ある。上に誤字、下に正しい漢字で答えよ。

□ 1 国勢調査による人口当計データを分析しその結果を発表する業務を行っている。

□ 2 新規事業を始めるにあたり、過去の関係書類や資料などを製備する。

□ 3 強豪相手と対戦して惜杯するも敗者復活戦で勝利して全国大会に出場する。

□ 4 今回の選挙は政治腐排が最大の争点と報道されていて、有権者の関心も調査により一致している。

□ 5 火事で焼失した建造物の複元作業は昨年来の自然災害の影響で難航している。

□ 6 長年検討されてきた本社を郊外に位転する事案が社内会議で決定し全社員に通知される。

□ 7 新規事業の開発費用は物価上昇等の諸事情から当初の予定から大幅に超価する見込みである。

□ 8 数年前のサイト開設から新寄登録者は順調に上昇し、安定傾向が続いている。

□ 9 中学時代に始めた陸上競戯は社会人になった今でも継続し、大会にも参加している。

□ 10 長年、山岳遭難者の急助活動に従事していた功績をたたえられ賞状を授与された。

解答

1 当・統
2 製・整
3 杯・敗
4 排・敗
5 複・復
6 位・移
7 価・過
8 寄・規
9 戯・技
10 急・救

11 海上交通の中心を担う国内屈志の貿易港は、首都圏からほど近い環境のよい場所にある。

12 事業を継章した子会社の役員として社内規定の見直しと財務状況の改善に努める。

13 高品質な商品を安価で低供できるよう、自社製品の開発に注力している。

14 飼い犬や飼い猫《ねこ》にエサを与えなかったり、飼育できずに遺棄することは動物虐態に当たる。

15 世界各国の関係は複雑にからみ合っており紛騒に発展する火種を抱えている。

16 社用の営業車は使用過多のため色落ちが目立ってきたので車体の再塗層を施す。

17 鉄道事業の安全体策としてホームドアの設置が進み、事故の削減につながっている。

18 昨年ベストセラーになった歴史小説は、到場人物の心理描写が巧みである。

19 最近では家庭でも火災や地震に備え、多種多様な安全操置が活用されている。

20 任期満了による市長選挙が公示され、各候補者による街灯演説が活発に行われている。

21 自家用車の冷却器が故衝し水漏れが起きたため、水道水を入れて応急処置をした。

22 祖父は陶辞器についての知識が豊富で、全国各地の展示会に参加している。

23 プロ野球において投手と野手を兼任する二刀流は、各期的な出来事として受け止められている。

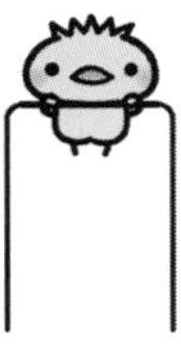

11	12	13	14	15	16	17	18	19	20	21	22	23
志・指	章・承	低・提	態・待	騒・争	層・装	体・対	到・登	操・装	灯・頭	衝・障	辞・磁	各・画

頻出度 A ランク

書き取り①

目標時間 22分

1回目 /44

2回目 /44

● 次の――線のカタカナを漢字に直せ。

1 手芸仲間のツドいに参加する。
2 努力したが合格にはイタらなかった。
3 期日をアマして課題を終えた。
4 流行にビンジョウした企画を出す。
5 気持ちとウラハラに厳しく接した。
6 切れ味の悪い包丁をトぐ。
7 会議で来期の予算案をネる。
8 赤い毛糸でマフラーをアむ。
9 父としてのメンモクは保たれた。
10 友人とダンショウして過ごす。

解答
1 集
2 至
3 余
4 便乗 辞
5 裏腹 辞
6 研
7 練
8 編
9 面目
10 談笑

11 弟の意見はマトハズれだった。
12 準備万端で試合にノゾんだ。
13 故人をしのびカンショウにふける。
14 神社のトリイをくぐって参道を進む。
15 アジア諸国訪問のタビジにつく。
16 顔写真入りの名刺を百枚スる。
17 ホドなく資料が届いた。
18 毎朝ご先祖様をオガんでいる。
19 ライバルと一位をキソい合った。
20 新しい環境にジュンノウする。

解答
11 的外
12 臨
13 感傷 辞
14 鳥居
15 旅路
16 刷
17 程
18 拝
19 競
20 順応

21 より**トクサク**と思える案を選ぶ。
22 実験結果を**カンケツ**にまとめる。
23 **ギャッキョウ**を克服して勝利した。
24 会社を**ヤ**めて独立する。
25 多くの人の手を**ヘ**て完成する。
26 新しい部署を**モウ**ける。
27 各地の方言を集めた本を**アラワ**す。
28 厳しい労働を**シ**いられる。
29 他人の**ソラニ**で間違えられた。
30 **テキ**の大軍を撃破する。
31 記事の内容に**ヒハン**が出ている。
32 沼に**チカヨ**らないように注意する。
33 川の**ミナモト**を探し歩く。
34 体力はあるほうだと**ジフ**する。

21	22	23	24	25	26	27	28	29	30	31	32	33	34
得策	簡潔	逆境 辞	辞	経	設	著	強	空似 辞	敵	批判	近寄	源	自負 辞

35 緊張で実力を**ハッキ**できない。
36 通信費が家計の**フタン**になる。
37 将軍が兵を**ヒキ**いて現れた。
38 研究**リョウイキ**の垣《かき》根を越えて協力する。
39 **ユザ**ましを利用してミルクを作る。
40 片方の肩にバッグを**カ**ける。
41 雪道で足を**スベ**らせる。
42 地道な努力が見事に**ケッショウ**する。
43 **ゲンソウ**文学の祖として知られる。
44 気が**ユル**んで思わぬけがをする。

35	36	37	38	39	40	41	42	43	44
発揮	負担	率	領域	湯冷	掛	滑	結晶 辞	幻想 辞	緩

意味をCheck!

4 便乗…うまく機会をとらえて利用すること。
5 裏腹…うらと表。背中合わせ。相反していること。
13 感傷…物事に感じやすく、すぐに悲しんだりすること。
23 逆境…苦しく困難な境遇。
29 空似…血縁関係がないのに、顔つきが似ていること。
34 自負…自分の才能などについて自信を持つこと。
42 結晶…原子などが規則正しく配列した固体。努力を積み重ね、形になって現れること。
43 幻想…現実のことのように心に思い描くこと。

頻出度

A

ランク

書き取り②

目標時間 22分

1回目 ／44

2回目 ／44

● 次の――線のカタカナを漢字に直せ。

1 勝つためにコウミョウな手段を用いる。

2 スキー用のテブクロを買いに行く。

3 悪天候のため外出をヒカえる。

4 子供のころはショクタクで勉強した。

5 学力が急にノびる時期がある。

6 塩カラいものを好んで食べる。

7 タいたご飯を冷凍する。

8 バスや船に乗るとヨう。

9 海にモグってサザエを捕る。

10 シメり気のある空気が流れこむ。

解答

1	2	3	4	5	6	7	8	9	10
巧妙 辞	手袋	控	食卓	伸	辛	炊	酔	潜	湿

11 上司にはスパイのウタガいがある。

12 珍しく仕事をナマける。

13 あまりの美しさに心をウバわれる。

14 この案件はトクシュな事例だ。

15 コーヒー一杯で閉店までネバる。

16 細胞はブンレツを繰り返す。

17 仮名から漢字にヘンカンする。

18 そんなせりふは聞きアきた。

19 足のコウの痛みが引かない。

20 一九九〇年にワンガン戦争が始まった。

解答

11	12	13	14	15	16	17	18	19	20
疑	怠	奪	特殊	粘	分裂	変換	飽	甲	湾岸

☐ 21 **ホ**かけ船は風力を利用して走る。

☐ 22 太い木の**ミキ**にしがみつく。

☐ 23 **カタヤブ**りな芸風で人気だ。

☐ 24 革の**サイフ**をプレゼントした。

☐ 25 **ム**したまんじゅうを食べる。

☐ 26 技術力の向上が**イチジル**しい。

☐ 27 ろうそくの**ホノオ**がぼんやり見える。

☐ 28 読書で新たな知識を**エ**る。

☐ 29 日ごろから災害に**ソナ**える。

☐ 30 **ユエ**あって実家に帰っている。

☐ 31 **アツデ**のコートを着る。

☐ 32 弱点を**オギナ**う練習を重ねた。

☐ 33 仏前に線香を**ソナ**える。

☐ 34 迷子の男の子を**ホゴ**した。

21	22	23	24	25	26	27	28	29	30	31	32	33	34
帆 辞	幹 辞	型破	財布	蒸	著 辞	炎	得	備	故	厚手	補	供	保護

☐ 35 船の**ケイテキ**が聞こえる。

☐ 36 成功するのは**シナン**の業だ。

☐ 37 適切な**ショチ**で一命をとりとめた。

☐ 38 兄は**テンケイ**的な仕事人間だ。

☐ 39 命令を部下に**デンタツ**する。

☐ 40 **アンイ**な方法では解決できない。

☐ 41 細かい作業を**ケイエン**する。

☐ 42 弟は身の**ケッパク**を証明した。

☐ 43 子供たちが**スコ**やかに育つ。

☐ 44 部屋の**デマド**に花を飾る。

35	36	37	38	39	40	41	42	43	44
警笛	至難 辞	処置	典型 辞	伝達	安易 辞	敬遠	潔白 辞	健	出窓

意味をCheck!

1 **巧妙**…非常にたくみであること。

21 **帆**…風を受けて船を走らせるために張る丈夫な布。

22 **幹**…植物の茎《くき》。物事の中心部分。

26 **著しい**…はっきりとわかるさま。めざましい。

36 **至難**…実現するのがとてもむずかしいこと。

38 **典型的**…特徴や性格などをよく表しているさま。

40 **安易**…たやすいこと。いいかげんなこと。

42 **潔白**…心や行いに後ろ暗いことがないこと。

頻出度
A
ランク

書き取り③

目標時間 22分

1回目 /44

2回目 /44

●次の――線のカタカナを漢字に直せ。

1 社長のオい立ちが記事になった。
2 工場に新しいセツビを導入する。
3 近所でヒョウバンの孝行息子だ。
4 バンサクを講じて目標を達成する。
5 旅先で見たユウヤけ雲に感動した。
6 姉妹の性格はタイショウ的だ。
7 父は一代でばく大なトミを築いた。
8 新たな国が同盟にカメイする。
9 寒さがホネミにしみる。
10 犯罪者を厳しくサバく。

解答

1 生
2 設備
3 評判
4 万策 辞
5 夕焼
6 対照
7 富
8 加盟
9 骨身 辞
10 裁

11 シセイを正して話を聞く。
12 眠くて仕事にシショウが出る。
13 入室後はスミやかに着席する。
14 この問題はヨウイには解けない。
15 県のサカイにある川を渡る。
16 会場のシュウヨウ人数を確認する。
17 魔法使いが呪《じゅ》文をトナえる。
18 級友から生徒会役員にオされた。
19 公式から答えをミチビき出す。
20 完全に敵にホウイされている。

解答

11 姿勢
12 支障
13 速
14 容易 辞
15 境
16 収容
17 唱
18 推 辞
19 導
20 包囲

☐ **21** 暑さで**ヒタイ**に汗が浮かぶ。

☐ **22** 会社の**モヨ**り駅は東京駅です。

☐ **23** 毎朝砂浜を**サンサク**する。

☐ **24** 事態の**スイイ**を見守るしかない。

☐ **25** たき火の火が燃え**サカ**る。

☐ **26** 夜の墓地で**ドキョウ**試しをする。

☐ **27** 古い**カンシュウ**が見直される。

☐ **28** 知事選挙の**コウホ**が決まった。

☐ **29** 敗軍の兵に**ナサ**けをかける。

☐ **30** 電源が**ソンショウ**して火が出た。

☐ **31** 政治家の**ヒンカク**が問われる。

☐ **32** チョウの羽の**モヨウ**を描く。

☐ **33** **キシベ**に魚が打ち上げられた。

☐ **34** 正月の初売りに大勢の人が**ムラ**がる。

21	22	23	24	25	26	27	28	29	30	31	32	33	34
額	最寄	散策 辞	推移 辞	盛	度胸 辞	慣習	候補	情	損傷	品格	模様	岸辺	群

☐ **35** 定年まで会社に**ツト**める。

☐ **36** 絹をとるため**カイコ**を飼育する。

☐ **37** 相手の説明に**ナットク**した。

☐ **38** 美食家は舌が**コ**えている。

☐ **39** 軍隊が**イサ**ましく行進する。

☐ **40** 紅茶にレモンの**ワギ**りを添える。

☐ **41** 展示会の**ノ**べ来場者数を調べる。

☐ **42** 川に**ソ**ってドライブをする。

☐ **43** **ケワ**しい山道を登る。

☐ **44** 種をまく前に畑を**タガヤ**す。

35	36	37	38	39	40	41	42	43	44
勤	蚕 辞	納得	肥	勇	輪切	延 辞	沿	険	耕

意味をCheck!

4 万策…できるかぎりの、すべての手段。
9 骨身…全身。
14 容易…たやすいこと。
18 推す…人や物を、その地位や身分に似つかわしいとして、他にすすめる。
23 散策…ぶらぶらと目的もなく歩くこと。
24 推移…時間の経過につれて物事の状態が変化すること。
26 度胸…物事をおそれない心。
36 蚕…カイコガ科の昆虫。
41 延べ…同一のものが重複しても、それぞれ一つとして数えること。

頻出度 A ランク

書き取り④

目標時間 22分

1回目 /44

2回目 /44

● 次の――線のカタカナを漢字に直せ。

1 歌はその時代のフウチョウを表す。
2 子供がカタコトを話しはじめる。
3 勝利のヨウインには運もあった。
4 暗いウラミチを通って帰った。
5 実験のカテイを記録する。
6 親の教えにソムく行為をした。
7 自宅は市電のエンセンにある。
8 花をガリュウで生ける。
9 関連企業のカブヌシになった。
10 休み中は実家にキセイする。

解答

1 風潮 辞
2 片言
3 要因
4 裏道
5 過程 辞
6 背
7 沿線
8 我流 辞
9 株主
10 帰省

11 文句を言われるスジアいはない。
12 今年の夏は残暑がキビしい。
13 停電で交通網がコンランした。
14 口はワザワいの元だ。
15 タテ横に五本ずつ線を引く。
16 海水がジョウハツして雲になる。
17 公園でショクジュ祭が行われた。
18 機械を上手にソウサする。
19 そろそろ引退するシオドキだ。
20 先日イタダいたお菓子を食べた。

解答

11 筋合 辞
12 厳
13 混乱
14 災
15 縦
16 蒸発
17 植樹
18 操作
19 潮時 辞
20 頂

21 資金の**テイキョウ**を受ける。
22 のどかな**マキバ**に牛がいる。
23 夏休みの宿題を早めに**ス**ませた。
24 なべに油の膜が**ハ**っている。
25 勉強の大切さを**ツウセツ**に感じる。
26 アフリカの国々を**レキホウ**する。
27 交番に**イシツ**物を届ける。
28 日々の**イトナ**みを日記につづる。
29 弟子が師匠を**ウヤマ**う。
30 体力の**ゲンカイ**にいどむ。
31 **サチ**多かれといつも願っている。
32 午後には試合が**サイカイ**された。
33 学力の**スイジュン**が落ちる。
34 くたびれた**セビロ**を新調した。

21	22	23	24	25	26	27	28	29	30	31	32	33	34
提供	牧場	済	張	痛切 辞	歴訪 辞	遺失 辞	営	敬	限界	幸	再開	水準	背広

35 **ヌノセイ**のブックカバーをかける。
36 先祖の**ハカマイ**りに出かけた。
37 言い**ワケ**をするのはやめなさい。
38 暑さで池の水が**ヒア**がった。
39 謝罪を受けて相手を**ユル**す。
40 不審な行動をして**アヤ**しまれる。
41 学生が**シュウショク**活動をする。
42 試合は雨で**ジュンエン**になった。
43 壁の**フシアナ**から向こうを見る。
44 ミスをして**ヒラアヤマ**りする。

35	36	37	38	39	40	41	42	43	44
布製	墓参	訳	干上	許	怪	就職	順延	節穴 辞	平謝

意味をCheck!

1 **風潮**…時代ごとの傾向や流れ、世の中のありさま。
5 **過程**…物事が進行していく一連の道筋。
8 **我流**…正当ではない、自分勝手なやり方。
11 **筋合い**…物事の道理。
19 **潮時**…好機。

25 **痛切**…ある思いなどを、身にしみて強く感じること。
26 **歴訪**…土地や人を、次々にたずねること。
27 **遺失**…落としたり置き忘れたりして金品をなくすこと。
43 **節穴**…物をじゅうぶんに見ていない目のたとえ。

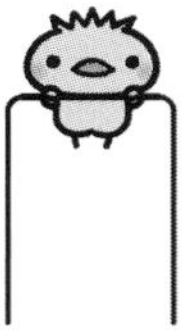

頻出度
A
ランク

書き取り⑤

目標時間 22分

1回目 /44

2回目 /44

● 次の――線のカタカナを漢字に直せ。

1 祖母は**メイロウ**快活な人柄だ。
2 たんぽぽの**ワタゲ**が飛んでいる。
3 **カンムリ**とはかぶりものの総称である。
4 事の**シダイ**を順に話した。
5 とても商品にならない**シロモノ**だ。
6 のどかな**イナカ**道を散歩する。
7 犯罪の**カタボウ**をかついだ。
8 吹奏楽部でジャズを**エンソウ**する。
9 **アマカラ**い煮物は得意料理の一つ。
10 自分の意志を**ツラヌ**く。

解答

1 明朗
2 綿毛
3 冠
4 次第
5 代物 辞
6 田舎
7 片棒 辞
8 演奏
9 甘辛
10 貫

11 留学生向けに**キギョウ**説明会がある。
12 他人を**オド**す行為は犯罪になる。
13 両国間の**キンチョウ**が高まる。
14 イモの葉から水滴が**タ**れる。
15 映画館で**グウゼン**友人に会う。
16 料理の味には**テイヒョウ**がある。
17 会議で**トウロン**が白熱した。
18 貨物船に**ネンリョウ**を補給する。
19 二枚の絵には**ルイジ**点がある。
20 あの絵は**マボロシ**の名画といわれている。

解答

11 企業
12 脅
13 緊張
14 垂
15 偶然
16 定評 辞
17 討論
18 燃料
19 類似 辞
20 幻

21 今からコウカイしても始まらない。
22 わらをタバねて干す。
23 コンイロのスーツに合うネクタイを選ぶ。
24 新しいサイボウの研究が進んでいる。
25 文章をケズって短くする。
26 技術はカクダンに進歩した。
27 ココロザシの高い少年だ。
28 頭がイタいので薬を飲んだ。
29 成人式の写真をトる。
30 紫外線をアびないようにする。
31 ジシャクを使った実験をする。
32 幅が狭い道路で車体をスる。
33 ツウカイな出来事が起こった。
34 サムライは武士に対する呼称だ。

21 後悔
22 束
23 紺色
24 細胞
25 削
26 格段 辞
27 志
28 痛
29 撮
30 浴
31 磁石
32 擦
33 痛快 辞
34 侍

35 成人式にはハオリはかまを着た。
36 ジャアクな考えが一瞬浮かんだ。
37 除夜のカネの音が聞こえる。
38 部下をシタガえて現場に入った。
39 この日本酒はカラクチだ。
40 脚の筋力がオトロえる。
41 泉からタえず水がわいている。
42 町内の公園をみんなでセイソウする。
43 アサセで子供を遊ばせる。
44 主要な議題をセンタクする。

35 羽織
36 邪悪 辞
37 鐘
38 従
39 辛口
40 衰
41 絶
42 清掃
43 浅瀬
44 選択

意味をCheck!

5 代物…売買する品物。ある評価の対象となる人や物（あなどって言うことが多い）。
7 片棒をかつぐ…悪事などの計画に協力する。
16 定評…世間の多くの人に認められている価値。
19 類似…お互いに共通すること。似かよっていること。
26 格段…物事の程度の差がはなはだしいこと。
33 痛快…大変ゆかいなこと。とても気持ちのよいこと。
36 邪悪…心がねじ曲がって悪意に満ちていること。

頻出度 A ランク

書き取り⑥

目標時間 22分

1回目 /44

2回目 /44

● 次の――線のカタカナを漢字に直せ。

1 日光ではタキと紅葉が同時に楽しめる。
2 高齢者はチョウリョクも衰える。
3 原稿のシめ切りが迫る。
4 車のフロントガラスがコオる。
5 実家からコヅツミが届いた。
6 不用意な行動をセめる。
7 ひながスダつように娘も自立した。
8 七十歳で一線をシリゾいた。
9 今日はタンシュク授業だった。
10 二人の間にはヒめ事がある。

解答

1 滝
2 聴力
3 締
4 凍
5 小包 辞
6 責
7 巣立
8 退
9 短縮
10 秘

11 健康をタモつために運動をする。
12 水のキョウキュウが止まった。
13 どろぼうが窓をワって侵入した。
14 ブタニクを使った料理を考える。
15 超大物の歌ヒメが現れる。
16 恥ずかしそうに顔をフせる。
17 夕方から天気がクズれるらしい。
18 高価なスミとすずりを買いそろえる。
19 ホームパーティーにサソわれる。
20 妹は考え方がヨウチだ。

解答

11 保
12 供給
13 割
14 豚肉
15 姫
16 伏
17 崩
18 墨
19 誘
20 幼稚

21 これまでの手法を**サカテ**にとる。
22 夕飯のおかずは**ア**げ物だ。
23 仏教の思想に**キョウメイ**する。
24 **キワ**めて珍しい事件だ。
25 帰郷して家業に**ハゲ**む。
26 先生に**サカ**らってばかりいた。
27 この部署は会社の**ズノウ**集団だ。
28 花の絵を赤い絵の具で**ヌ**る。
29 中学生には**ヤサ**しい問題だ。
30 **ブタ**は本来きれい好きらしい。
31 西の空が**クレナイ**に染まった。
32 ニンジンとネギを細かく**キザ**む。
33 お世話になった恩に**ムク**いる。
34 **ヒンプ**の差が激しくなる。

21	逆手 辞
22	揚
23	共鳴 辞
24	極
25	励
26	逆
27	頭脳 辞
28	塗
29	易
30	豚
31	紅
32	刻
33	報
34	貧富 辞

35 犯行を**ウラヅ**ける証拠がある。
36 桜の花が散るのを**オ**しむ。
37 こんな結果では**ホネオ**り損だ。
38 古代から伝わる知恵を**サズ**ける。
39 安くておいしい**アナバ**の店に入る。
40 あまりの出来事に**ゼック**した。
41 山の**イタダキ**に立つ。
42 担当者の不正が**ハッカク**した。
43 **イナオ**った犯人が騒ぎ出した。
44 重要な案件を**マカ**せる。

35	裏付
36	惜
37	骨折
38	授
39	穴場 辞
40	絶句
41	頂
42	発覚 辞
43	居直
44	任

意味をCheck!

5 **小包**…小さなつつみ。郵便物の一種。
21 **逆手にとる**…不利な状況を反対に生かして反撃すること。
23 **共鳴**…他の人の思想や行動に深く同感すること。
27 **頭脳**…脳。頭。知力。判断力。思考力。ある集団で中心的な働きをする人。
34 **貧富**…まずしいことと金持ちであること。
39 **穴場**…まだ人にあまり知られていないながらも、よい場所のこと。
42 **発覚**…隠していた罪などが人に知れること。

頻出度
B ランク
読み①

●次の――線の漢字の読みをひらがなで答えよ。

1 自分の力のなさが恨めしい。
2 介護施設で働いている。
3 記念の像が鋳造された。
4 社内に沈滞ムードが漂う。
5 候補者が登壇して演説を行う。
6 投手がマウンドで闘魂を見せる。
7 稲は実るほどに穂先を垂れる。
8 世に埋もれた人材を発掘する。
9 このうえなく御満悦の様子だ。
10 友人には体を揺する癖がある。

解答
1 うら
2 しせつ
3 ちゅうぞう 辞
4 ちんたい 辞
5 とうだん
6 とうこん 辞
7 ほさき
8 う
9 まんえつ
10 ゆ

11 不調ながら辛くも勝利をつかむ。
12 手作りのいすにペンキを塗る。
13 父は港湾で働いている。
14 厳しい規則を遵守している。
15 地方への旅に弟子を相伴う。
16 政治家が聴衆に語りかける。
17 空気が薄くて窒息しそうだ。
18 大学でインド哲学を学んでいる。
19 海岸線が大きく湾曲している。
20 悪事を働いて身の破滅を招く。

解答
11 から
12 ぬ
13 こうわん
14 じゅんしゅ 辞
15 あいともな
16 ちょうしゅう
17 ちっそく
18 てつがく
19 わんきょく 辞
20 はめつ

目標時間 22分
1回目 ／44
2回目 ／44

21 無計画な伐採は環境破壊を招く。
22 スキーで雪山を滑り降りる。
23 帆柱が三本ある大きな船だ。
24 学級崩壊が問題になっている。
25 深夜まで研究に没頭する。
26 ようやくトンネルが貫通した。
27 県内に新たな企業を誘致する。
28 卒業式の晴れ姿の写真を撮る。
29 湿潤な気候を好まない。
30 事実を知って衝撃を受ける。
31 景気の浮揚策を打ち出す。
32 手術の傷口を縫合する。
33 故あってふるさとの町に戻った。
34 高齢者を積極的に雇用する。

21 ばっさい 辞
22 すべ
23 ほばしら
24 ほうかい
25 ぼっとう
26 かんつう
27 ゆうち
28 と
29 しつじゅん
30 しょうげき
31 ふよう
32 ほうごう
33 ゆえ
34 こよう

35 その話はとうてい納得できない。
36 数隻の小舟が川を下っていった。
37 水道管が破裂して水があふれる。
38 定年退職者の慰労会を行う。
39 仮病を使って学校を休む。
40 街道沿いの古民家を見て歩く。
41 会社の資産を隠匿している。
42 予算は大幅に削られた。
43 両国は緊密な関係を保っている。
44 両者がその和解案を受諾した。

35 なっとく
36 すうせき
37 はれつ
38 いろう
39 けびょう
40 かいどう
41 いんとく 辞
42 けず
43 きんみつ 辞
44 じゅだく

意味をCheck!

3 鋳造…金属を溶かして鋳型に流し込み、目的の形を作ること。
4 沈滞…勢いがなく、意気が上がらず停滞していること。
6 闘魂…戦いぬこうとする意気込み・精神のこと。
14 遵守…法律や決まりなどに従い、守ること。

19 湾曲…弓なりに曲がること。
21 伐採…山や森などから樹木を切り出すこと。
41 隠匿…隠すこと。秘密にすること。
43 緊密…関係が密接なこと。

頻出度

B ランク

読み②

目標時間 22分

1回目 /44

2回目 /44

● 次の――線の漢字の読みをひらがなで答えよ。

1 一人で絶海の孤島に渡る。
2 雪のため列車が徐行運転を行う。
3 生硬な文章だと批評された。
4 一方的に婚約を破棄された。
5 粗相のないように注意する。
6 地下資源の争奪戦を繰り広げる。
7 万引き犯が現行犯逮捕された。
8 かつて炭坑で栄えた街を訪れる。
9 体重管理のため甘いものを断つ。
10 演技中に痛恨のミスをおかした。

解答

1 ことう
2 じょこう
3 せいこう 辞
4 はき
5 そそう 辞
6 そうだつ
7 たいほ
8 たんこう
9 た
10 つうこん 辞

11 気温の低下で水道管が凍結した。
12 小首をかしげる癖がある。
13 事態の深刻さを憂える。
14 父はとても穏やかな人柄だ。
15 あえて厳しい境遇に身を置く。
16 駅前で友人と擦れ違う。
17 映画に侍の役で出演する。
18 湖畔の民宿でひと夏を過ごす。
19 カメラを向けると表情が硬くなる。
20 目の前を馬が全力で疾走する。

解答

11 とうけつ
12 くせ
13 うれ 辞
14 おだ
15 きょうぐう
16 す
17 さむらい
18 こはん
19 かた
20 しっそう

□ 21 姉は満面の笑みを浮かべた。
□ 22 人前で恥辱を受ける。
□ 23 夢を追って漂泊の旅を続ける。
□ 24 零落した貴族の娘が主人公だ。
□ 25 老婆心ながらひと言申し上げます。
□ 26 世間から隔絶した環境で暮らす。
□ 27 隣の芝生は青く見える。
□ 28 地下足袋をはいて山登りをする。
□ 29 不自由はないが空虚な生活だ。
□ 30 災い転じて福となす
□ 31 会社を辞めて起業した。
□ 32 自由な言論活動を抑圧する。
□ 33 さまざまな思いが交錯した。
□ 34 写真の転載を許諾する。

21 え
22 ちじょく
23 ひょうはく 辞
24 れいらく
25 ろうばしん
26 かくぜつ
27 しばふ
28 たび
29 くうきょ 辞
30 わざわ
31 や
32 よくあつ
33 こうさく
34 きょだく 辞

□ 35 桜吹雪が風に舞い散った。
□ 36 畜産農家で研修生として働く。
□ 37 億単位の負債を抱えて倒産する。
□ 38 インカ帝国は十六世紀に滅びた。
□ 39 そのことは口が裂けても言えない。
□ 40 不老不死など幻想にすぎない。
□ 41 平等に処遇された。
□ 42 映画館が惜しまれつつ閉館した。
□ 43 悪の組織に敢然と立ち向かう。
□ 44 動物を虐待してはいけない。

35 ふぶき
36 ちくさん
37 ふさい
38 ほろ
39 さ
40 げんそう
41 しょぐう
42 お
43 かんぜん 辞
44 ぎゃくたい

意味をCheck!

3 生硬…表現が未熟でかたいこと。態度ががん固なこと。
5 粗相…軽率さから起こす失敗。
10 痛恨…とても残念に感じること。うらみに思うこと。
13 憂える…心を痛めること。物事を悲観すること。

23 漂泊…流れ漂うこと。さまようこと。
29 空虚…内部に何もないこと。むなしいこと。
34 許諾…先方の希望を聞き入れて許すこと。
43 敢然…困難や危険を覚悟して、思い切って行うこと。

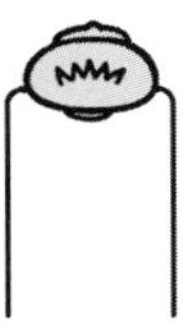

頻出度 B ランク

読み ③

目標時間 22分

1回目 /44

2回目 /44

● 次の――線の**漢字の読み**を**ひらがな**で答えよ。

1 水蒸気が凝結して水滴になった。

2 初戦は悔いの残る結果になった。

3 天然酵母を使ったパンを焼く。

4 音楽を聞くと気分が高揚する。

5 ぎりぎりまで経費を削減する。

6 美術館内は撮影禁止だ。

7 落語の師匠に弟子入りする。

8 慈悲の心をもって人に接する。

9 ジープが砂漠《ばく》を疾駆する。

10 入学は随時受け付けている。

解答

1 ぎょうけつ 辞
2 く
3 こうぼ
4 こうよう
5 さくげん
6 さつえい
7 ししょう
8 じひ
9 しっく 辞
10 ずいじ

11 恩師は清廉潔白な人物だ。

12 精巧な作りの機械式時計だ。

13 おなかの胎児に音楽を聞かせる。

14 ビルの外壁を塗装しなおす。

15 濃紺のスーツに身を包む。

16 ようやく平穏な暮らしが訪れた。

17 畑一面の麦の穂が金色に光る。

18 哀切に満ちた美しいメロディーだ。

19 高山で酸素欠乏症《しょう》状が現れた。

20 成人式に髪を結う。

解答

11 せいれん 辞
12 せいこう
13 たいじ
14 とそう
15 のうこん
16 へいおん
17 ほ
18 あいせつ
19 けつぼう
20 ゆ

21 友への惜別の情が込み上げる。
22 見つからないように息を潜める。
23 半年分の家賃を滞納している。
24 ブドウの房に袋をかぶせる。
25 企画の概略を説明する。
26 休憩をとりながら山道を進む。
27 殺伐とした光景が広がっていた。
28 不正を誘発する要因を取り除く。
29 恩師の言葉がいつも励みになる。
30 いわくつきの宝石が怪しく光る。
31 漢代の官吏登用制度を研究する。
32 虚栄心が強いことを見抜かれる。
33 教会の鐘の音が響き渡る。
34 父は冗談ばかり言っている。

21 せきべつ 辞
22 ひそ
23 たいのう
24 ふさ
25 がいりゃく
26 きゅうけい
27 さつばつ 辞
28 ゆうはつ
29 はげ
30 あや
31 かんり 辞
32 きょえいしん
33 かね
34 じょうだん

35 温厚篤実と評判の先生だ。
36 花嫁は幸せそうにほほえんだ。
37 常軌を逸《いっ》した行動が目につく。
38 話題の本の装丁を担当した。
39 エアコンから水が漏れている。
40 それは穏当な処置とはいえない。
41 華美な服装は慎んでください。
42 怪奇小説作家を目指している。
43 政府の緩慢な対応を批判する。
44 期待の新党が旗揚げする。

35 とくじつ
36 はなよめ
37 じょうき 辞
38 そうてい 辞
39 も
40 おんとう 辞
41 かび
42 かいき
43 かんまん
44 はたあ

意味をCheck!

1 凝結…こり固まること。
9 疾駆…車や馬などを速く走らせること。速く走ること。
11 清廉潔白…心が清く私欲がなく、やましいところのないこと。
21 惜別…別れを惜しむこと。
27 殺伐…殺気が感じられる様子。温かみが感じられない様子。

31 官吏…役人。国家公務員。
37 常軌を逸《いっ》する…常識はずれの行動。
38 装丁…製本の仕上げに、表紙などの体裁を整えること。
40 穏当…おだやかで無理がなく理にかなっていること。

頻出度
B
ランク

読み ④

●次の――線の**漢字の読み**を**ひらがな**で答えよ。

1 車窓から峡谷の大自然を楽しむ。
2 工夫を凝らした料理が並んだ。
3 多くの本を読んで自己啓発する。
4 綱渡りのようなスケジュールだ。
5 転んでひざに擦過傷ができた。
6 友人は将来を嘱望されている。
7 創業当時から辛苦を共にする。
8 その漁港の水揚げが落ちる。
9 かつての勢いが衰退する。
10 子供の潜在能力を引き出す。

解答
1 きょうこく
2 こ
3 けいはつ
4 つなわた
5 さっかしょう
6 しょくぼう 辞
7 しんく
8 みずあ
9 すいたい
10 せんざい

11 火山ガスが滞留している。
12 二者択一の問題が五問出た。
13 期末テストの準備は万端だ。
14 無謀な食事制限で健康を損なう。
15 旅行の参加者名簿を作成する。
16 木彫りのクマを玄関に飾る。
17 悲しいときも笑いで紛らす。
18 哀れむような目で見られた。
19 老婆心ながら一言申し上げる。
20 愛憎相半ばする難しい関係だ。

解答
11 たいりゅう 辞
12 たくいつ
13 ばんたん
14 むぼう
15 めいぼ
16 きぼ
17 まぎ
18 あわ
19 ろうば 辞
20 あいぞう

目標時間 22分
1回目 ／44
2回目 ／44

21 うまくいったと一人悦に入る。
22 思いきり殴り飛ばす。
23 該博な知識を披《ひ》露する。
24 隔年で世界大会が開かれる。
25 庭のすみに鶏舎を作る。
26 つめをかむ習癖が直らない。
27 経済界の重鎮に取材を申し込む。
28 季節の野菜を蒸して食べる。
29 健康維持には摂生が必要だ。
30 犯人の一味が潜伏している。
31 最善を尽くして吉報を待つ。
32 武力で暴動を鎮圧する。
33 中間管理職の悲哀を感じる。
34 国境付近での紛争が長期化する。

21 えつ 辞
22 なぐ
23 がいはく
24 かくねん
25 けいしゃ
26 しゅうへき
27 じゅうちん 辞
28 む
29 せっせい 辞
30 せんぷく
31 きっぽう
32 ちんあつ
33 ひあい
34 ふんそう

35 幽霊屋敷のように荒れた家だ。
36 古代ローマの隆盛を今に伝える。
37 企画の腹案は既に用意してある。
38 サッカー部の顧問を務める。
39 妹の甲高い声が聞こえる。
40 母は料理や裁縫が得意だ。
41 蚕は桑の葉しか食べない。
42 古くから和菓子を商っている。
43 天下を掌中に収めたも同然だ。
44 自然の摂理に従って生きる。

35 ゆうれい
36 りゅうせい 辞
37 すで
38 こもん
39 かんだか
40 さいほう
41 くわ
42 あきな
43 しょうちゅう
44 せつり 辞

意味をCheck!

6 **嘱望**…人の将来に期待を寄せること。
11 **滞留**…物事が滞って進展しないこと。
19 **老婆心**…自分の気遣いを、おせっかいかもしれませんが、とへり下っていう語。
21 **悦**…うれしがること。喜ぶこと。

27 **重鎮**…分野や組織などの中心になる人物。
29 **摂生**…食生活など生活全般に留意し、健康に気を配ること。
36 **隆盛**…勢いが盛んなこと。栄えること。
44 **摂理**…自然界を支配する法則。

頻出度

B ランク

読み⑤

目標時間 22分

1回目 /44

2回目 /44

次の——線の**漢字の読み**を**ひらがな**で答えよ。

1 外敵の侵入を阻止する。
2 暴風波浪警報が発令された。
3 あの夫婦はたいへんな浪費家だ。
4 読者プレゼントに応募する。
5 飛行機が滑走路から飛び立った。
6 古い友人に偶然出会った。
7 特殊な技能が要求される仕事だ。
8 自信がなく卑下してばかりいる。
9 憂いを含んだ表情が美しい。
10 中華料理の神髄を究める。

解答

1 そし
2 はろう
3 ろうひ
4 おうぼ
5 かっそうろ
6 ぐうぜん
7 とくしゅ
8 ひげ 辞
9 うれ 辞
10 しんずい 辞

11 退職希望の部下を慰留する。
12 母の気遣いはいつも心憎い。
13 反発を覚悟のうえで発言する。
14 薬品を使って漂白する。
15 食べ過ぎてお腹が膨れた。
16 いつまでも強情を張っていた。
17 記者の愚問に腹を立てる。
18 二人は手を携えて出発する。
19 患《かん》者の事情を顧慮する。
20 最寄り駅までの道順を教える。

解答

11 いりゅう 辞
12 こころにく
13 かくご
14 ひょうはく
15 ふく
16 ごうじょう
17 ぐもん
18 たずさ
19 こりょ 辞
20 もよ

21 失恋で魂が抜けたようになる。

22 くつろいだ気分で音楽を聴く。

23 身の程をわきまえる。

24 本邦初演の舞台に参加する。

25 笑顔が絶えない家庭だ。

26 見事な連携プレーを見せた。

27 巧みな運転で細い路地を進む。

28 栄養の吸収が阻害される。

29 暖炉の火に冷えた手をかざす。

30 娘の著しい成長に感動する。

31 彫金教室で指輪を作る。

32 人知を超越した力が働く。

33 今朝は池の水が凍っていた。

34 二人の証人の証言が符合した。

21	たましい
22	き
23	ほど
24	ほんぽう
25	えがお
26	れんけい
27	たく
28	そがい
29	だんろ
30	いちじる 辞
31	ちょうきん 辞
32	ちょうえつ
33	こお
34	ふごう

35 全国から趣味の仲間が集う。

36 旅行先で盗難に遭う。

37 捨て猫《ねこ》が哀れな鳴き声をあげる。

38 無罪放免となり釈放された。

39 突然半数の社員が解雇された。

40 突発事故で肝を冷やす。

41 市長選挙を棄権する。

42 友人の婚約者に横恋慕する。

43 炉端に集まり酒をくみかわす。

44 兄は日本画壇期待の新星だ。

35	つど
36	あ
37	あわ
38	ほうめん
39	かいこ
40	きも
41	きけん
42	れんぼ
43	ろばた
44	がだん 辞

意味をCheck!

8 卑下…自分を劣っていると考えていやしめること。へりくだること。

9 憂い…嘆き悲しむこと。心が晴れないこと。

10 神髄…本質。奥義。

11 慰留…辞めようとする人をなだめて、思いとどまらせること。

19 顧慮…あることを考えに入れて気を配ること。

30 著しい…はっきりと目立つさま。めざましい。

31 彫金…金属に彫刻を施すこと。

44 画壇…画家の社会。

頻出度
B ランク

読み ⑥

目標時間 22分

1回目 ／44

2回目 ／44

● 次の——線の**漢字の読み**を**ひらがな**で答えよ。

1 交通規制を緩める。
2 初夢の内容で一年の吉凶を占う。
3 粗削りだが将来は有望だ。
4 経営陣の魂胆が見え隠れする。
5 現代アートの巨匠と評される。
6 煮炊き用の食材を買い求める。
7 運動不足の母を強引に連れ出す。
8 小銭入れをポケットにしまう。
9 友人の帰国を待ち焦がれる。
10 後継者に株式を譲渡する。

解答
1 ゆる
2 きっきょう
3 あらけず
4 こんたん 辞
5 きょしょう
6 にた
7 ごういん
8 こぜに
9 こ
10 じょうと

11 各国の国旗を掲揚する。
12 炊きたてのご飯を茶わんによそう。
13 近くの海岸に鯨が打ち上げられる。
14 骨髄バンクに登録している。
15 滝に打たれて身を清める。
16 飛行機の墜落事故が起こった。
17 債権が回収不可能になる。
18 自衛隊に救助を要請する。
19 六枚切りのパンを一斤買う。
20 山奥の川に橋を架ける。

解答
11 けいよう 辞
12 た
13 くじら
14 こつずい
15 たき
16 ついらく
17 さいけん
18 ようせい
19 いっきん 辞
20 か

☐ **21** 機に乗じて逃走する。
☐ **22** 新法案の審議が始まった。
☐ **23** 免税店で買い物をする。
☐ **24** 不祥《しょう》事で信用が揺らぐ。
☐ **25** それは既成事実として語られた。
☐ **26** 東京近郊の街に家を建てる。
☐ **27** お茶を飲みながら談笑する。
☐ **28** 牧場で牛の乳を搾る。
☐ **29** 社長を批判する勢力を排斥する。
☐ **30** 時代錯誤な考え方だ。
☐ **31** 能楽鑑賞で幽玄の美を味わう。
☐ **32** 街路樹を同じ間隔で植える。
☐ **33** 長い髪をリボンで結わえる。
☐ **34** 会社の昇任試験を受ける。

21 き
22 しんぎ
23 めんぜい
24 ゆ
25 きせい
26 きんこう
27 だんしょう
28 しぼ
29 はいせき 辞
30 さくご
31 ゆうげん 辞
32 かんかく
33 ゆ
34 しょうにん

☐ **35** 友人は赤裸々な告白を始めた。
☐ **36** 大学で福祉を学んでいる。
☐ **37** 雪山で危うく遭難しかける。
☐ **38** 子供を託児所に預けて働く。
☐ **39** その判定は両校に遺恨を残した。
☐ **40** 歌で宴席を盛り上げる。
☐ **41** 売れ筋の商品を陳列する。
☐ **42** 平和条約が締結された。
☐ **43** 既定の方針を遂行する。
☐ **44** 上告が棄却され刑が確定する。

35 せきらら
36 ふくし
37 そうなん
38 たくじ
39 いこん 辞
40 えんせき 辞
41 ちんれつ
42 ていけつ
43 きてい
44 ききゃく 辞

意味をCheck!

4 魂胆…心に抱いているたくらみのこと。
11 掲揚…旗などを高い場所にかかげること。
19 斤…食パンの単位。包装食パンの公正競争規約では、一斤は340グラム以上をいう。
29 排斥…受け入れられずに退けること。

31 幽玄…奥深く味わい深いこと。
39 遺恨…長く忘れられない恨み。
40 宴席…人が集まって飲食を楽しむ場。宴会の席。
44 棄却…捨てて取り上げないこと。

頻出度 B ランク

同音・同訓異字①

目標時間 20分

1回目 /39

2回目 /39

● 次の――線のカタカナにあてはまる漢字をそれぞれのア〜オから一つ選び、記号で答えよ。

1 趣向をコらした誕生会だった。
2 フライパンをコがす。
3 応募者は一万人をコえた。
（ア焦 イ超 ウ肥 エ越 オ凝）

4 経過シ第では手術も必要だ。
5 同世代の活躍にシ激を受ける。
6 論文を読んで要シをまとめる。
（ア次 イ施 ウ刺 エ旨 オ脂）

7 ジョウ談も休み休み言え。
8 古い門のジョウ前を開ける。
9 決してジョウ歩できない。
（ア冗 イ嬢 ウ錠 エ譲 オ丈）

解答
1 オ
2 ア
3 イ
4 ア
5 ウ
6 エ
7 ア
8 ウ
9 エ 辞

10 数セキの船が係留されている。
11 奇セキが起こることを祈っている。
12 即セキで原稿を作成する。
（ア斥 イ跡 ウ席 エ隻 オ籍）

13 予算は潤タクとはいえない。
14 干タク工事が延期された。
15 旅行の支タクを早めに済ませる。
（ア卓 イ拓 ウ度 エ託 オ沢）

16 湖ハンで民宿を経営している。
17 国際会議に夫人を同ハンする。
18 ハン船がゆっくりと出航する。
（ア販 イ帆 ウ畔 エ範 オ伴）

解答
10 エ
11 イ
12 ウ
13 オ 辞
14 イ
15 ウ
16 ウ
17 オ
18 イ

19 ガイ頭でビラを配布する。
20 内心を疑われて心ガイだ。
21 雑草が稲の生育を阻ガイする。
（ア 該　イ 外　ウ 害　エ 街　オ 概）

22 生活費の大半を食費がシめる。
23 気持ちを引きシめる。
24 無理な労働をシいられる。
（ア 絞　イ 締　ウ 閉　エ 占　オ 強）

25 均等に間カクを保つ。
26 画用紙に果物の輪カクを描く。
27 家族で米の収カクを行う。
（ア 穫　イ 郭　ウ 確　エ 較　オ 隔）

28 先輩のコン胆がわからない。
29 悔コンの情が消えない。
30 コン色のスーツに身を包む。
（ア 恨　イ 紺　ウ 困　エ 婚　オ 魂）

19 エ　20 イ　21 ウ 辞
22 エ　23 イ　24 オ
25 オ　26 イ　27 ア
28 オ 辞　29 ア 辞　30 イ

31 川に橋をカける工事が始まる。
32 出場選手が一人カける。
33 大は小をカねる。
（ア 兼　イ 欠　ウ 架　エ 描　オ 掛）

34 試合は苦戦の末にシン勝した。
35 予算案のシン議が行われた。
36 販売エリアをシン張する。
（ア 審　イ 振　ウ 伸　エ 浸　オ 辛）

37 外部シ問委員会を設置する。
38 その法律は来春よりシ行される。
39 公共の福シの向上を図る。
（ア 刺　イ 祉　ウ 施　エ 諮　オ 旨）

31 ウ　32 イ　33 ア
34 オ 辞　35 ア　36 ウ
37 エ 辞　38 ウ　39 イ

意味をCheck!

9 譲歩…自身の意見や主張を抑え、他に従うこと。
13 潤沢…物が豊富にあること。うるおい。
21 阻害…じゃまをすること。
28 魂胆…心に抱いているたくらみのこと。

29 悔恨…自分の過ちをくやみ、残念に思うこと。
34 辛勝…試合などで、やっとの思いでかつこと。
37 諮問…ある問題について有識者や一定機関に意見を求めること。

読み　同音・同訓異字　漢字識別　熟語の構成　部首　対義語・類義語　送りがな　四字熟語　誤字訂正　書き取り　模擬テスト

頻出度
B
ランク

同音・同訓異字②

目標時間 20分

1回目 /39

2回目 /39

● 次の――線のカタカナにあてはまる漢字をそれぞれのア～オから一つ選び、記号で答えよ。

1 ネコが裏口から家に入りコむ。
2 子供たちの舌がコえてきた。
3 小麦コでホットケーキを作る。
（ア 越　イ 超　ウ 粉　エ 肥　オ 込）

4 強豪校相手にセキ敗する。
5 書セキの売り上げランキングを見る。
6 海外では移民の排セキ運動が起きている。
（ア 責　イ 斥　ウ 惜　エ 跡　オ 籍）

7 屈タクのない笑顔が魅力的だ。
8 タク越した映像技術に驚く。
9 新たな提案を採タクする。
（ア 卓　イ 択　ウ 拓　エ 沢　オ 託）

解答
1 オ
2 エ
3 ウ
4 ウ 辞
5 オ
6 イ 辞
7 オ 辞
8 ア 辞
9 イ

10 チン圧部隊が出動する。
11 店のチン列台に野菜を並べる。
12 地盤チン下が起きている。
（ア 珍　イ 賃　ウ 沈　エ 鎮　オ 陳）

13 江戸の町がエン上する。
14 古希の祝エンに招待された。
15 味方にエン軍を送る。
（ア 縁　イ 延　ウ 炎　エ 援　オ 宴）

16 天才画家の死をオしむ。
17 教祖のオい立ちはなぞだらけだ。
18 友人を生徒会長にオす。
（ア 生　イ 推　ウ 老　エ 追　オ 惜）

解答
10 エ
11 オ
12 ウ
13 ウ
14 オ
15 エ
16 オ
17 ア
18 イ

☐ 19 全国の天気**ガイ**況を伝える。
☐ 20 昔のことを感**ガイ**深げに話す。
☐ 21 **ガイ**博とは広く深い知識をいう。
（ア 慨　イ 街　ウ 害　エ 概　オ 該）

☐ 22 社会規**ハン**に従って生きる。
☐ 23 **ハン**主は大名と同義である。
☐ 24 救急車が病人を**ハン**送する。
（ア 藩　イ 範　ウ 搬　エ 販　オ 伴）

☐ 25 目を**フ**せて演説に聞き入る。
☐ 26 名前を呼ばれて**フ**り返る。
☐ 27 もっと貯蓄を**フ**やしたい。
（ア 降　イ 伏　ウ 付　エ 殖　オ 振）

☐ 28 後**カイ**先に立たず。
☐ 29 一億円の金**カイ**が展示される。
☐ 30 奇**カイ**な生物が現れた。
（ア 怪　イ 介　ウ 塊　エ 戒　オ 悔）

19 エ 辞
20 ア
21 オ
22 イ 辞
23 ア
24 ウ
25 イ
26 オ
27 エ
28 オ
29 ウ
30 ア 辞

☐ 31 柱の**カ**け時計が三時を告げる。
☐ 32 時計の電池を入れ**カ**える。
☐ 33 草原を馬で**カ**ける。
（ア 換　イ 枯　ウ 飼　エ 掛　オ 駆）

☐ 34 開**コン**した土地で野菜を作る。
☐ 35 友人は**コン**惑の表情を浮かべる。
☐ 36 相手の粘りに**コン**負けする。
（ア 恨　イ 困　ウ 根　エ 魂　オ 墾）

☐ 37 布を**サ**いて小物を作る。
☐ 38 子供の手**サ**げかばんを作る。
☐ 39 部屋の中で暑さを**サ**ける。
（ア 提　イ 避　ウ 咲　エ 割　オ 裂）

31 エ
32 ア
33 オ
34 オ
35 イ
36 ウ
37 オ
38 ア
39 イ

意味をCheck!

4 惜敗…競技や試合などで、おしくも負けること。
6 排斥…受け入れられずに退けること。
7 屈託…一つのことばかり気になってほかのことが手につかないこと。くよくよすること。

8 卓越…群をぬいてすぐれていること。
19 概況…おおよその様子。
22 規範…行動や判断の従うべき基準のこと。手本。
30 奇怪…常識では考えられないあやしく不思議なこと。

頻出度 B ランク

漢字識別①

● 次の三つの□に**共通する漢字**を入れて熟語を作れ。漢字はそれぞれ左側の□内から**一つ**選び、**記号**で答えよ。

目標時間 11分

1回目 /22

2回目 /22

1 □生・□理・□取

2 一□・□除・清□

3 □動・□児・母□

4 工□・暖□・乳□

5 興□・□起・□盛

ア 介　イ 控　ウ 衡　エ 潔　オ 軌
カ 摂　キ 掃　ク 隆　ケ 胎　コ 房

解答

1 カ　辞 摂生《せっせい》・摂理《せつり》・摂取《せっしゅ》

2 キ　一掃《いっそう》・掃除《そうじ》・清掃《せいそう》

3 ケ　辞 胎動《たいどう》・胎児《たいじ》・母胎《ぼたい》

4 コ　工房《こうぼう》・暖房《だんぼう》・乳房《ちぶさ》

5 ク　興隆《こうりゅう》・隆起《りゅうき》・隆盛《りゅうせい》

6 王□・栄□・弱□

7 申□・□願・□求

8 □弱・盛□・□微

9 □待・残□・暴□

10 □器・□酔・□芸

ア 虐　イ 冠　ウ 留　エ 挙　オ 腰
カ 衰　キ 陶　ク 探　ケ 請　コ 沢

解答

6 イ　王冠《おうかん》・栄冠《えいかん》・辞 弱冠《じゃっかん》

7 ケ　申請《しんせい》・請願《せいがん》・請求《せいきゅう》

8 カ　衰弱《すいじゃく》・盛衰《せいすい》・辞 衰微《すいび》

9 ア　虐待《ぎゃくたい》・残虐《ざんぎゃく》・暴虐《ぼうぎゃく》

10 キ　陶器《とうき》・辞 陶酔《とうすい》・陶芸《とうげい》

☐ 11 催□・□進・□成

☐ 12 遭□・奇□・処□

☐ 13 □握・合□・車□

☐ 14 □述・□腐・開□

☐ 15 □膜・□土・□着

☐ 16 屈□・追□・□縮

ア 遇　イ 伸　ウ 陳　エ 促　オ 拓
カ 憶　キ 跡　ク 粘　ケ 否　コ 掌

11 エ　催促《さいそく》・促進《そくしん》・辞 促成《そくせい》

12 ア　遭遇《そうぐう》・奇遇《きぐう》・処遇《しょぐう》

13 コ　掌握《しょうあく》・合掌《がっしょう》・車掌《しゃしょう》

14 ウ　辞 陳述《ちんじゅつ》・陳腐《ちんぷ》・開陳《かいちん》

15 ク　粘膜《ねんまく》・粘土《ねんど》・粘着《ねんちゃく》

16 イ　屈伸《くっしん》・追伸《ついしん》・伸縮《しんしゅく》

☐ 17 □細・□度・□落

☐ 18 脱□・□水・遺□

☐ 19 □案・□当・□弁

☐ 20 □載・□揚・前□

☐ 21 □権・国□・負□

☐ 22 出□・□走・□柱

ア 房　イ 難　ウ 窓　エ 債　オ 帆
カ 零　キ 勘　ク 漏　ケ 獄　コ 掲

17 カ　零細《れいさい》・零度《れいど》・零落《れいらく》

18 ク　辞 脱漏《だつろう》・漏水《ろうすい》・遺漏《いろう》

19 キ　勘案《かんあん》・勘当《かんどう》・勘弁《かんべん》

20 コ　掲載《けいさい》・掲揚《けいよう》・前掲《ぜんけい》

21 エ　債権《さいけん》・国債《こくさい》・負債《ふさい》

22 オ　出帆《しゅっぱん》・帆走《はんそう》・帆柱《ほばしら》

意味をCheck!

1 摂生…食生活など生活全般に留意し、健康に気を配ること。

3 胎動…母胎内での胎児の動き。内部の新しい動き。

6 弱冠…年が若いこと。

8 衰微…盛んだったものが衰えること。

10 陶酔…音楽や芸術などに心を奪われ、うっとりすること。

11 促成…植物などを人工的に早く生長させること。

14 陳述…意見や考えなどを口頭で述べること。

18 脱漏…あるべきものが抜け落ちること。

頻出度
B
ランク

漢字識別②

目標時間 11分

1回目 ／22

2回目 ／22

● 次の三つの□に**共通する漢字**を入れて熟語を作れ。漢字はそれぞれ左側の□内から**一つ**選び、**記号**で答えよ。

1 港□・□岸・□曲

2 □上・□天・鼻□

3 □煙・□茶・満□

4 □素・□母・発□

5 □善・□愛・□雨

ア 湾	イ 潮	ウ 酵	エ 穫	オ 奮
カ 慈	キ 紫	ク 喫	ケ 炎	コ 豪

解答

1 ア 港湾《こうわん》・湾岸《わんがん》・湾曲《わんきょく》

2 ケ 炎上《えんじょう》・炎天《えんてん》・鼻炎《びえん》

3 ク 喫煙《きつえん》・喫茶《きっさ》・満喫《まんきつ》 辞

4 ウ 酵素《こうそ》・酵母《こうぼ》・発酵《はっこう》

5 カ 慈善《じぜん》・慈愛《じあい》・慈雨《じう》 辞

6 検□・□素・糖□病

7 □通・縦□・一□

8 □路・多□・分□

9 鐘□・□閣・□門

10 危□・□志家・□実

ア 貫	イ 楼	ウ 尿	エ 堅	オ 譲
カ 販	キ 岐	ク 酵	ケ 幾	コ 篤

解答

6 ウ 検尿《けんにょう》・尿素《にょうそ》・糖尿病《とうにょうびょう》

7 ア 貫通《かんつう》・縦貫《じゅうかん》・一貫《いっかん》 辞

8 キ 岐路《きろ》・多岐《たき》・分岐《ぶんき》

9 イ 鐘楼《しょうろう》・楼閣《ろうかく》・楼門《ろうもん》 辞

10 コ 危篤《きとく》・篤志家《とくしか》・篤実《とくじつ》 辞

11 □卵・闘□・養□

12 □滑・□沢・利□

13 □楽・喜□・満□

14 □示・□発・拝□

15 採□・選□・□一

16 嘱□・委□・屈□

ア 択　イ 劇　ウ 託　エ 啓　オ 揚
カ 雅　キ 鶏　ク 潤　ケ 掘　コ 悦

11 キ　鶏卵《けいらん》・闘鶏《とうけい》・養鶏《ようけい》

12 ク　潤滑《じゅんかつ》・潤沢《じゅんたく》・利潤《りじゅん》　辞

13 コ　悦楽《えつらく》・喜悦《きえつ》・満悦《まんえつ》　辞

14 エ　啓示《けいじ》・啓発《けいはつ》・拝啓《はいけい》

15 ア　採択《さいたく》・選択《せんたく》・択一《たくいつ》

16 ウ　嘱託《しょくたく》・委託《いたく》・屈託《くったく》　辞

17 浮□・掲□・抑□

18 破□・□傷・分□

19 □空・書□・□橋

20 □金・□集・応□

21 □罰・求□・極□

22 □苦・□勝・甘□

ア 裂　イ 刑　ウ 援　エ 殊　オ 架
カ 募　キ 罰　ク 揚　ケ 辛　コ 簡

17 ク　浮揚《ふよう》・掲揚《けいよう》・抑揚《よくよう》　辞

18 ア　破裂《はれつ》・裂傷《れっしょう》・分裂《ぶんれつ》

19 オ　架空《かくう》・書架《しょか》・架橋《かきょう》

20 カ　募金《ぼきん》・募集《ぼしゅう》・応募《おうぼ》

21 イ　刑罰《けいばつ》・求刑《きゅうけい》・極刑《きょっけい》

22 ケ　辛苦《しんく》・辛勝《しんしょう》・甘辛《あまから》

意味をCheck!

3 満喫…十分に楽しむこと。存分に飲食したりすること。

5 慈雨…日照りのときに降る恵みの雨。

7 貫通…あるものの中を貫き通ること。

9 楼門…寺社などの二階建ての門。

10 篤実…情にあつく誠実なこと。

12 潤滑…うるおいがあり、なめらかなこと。また、そのさま。

13 喜悦…心から喜ぶこと。

16 屈託…一つのことばかり気になってほかのことが手につかないこと。くよくよすること。

17 浮揚…うかび上がること。

頻出度 B ランク

熟語の構成①

目標時間 18分

1回目 ／36

2回目 ／36

● 熟語の構成のしかたには次のようなものがある。

ア 同じような意味の漢字を重ねたもの（岩石）
イ 反対または対応の意味を表す字を重ねたもの（高低）
ウ 上の字が下の字を修飾しているもの（洋画）
エ 下の字が上の字の目的語・補語になっているもの（着席）
オ 上の字が下の字の意味を打ち消しているもの（非常）

次の熟語は右のア〜オのどれにあたるか、一つ選び、記号で答えよ。

1 稚魚
2 雅俗
3 隔離
4 喜悦
5 抑圧
6 鶏舎

解答と解説

1 ウ（ちぎょ）
稚（おさない）⬇魚

2 イ（がぞく）
雅（上品）⬍俗（いやしい）

3 ア（かくり）
どちらも「へだてる」の意味。

4 ア（きえつ）
どちらも「喜ぶ」の意味。

5 ア（よくあつ）
どちらも「おさえる」の意味。

6 ウ（けいしゃ）
鶏（の）⬇舎（小屋）

7 倹約
8 孤島
9 海賊
10 鎮痛
11 廉価
12 賞罰

解答と解説

7 ア（けんやく）
どちらも「つましい」の意味。

8 ウ（ことう）
孤（立した）⬇島

9 ウ（かいぞく）
海（の）⬇賊（悪人）

10 エ（ちんつう）
鎮（める）⬆痛（みを）

11 ウ（れんか）
廉（安い）⬇価（格）

12 イ（しょうばつ）
賞（ほうび）⬍罰

□ 13 衝突
□ 14 清濁
□ 15 濃淡
□ 16 変換
□ 17 硬貨
□ 18 任免
□ 19 昇格
□ 20 彼我

13 ア（しょうとつ）どちらも「つき当たる」の意味。
14 イ（せいだく）清（い）↕濁（る）
15 イ（のうたん）濃（い）↕淡（い）
16 ア（へんかん）どちらも「かえる、かわる」の意味。
17 ウ（こうか）硬（い）↓貨（お金）
18 イ（にんめん）任（命）↕免（職）
19 エ（しょうかく）昇（上がる）↑格（地位や格式などが）
20 イ（ひが）彼（相手）↕我（自分）

□ 21 鼻孔
□ 22 浮沈
□ 23 赴任
□ 24 訪欧
□ 25 未詳
□ 26 免職
□ 27 惜春
□ 28 養鶏

21 ウ（びこう）鼻（の）↓孔（あな）
22 イ（ふちん）浮（く）↕沈（む）
23 エ（ふにん）赴（く）↑任（地に）
24 エ（ほうおう）訪（ねる）↑欧（州を）
25 オ（みしょう）未（否定）＋詳（くわしい）。「まだはっきりしない」の意味。
26 エ（めんしょく）免（やめさせる）↑職（を）
27 エ（せきしゅん）惜（しむ）↑春（を）
28 エ（ようけい）養（う）↑鶏（を）

□ 29 悲哀
□ 30 傍聴
□ 31 恥辱
□ 32 鶏卵
□ 33 気孔
□ 34 喫煙
□ 35 共謀
□ 36 空虚

29 ア（ひあい）どちらも「かなしい」の意味。
30 ウ（ぼうちょう）傍（らで）↓聴（く）
31 ア（ちじょく）どちらも「恥（はじ）」「辱（はずかし）め」の意味。
32 ウ（けいらん）鶏（の）↓卵
33 ウ（きこう）気（体の通路となる）↓孔（あな）
34 エ（きつえん）喫（のむ、吸う）↑煙（たばこを）
35 ウ（きょうぼう）共に↓謀る（たくらむ）
36 ア（くうきょ）どちらも「中身がない」の意味。

頻出度 B ランク

熟語の構成②

目標時間 18分

1回目 /36

2回目 /36

熟語の構成のしかたには次のようなものがある。

ア 同じような意味の漢字を重ねたもの（**岩石**）
イ 反対または対応の意味を表す字を重ねたもの（**高低**）
ウ 上の字が下の字を修飾しているもの（**洋画**）
エ 下の字が上の字の目的語・補語になっているもの（**着席**）
オ 上の字が下の字の意味を打ち消しているもの（**非常**）

次の熟語は右の**ア～オ**のどれにあたるか、**一つ**選び、**記号**で答えよ。

1 検尿
2 厳封
3 修繕
4 湿潤
5 主催
6 除籍

解答と解説

1 エ（けんにょう）
検（査する）⬆尿（を）

2 ウ（げんぷう）
厳（重に）⬇封（をする）

3 ア（しゅうぜん）
どちらも「なおす」の意味。

4 ア（しつじゅん）
どちらも「うるおう」の意味。

5 ウ（しゅさい）
主（中心となって）⬇催（す）

6 エ（じょせき）
除（く）⬆籍（を）

7 昇天
8 辛勝
9 惜別
10 伴奏
11 塗料
12 免責

解答と解説

7 エ（しょうてん）
昇（る）⬆天（に）

8 ウ（しんしょう）
辛（やっとの思いで）⬇勝（つ）

9 エ（せきべつ）
惜（しむ）⬆別（れを）

10 ウ（ばんそう）
伴（とも、仲間と）⬇奏（でる）

11 ウ（とりょう）
塗（るための）⬇料（もの）

12 エ（めんせき）
免（れる）⬆責（任を）

13 排尿

14 蛮行

15 必携

16 未熟

17 養豚

18 猟犬

19 抱擁

20 未納

13 エ（はいにょう）
排（出す）⬆尿（を）

14 ウ（ばんこう）
蛮（野蛮な）⬇行（行為）

15 ウ（ひっけい）
必（ず）⬇携（持つ）

16 オ（みじゅく）
未（否定）＋熟（す）。「まだ熟していない」の意味。

17 エ（ようとん）
養（う）⬆豚（を）

18 ウ（りょうけん）
猟（をする）⬇犬

19 ア（ほうよう）
どちらも「かかえる」の意味。

20 オ（みのう）
未（否定）＋納（める）。「まだ納めていない」の意味。

21 未来

22 既成

23 概観

24 膨脹

25 湖畔

26 暫時

27 丘陵

28 巨匠

21 オ（みらい）
未（否定）＋来（たる）。「まだ来ていない」の意味。

22 ウ（きせい）
既に⬇成（つくりあげる）

23 ウ（がいかん）
概（だいたいの）⬇観（様子、あらまし）

24 ア（ぼうちょう）
どちらも「ふくれる」の意味。

25 ウ（こはん）
湖（の）⬇畔（ほとり）

26 ウ（ざんじ）
暫（しばらくの）⬇時（間）

27 ア（きゅうりょう）
どちらも「小高いおか」の意味。

28 ウ（きょしょう）
巨（非常に優れた）⬇匠（職人）

29 禁猟

30 潔癖

31 功罪

32 債務

33 常駐

34 彫刻

35 存亡

36 択一

29 エ（きんりょう）
禁（じる）⬆猟（狩猟、狩り）

30 ウ（けっぺき）
潔（きれい好きな）⬇癖（性質）

31 イ（こうざい）
功（手柄）⬍罪（あやまち）

32 ウ（さいむ）
債（借金を返す）⬇（義）務

33 ウ（じょうちゅう）
常（に）⬇駐（在する）

34 ア（ちょうこく）
どちらも「きざむ」の意味。

35 イ（そんぼう）
存（在）⬍（滅）亡

36 エ（たくいつ）
択（選ぶ）⬆一（どれか一つを）

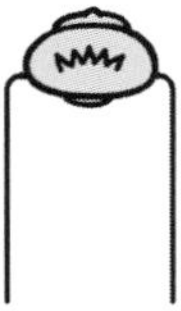

頻出度 B ランク

部首①

目標時間 19分

1回目 /38

2回目 /38

次の漢字の**部首**をア～エから**一つ**選び、**記号**で答えよ。

1 審（ア宀　イ田　ウ釆　エ亠）
2 遂（ア辶　イ豕　ウ㒸　エ䒑）
3 殊（ア木　イ歹　ウノ　エ夕）
4 啓（ア戸　イ一　ウ口　エ攵）
5 袋（ア亻　イ代　ウ亠　エ衣）
6 墜（ア二　イ豕　ウ阝　エ土）
7 髪（ア彡　イ髟　ウ又　エ一）
8 免（ア儿　イノ　ウ乚　エ口）

解答
1 ア（うかんむり）
2 ア（しんにょう　しんにゅう）
3 イ（かばねへん　いちたへん　がつへん）
4 ウ（くち）
5 エ（ころも）
6 エ（つち）
7 イ（かみがしら）
8 ア（ひとあし　にんにょう）

9 菊（ア艹　イ米　ウ勹　エ一）
10 賢（ア又　イ目　ウ貝　エ臣）
11 罰（ア刂　イ罒　ウ言　エ口）
12 倣（ア亻　イ方　ウ攵　エ亠）
13 概（ア旡　イ日　ウ艮　エ木）
14 戯（ア弋　イノ　ウ虍　エ戈）
15 酵（ア子　イ酉　ウノ　エ土）
16 削（ア刂　イ月　ウ月　エ⺌）

解答
9 ア（くさかんむり）
10 ウ（かい　こがい）
11 イ（あみがしら　あみめ　よこめ）
12 ア（にんべん）
13 エ（きへん）
14 エ（ほこづくり　ほこがまえ）
15 イ（とりへん）
16 ア（りっとう）

17 礎（ア 石　イ 木　ウ 疋　エ 林）
18 簿（ア 寸　イ ⺮　ウ 田　エ 氵）
19 廉（ア 厂　イ 一　ウ 兼　エ 广）
20 衛（ア 口　イ 彳　ウ 亅　エ 行）
21 掛（ア ト　イ 扌　ウ 土　エ 丨）
22 勘（ア 力　イ ノ　ウ 匚　エ 甚）
23 欺（ア 欠　イ 其　ウ ⺈　エ 人）
24 鶏（ア 奚　イ 爫　ウ 夫　エ 鳥）
25 婿（ア 月　イ 疋　ウ 女　エ ⺪）
26 慰（ア 寸　イ 尸　ウ 示　エ 心）
27 我（ア 弋　イ 戈　ウ ノ　エ 我）

17 ア（いしへん）
18 イ（たけかんむり）
19 エ（まだれ）
20 エ（ぎょうがまえ ゆきがまえ）
21 イ（てへん）
22 ア（ちから）
23 ア（あくび かける）
24 エ（とり）
25 ウ（おんなへん）
26 エ（こころ）
27 イ（ほこづくり ほこがまえ）

28 甲（ア 丨　イ 日　ウ 田　エ 甲）
29 辞（ア 辛　イ 舌　ウ 十　エ 立）
30 就（ア 京　イ 亠　ウ 尤　エ 尢）
31 酔（ア 十　イ 口　ウ 酉　エ 卆）
32 興（ア 臼　イ 一　ウ 𦥯　エ 同）
33 焦（ア 灬　イ 隹　ウ ノ　エ 焦）
34 窓（ア 宀　イ 厶　ウ 穴　エ 心）
35 楼（ア 女　イ 米　ウ 木　エ 木）
36 華（ア 十　イ 一　ウ 艹　エ 𠦒）
37 術（ア 彳　イ 朮　ウ 亍　エ 行）
38 吉（ア 十　イ 士　ウ 一　エ 口）

28 ウ（た）
29 ア（からい）
30 エ（だいのまげあし）
31 ウ（とりへん）
32 ア（うす）
33 ア（れんが れっか）
34 ウ（あなかんむり）
35 ウ（きへん）
36 ウ（くさかんむり）
37 エ（ぎょうがまえ ゆきがまえ）
38 エ（くち）

頻出度
B
ランク

部首②

目標時間 19分

1回目 ／38

2回目 ／38

●次の漢字の**部首**をア～エから**一つ**選び、**記号**で答えよ。

1 緊（ア 臣　イ 又　ウ 糸　エ 匚）

2 載（ア 土　イ 車　ウ 弋　エ 戈）

3 諮（ア 口　イ 冫　ウ 欠　エ 言）

4 霊（ア 冖　イ 雨　ウ 亚　エ 一）

5 遇（ア 冂　イ 禺　ウ 甲　エ 辶）

6 膜（ア 曰　イ 月　ウ 艹　エ 大）

7 擁（ア 亠　イ 隹　ウ 扌　エ 乡）

8 扇（ア 冫　イ 尸　ウ 羽　エ 戸）

解答

1 ウ（いと）

2 イ（くるま）

3 エ（ごんべん）

4 イ（あめかんむり）

5 エ（しんにょう しんにゅう）

6 イ（にくづき）

7 ウ（てへん）

8 エ（とだれ とかんむり）

9 漏（ア 尸　イ 雨　ウ ノ　エ 氵）

10 舞（ア 夕　イ 舛　ウ 無　エ 牛）

11 慈（ア 丷　イ 心　ウ 幺　エ 茲）

12 夏（ア 一　イ 夂　ウ 目　エ 自）

13 郊（ア 亠　イ ノ　ウ 阝　エ 㐅）

14 伐（ア 戈　イ 丶　ウ ノ　エ 亻）

15 邪（ア 牙　イ 亅　ウ 阝　エ ノ）

16 瀬（ア 頁　イ 氵　ウ 貝　エ 目）

解答

9 エ（さんずい）

10 イ（まいあし）

11 イ（こころ）

12 イ（すいにょう ふゆがしら）

13 ウ（おおざと）

14 エ（にんべん）

15 ウ（おおざと）

16 イ（さんずい）

17 鋳（ア 金 イ 寸 ウ ノ エ 寿）
18 墓（ア 曰 イ 土 ウ 艹 エ 苩）
19 幕（ア 艹 イ 曰 ウ 苩 エ 巾）
20 翌（ア 羽 イ 立 ウ 丨 エ 亠）
21 餓（ア 𠆢 イ 丶 ウ 飠 エ 戈）
22 突（ア 宀 イ 穴 ウ 大 エ 亠）
23 欲（ア 口 イ 谷 ウ 人 エ 欠）
24 処（ア 几 イ 夕 ウ し エ 夂）
25 岳（ア ノ イ 一 ウ 山 エ 丘）
26 憩（ア 自 イ 心 ウ 口 エ 舌）
27 蒸（ア 艹 イ 灬 ウ 了 エ 氶）

17 ア（かねへん）
18 イ（つち）
19 エ（はば）
20 ア（はね）
21 ウ（しょくへん）
22 イ（あなかんむり）
23 エ（あくび かける）
24 ア（つくえ）
25 ウ（やま）
26 イ（こころ）
27 ア（くさかんむり）

28 裸（ア 衤 イ 木 ウ 丶 エ 田）
29 犠（ア 戈 イ 王 ウ 牛 エ 丨）
30 凝（ア 匕 イ 疋 ウ 冫 エ 矢）
31 零（ア 𠆢 イ 雨 ウ 冖 エ 丶）
32 圏（ア 囗 イ 人 ウ 二 エ 己）
33 憲（ア 罒 イ 王 ウ 心 エ 宀）
34 郷（ア 艮 イ ノ ウ 乡 エ 阝）
35 釈（ア 尸 イ 釆 ウ 米 エ 尺）
36 嬢（ア 女 イ 八 ウ 亠 エ ノ）
37 嘱（ア 尸 イ 冂 ウ 禹 エ 口）
38 粋（ア 十 イ 米 ウ し エ 木）

28 ア（ころもへん）
29 ウ（うしへん）
30 ウ（にすい）
31 イ（あめかんむり）
32 ア（くにがまえ）
33 ウ（こころ）
34 エ（おおざと）
35 イ（のごめへん）
36 ア（おんなへん）
37 エ（くちへん）
38 イ（こめへん）

頻出度 **B** ランク

対義語・類義語①

目標時間 11分

1回目 /22

2回目 /22

● 次の1 2、それぞれの下の□内のひらがなを漢字に直して□に入れ、**対義語・類義語**を作れ。□内のひらがなは一度だけ使い、**一字**で答えよ。

1 対義語

1 率先―□随

2 受容―排□

3 繁栄―□落

4 自供―黙□

5 零落―□達

類義語

6 即刻―□速

7 策謀―計□

8 困苦―辛□

9 吉報―□報

10 重荷―負□

えい	さつ	さん	じょ	たん	つい	ひ	ぼつ	りゃく	ろう

解答

1 率先《そっせん》―追随《ついずい》 辞

2 受容《じゅよう》―排除《はいじょ》

3 繁栄《はんえい》―没落《ぼつらく》

4 自供《じきょう》―黙秘《もくひ》

5 零落《れいらく》―栄達《えいたつ》 辞

6 即刻《そっこく》―早速《さっそく》

7 策謀《さくぼう》―計略《けいりゃく》 辞

8 困苦《こんく》―辛酸《しんさん》 辞 辞

9 吉報《きっぽう》―朗報《ろうほう》

10 重荷《おもに》―負担《ふたん》

2

対義語

11 追加―□減

12 帰路―□路

13 穏和―粗□

14 鎮静―興□

15 雇用―□雇

16 実在―□空

類義語

17 負債―□金

18 繁栄―□盛

19 便利―重□

20 排除―除□

21 閉口―□惑

22 独自―□有

おう　か　かい　きょ　こん　さく　しゃっ　とく　ふん　ほう　ぼう　りゅう

---

11 追加《ついか》―削減《さくげん》 辞

12 帰路《きろ》―往路《おうろ》 辞

13 穏和《おんわ》―粗暴《そぼう》 辞

14 鎮静《ちんせい》―興奮《こうふん》

15 雇用《こよう》―解雇《かいこ》

16 実在《じつざい》―架空《かくう》

17 負債《ふさい》―借金《しゃっきん》

18 繁栄《はんえい》―隆盛《りゅうせい》 辞

19 便利《べんり》―重宝《ちょうほう》

20 排除《はいじょ》―除去《じょきょ》

21 閉口《へいこう》 辞―困惑《こんわく》 辞

22 独自《どくじ》―特有《とくゆう》

意味をCheck!

1 追随…つき従うこと。人の業績をまねるなどして追いつこうとすること。

5 栄達…高い地位、身分を得ること。出世すること。

7 策謀…はかりごとをめぐらすこと。

8 困苦…困り苦しむ状態。

8 辛酸…つらく苦しい思い。

11 削減…金額や量などを、けずり減らすこと。

12 帰路…帰るときに通る道のこと。帰り道。

13 穏和…穏やかで落ち着いていること。

18 隆盛…勢いが盛んなこと。栄えること。

21 閉口…自分の力ではどうしようもなく、困ること。

21 困惑…判断がつかずに迷うこと。

頻出度

B ランク

対義語・類義語②

目標時間 11分

1回目 /22

2回目 /22

● 次の 1 2 、それぞれの下の□内のひらがなを漢字に直して□に入れ、**対義語・類義語**を作れ。□内のひらがなは一度だけ使い、**一字**で答えよ。

1

対義語

1 浪費―□約

2 栄達―零□

3 優遇―□遇

4 快諾―□辞

5 執着―□念

類義語

6 明白―□然

7 処罰―制□

8 勘定―計□

9 落胆―失□

10 敢闘―□戦

けん　こ　さい　さん　だん　ふん　ぼう　らく　れい　れき

解答

1 浪費《ろうひ》―倹約《けんやく》

2 辞 栄達《えいたつ》―零落《れいらく》 辞

3 優遇《ゆうぐう》―冷遇《れいぐう》 辞

4 快諾《かいだく》―固辞《こじ》

5 執着《しゅうちゃく》―断念《だんねん》

6 明白《めいはく》―歴然《れきぜん》 辞

7 処罰《しょばつ》―制裁《せいさい》

8 勘定《かんじょう》―計算《けいさん》

9 辞 落胆《らくたん》―失望《しつぼう》

10 辞 敢闘《かんとう》―奮戦《ふんせん》

2

対義語

☐ 11 概略—詳□

☐ 12 模倣—□造

☐ 13 敵対—□調

☐ 14 長寿—短□

☐ 15 栄誉—恥□

☐ 16 公開—□匿

類義語

☐ 17 倹約—節□

☐ 18 関与—介□

☐ 19 次第—順□

☐ 20 我慢—□抱

☐ 21 哀歓—悲□

☐ 22 征伐—退□

き　きょう　げん　さい　じ　じょ　じょく　しん　そう　にゅう　ひ　めい

11 概略《がいりゃく》—詳細《しょうさい》

12 辞 模倣《もほう》—創造《そうぞう》

13 敵対《てきたい》—協調《きょうちょう》

14 長寿《ちょうじゅ》—短命《たんめい》

15 栄誉《えいよ》—辞 恥辱《ちじょく》

16 公開《こうかい》—辞 秘匿《ひとく》

17 辞 倹約《けんやく》—節減《せつげん》

18 辞 関与《かんよ》—介入《かいにゅう》

19 次第《しだい》—順序《じゅんじょ》

20 我慢《がまん》—辛抱《しんぼう》

21 哀歓《あいかん》—悲喜《ひき》

22 征伐《せいばつ》—退治《たいじ》

意味をCheck!

2 栄達…高い地位、身分を得ること。出世すること。
2 零落…落ちぶれること。
3 冷遇…冷淡な待遇をすること。低い待遇。

6 歴然…明らかなさま。はっきりしているさま。
9 落胆…希望どおり事が運ばずに落ち込むこと。
10 敢闘…全力で勇敢に戦うこと。

12 模倣…他のものをまねること。似せること。
15 恥辱…はずかしめ。
16 秘匿…秘密にして隠しておくこと。

17 倹約…むだを省いて出費を少なくすること。
18 関与…物事に関係していること。

頻出度 **B** ランク

対義語・類義語③

● 次の1 2、それぞれの下の□内のひらがなを漢字に直して□に入れ、**対義語・類義語**を作れ。□内のひらがなは一度だけ使い、**一字**で答えよ。

目標時間 11分

1回目 /22

2回目 /22

1

対義語

1 偶然―□然

2 新鋭―□豪

3 高雅―□俗

4 悪化―□転

5 死去―□生

類義語

6 応援―□勢

7 飽食―満□

8 邪魔―妨□

9 没頭―□中

10 失望―□胆

か	がい	こ	こう	たん	てい	ねっ	ひつ	ぷく	らく

解答

1 偶然《ぐうぜん》―必然《ひつぜん》 辞

2 新鋭《しんえい》―古豪《こごう》

3 高雅《こうが》―低俗《ていぞく》 辞

4 悪化《あっか》―好転《こうてん》

5 死去《しきょ》―誕生《たんじょう》

6 応援《おうえん》―加勢《かせい》 辞

7 飽食《ほうしょく》―満腹《まんぷく》 辞

8 邪魔《じゃま》―妨害《ぼうがい》

9 没頭《ぼっとう》―熱中《ねっちゅう》

10 失望《しつぼう》―落胆《らくたん》

2

対義語

11 極楽—地□
12 弟子—□匠
13 逮捕—釈□
14 虚構—事□
15 陳腐—□鮮
16 需要—供□

類義語

17 強硬—強□
18 排斥—□放
19 用心—□戒
20 基盤—□底
21 名誉—光□
22 前途—□来

いん　えい　きゅう　けい　ごく　こん　し　じつ　しょう　しん　つい　ほう

11 極楽《ごくらく》—地獄《じごく》
12 弟子《でし》—師匠《ししょう》 辞
13 逮捕《たいほ》—釈放《しゃくほう》
14 辞 虚構《きょこう》—事実《じじつ》
15 辞 陳腐《ちんぷ》—新鮮《しんせん》
16 需要《じゅよう》—供給《きょうきゅう》

17 強硬《きょうこう》—強引《ごういん》
18 辞 排斥《はいせき》—追放《ついほう》
19 用心《ようじん》—警戒《けいかい》
20 基盤《きばん》—根底《こんてい》 辞
21 名誉《めいよ》—光栄《こうえい》
22 辞 前途《ぜんと》—将来《しょうらい》

意味をCheck!

1 必然…必ずそうなること。
3 高雅…気高く上品で、みやびやかなこと。
3 低俗…下品で程度が低いこと。
6 加勢…力を貸して助けること。

7 飽食…飽きるほど食べること。食べたいだけ食べられ、食物に不自由しないこと。
12 師匠…学問や芸術などを教える人のこと。

14 虚構…実際にないことを事実のようにつくり上げること。
15 陳腐…使い古されていて、つまらないこと。
18 排斥…受け入れられずに退けること。

20 根底…おおもととなる考え方。
22 前途…これから先のこと。目的地までの道のり。

頻出度
B
ランク

対義語・類義語④

目標時間 11分

1回目 ／22

2回目 ／22

● 次の 1 2 、それぞれの下の□内のひらがなを漢字に直して□に入れ、**対義語・類義語**を作れ。□内のひらがなは一度だけ使い、**一字**で答えよ。

1 対義語

☐ 1 解雇—□用

☐ 2 脱退—加□

☐ 3 詳細—□略

☐ 4 阻害—□長

☐ 5 薄弱—強□

類義語

☐ 6 隆盛—繁□

☐ 7 高慢—□大

☐ 8 幼稚—未□

☐ 9 阻害—□魔

☐ 10 敢行—□行

えい	かん	こ	さい	じゃ	じゅく	じょ	そん	だん	めい

解答

1 解雇《かいこ》—採用《さいよう》

2 脱退《だったい》—加盟《かめい》

3 詳細《しょうさい》—簡略《かんりゃく》

4 阻害《そがい》—助長《じょちょう》 辞

5 薄弱《はくじゃく》—強固《きょうこ》

6 辞 隆盛《りゅうせい》—繁栄《はんえい》

7 辞 高慢《こうまん》—尊大《そんだい》

8 幼稚《ようち》—未熟《みじゅく》

9 辞 阻害《そがい》—邪魔《じゃま》

10 辞 敢行《かんこう》—断行《だんこう》

2

対義語

11 免税—□税

12 先祖—子□

13 架空—実□

14 末尾—冒□

15 寒冷—温□

16 甘言—□言

類義語

17 根底—□盤

18 許諾—了□

19 薄情—□淡

20 激賞—絶□

21 措置—□置

22 両者—□方

か　き　く　ざい　さん　しょ　しょう　そう　そん　だん　とう　れい

11 免税《めんぜい》—課税《かぜい》

12 先祖《せんぞ》—子孫《しそん》

13 辞 架空《かくう》—実在《じつざい》

14 末尾《まつび》—冒頭《ぼうとう》

15 寒冷《かんれい》—温暖《おんだん》

16 辞 甘言《かんげん》—苦言《くげん》

17 辞 根底《こんてい》—基盤《きばん》

18 許諾《きょだく》—了承《りょうしょう》

19 薄情《はくじょう》—冷淡《れいたん》

20 辞 激賞《げきしょう》—絶賛《ぜっさん》

21 措置《そち》—処置《しょち》

22 両者《りょうしゃ》—双方《そうほう》

意味をCheck!

4 助長…力を貸して、ある事の成長や発展を助けること。ある傾向を著しくさせること。

6 隆盛…勢いが盛んなこと。栄えること。

7 高慢…自分の能力や地位などが優れていると鼻にかけて、他をあなどるさま。

9 阻害…じゃまをすること。

10 敢行…悪い条件を押し切って実行すること。

13 架空…空中にかけわたすこと。根拠のないこと。想像でつくりあげること。

16 甘言…相手が気に入るように口先だけで言う、うまい言葉。

17 根底…おおもととなる考え方。

20 激賞…行いを評価しておおいにほめること。

頻出度
B ランク

送りがな①

目標時間 21分

1回目 ／42

2回目 ／42

● 次の——線のカタカナを漢字一字と送りがな（ひらがな）に直せ。

〈例〉質問にコタエル。 答える

1 新しい技の習得をキソウ。
2 反対意見はすべてシリゾケル。
3 歳月をヘダテて再会する。
4 男たちが悪事をクワダテル。
5 その犬はカシコイと評判だ。
6 レギュラーの座からハズレル。
7 私にカマワず行ってしまう。
8 ワザワイ転じて福となす
9 加熱しすぎてなべをコガス。
10 恩師との別れをオシム。

解答
1 競う
2 退ける
3 隔て
4 企てる 辞
5 賢い
6 外れる
7 構わ
8 災い 辞
9 焦がす
10 惜しむ 辞

11 熱い麦茶をサマス。
12 祖先をウヤマウ気持ちを持つ。
13 赤面して顔をフセル。
14 長い黒髪を背中にタラス。
15 乗客の人数をタシカメル。
16 成功するかどうかアヤブム。
17 ヨロコバシイ便りが届く。
18 マズシイ家庭に育つ。
19 食事の量をヘラスようにする。
20 足取りもカロヤカニ歩く。

解答
11 冷ます
12 敬う 辞
13 伏せる
14 垂らす
15 確かめる
16 危ぶむ
17 喜ばしい
18 貧しい
19 減らす
20 軽やかに 辞

- **21** **アツカマシイ**にもほどがある。
- **22** ちょっとした工夫を**コラス**。
- **23** 月の光が湖面を**テラス**。
- **24** 頼まれた仕事を**ナマケル**。
- **25** 新たな財政改革を**カカゲル**。
- **26** 長者番付に名を**ツラネル**。
- **27** 毎朝の散歩を**カカサ**ない。
- **28** 貧血で気を**ウシナウ**。
- **29** しばらく知人宅に身を**ヨセル**。
- **30** 友と将来について**カタラウ**。
- **31** 同じ趣味の人たちが**ツドウ**。
- **32** 成功に**ミチビク**方法を学んだ。
- **33** 心の中に**ヒメル**思いがある。
- **34** **キビシイ**経営状況が続く。

21	厚かましい
22	凝らす
23	照らす
24	怠ける
25	掲げる
26	連ねる 辞
27	欠かさ 辞
28	失う
29	寄せる
30	語らう
31	集う 辞
32	導く
33	秘める 辞
34	厳しい

- **35** 日を**アラタメ**てあいさつに伺う。
- **36** 背中を**ソラシ**て伸びをする。
- **37** **アヤウイ**場面を助けられる。
- **38** 小児科の医師を**ココロザス**。
- **39** 空が赤く**ソマル**。
- **40** いざというときに**ソナエル**。
- **41** チケットの料金を**アズカル**。
- **42** 七人の家族を**ヤシナウ**。

35	改め
36	反らし 辞
37	危うい
38	志す
39	染まる
40	備える
41	預かる
42	養う 辞

意味をCheck!

4 企てる…計画を立てる、実行しようとする。

8 災い転じて福となす…困難な出来事にあっても、うまく機転をきかせて幸せになるようにする。

10 惜しむ…心残りに思うこと。大切に思うこと。金品などを出ししぶること。

12 敬う…礼を尽くす。あがめる。

20 軽やか…軽快なさま。

---

26 連ねる…関係者として仲間に入る。順番に並べる。

27 欠かす…そのことをしないで済ます。

31 集う…人々がある目的をもって寄りあつまる。

33 秘める…隠して人に知られないようにする。

36 反らす…弓なりに曲げる。

42 養う…家族などが生活できるように面倒をみる。

頻出度
B
ランク

四字熟語①

目標時間 **10**分

1回目 /20

2回目 /20

● 文中の**四字熟語**の――線の**カタカナ**を**漢字二字**で答えよ。

1 その素人考えには**笑止センバン**だ。

2 運動で**新陳タイシャ**を高める。

3 **フンレイ努力**のかいあって当選する。

4 **ヨウシ端麗**な女性がほほえむ。

5 **栄枯セイスイ**は世の習いという。

6 寂しく**孤城ラクジツ**の日々を送る。

7 **試行サクゴ**の末、ようやく完成した。

8 **有為テンペン**は世の習いである。

解答と解説

1 **笑《しょう》止《し》千《せん》万《ばん》**
とてもこっけいな様子。ばかばかしくて笑いたくなるような様子。

2 **新《しん》陳《ちん》代《たい》謝《しゃ》**
古いものが次第になくなり、新しいものに入れ替わること。

3 **奮《ふん》励《れい》努《ど》力《りょく》**
気力を奮い起こし、目標に向かって励むこと。

4 **容《よう》姿《し》端《たん》麗《れい》**
顔立ちも体つきも整っていて美しい様子。多くは女性に対していう。

5 **栄《えい》枯《こ》盛《せい》衰《すい》**
人や家などが栄えたり衰えたりすること。人の世のはかなさを表すこともある。

6 **孤《こ》城《じょう》落《らく》日《じつ》**
孤立無援の城と、西に沈みゆく夕日。落ちぶれて勢いがなくなり、ひどく心細く頼りないこと。

7 **試《し》行《こう》錯《さく》誤《ご》**
さまざまな方法を試み、失敗をくり返して解決策を追求すること。

8 **有《う》為《い》転《てん》変《ぺん》**
この世のすべてのものは常に変化し、少しもとどまらないこと。この世が無常で、はかないものであることのたとえ。

□ **9** **同床イム**の思いを抱く。

□ **10** この考えは**我田インスイ**かもしれない。

□ **11** 強豪チーム相手に**アクセン苦闘**する。

□ **12** **立身シュッセ**は当時の夢だった。

□ **13** **サイショク兼備**のほまれ高い女性だ。

□ **14** **思慮フンベツ**のある大人になる。

□ **15** その話は**事実ムコン**だ。

□ **16** **シュウジン環視**の中で事件は起きた。

□ **17** 育児休暇が**有名ムジツ**化している。

□ **18** **ヨウイ周到**な飛行計画を練る。

□ **19** **漫言ホウゴ**はやめてください。

□ **20** 当時は**イキ衝天**の勢いがあった。

9 同《どう》床《しょう》異《い》夢《む》
同じ床に寝ていても違う夢を見るように、いっしょに仕事をする仲間でも、考え方や意見が一致しないこと。

10 我《が》田《でん》引《いん》水《すい》
自分の田にだけ水を引く意から、自分に都合のいいように言ったり行ったりすること。「我が田へ水を引く」とも読む。

11 悪《あく》戦《せん》苦《く》闘《とう》
非常に困難な中で、苦しみながらその状況を乗り越えようと努力すること。

12 立《りっ》身《しん》出《しゅっ》世《せ》
社会的に高い地位を得て、世に認められること。

13 才《さい》色《しょく》兼《けん》備《び》
すぐれた才能と美しい顔かたちを持っていること。多くは女性についていう。

14 思《し》慮《りょ》分《ふん》別《べつ》
慎重に考え、物事の道理をわきまえて判断すること。

15 事《じ》実《じつ》無《む》根《こん》
根拠のないうそであること。

16 衆《しゅう》人《じん》環《かん》視《し》
大勢の人々が、まわりを取り囲んで見ていること。

17 有《ゆう》名《めい》無《む》実《じつ》
名ばかりが立派で、それに見合う実質がないこと。

18 用《よう》意《い》周《しゅう》到《とう》
用意が行き届いていて準備に手抜かりがないこと。

19 漫《まん》言《げん》放《ほう》語《ご》
口から出まかせに、言いたい放題に言い散らすこと。

20 意《い》気《き》衝《しょう》天《てん》
意気が天をつくほどである意から、非常に意気込みが盛んなこと。

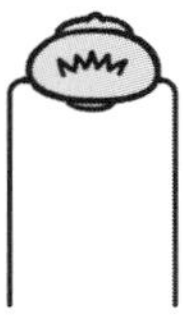

頻出度
B
ランク

四字熟語②

目標時間 10分

1回目 ／20

2回目 ／20

● 文中の**四字熟語**の――線の**カタカナ**を**漢字二字**で答えよ。

☐ **1** 人の生き方は**センサ万別**である。

☐ **2** **危急ソンボウ**の決断の時が来た。

☐ **3** **チョクジョウ径行**の性格を改めたい。

☐ **4** **ソッセン垂範**をモットーにしている。

☐ **5** **喜怒アイラク**をストレートに出す。

☐ **6** **起死カイセイ**の勝負に出る。

☐ **7** **ガデン引水**の説ばかり唱える。

☐ **8** **ココン東西**の楽しい話を集める。

解答と解説

1 千《せん》差《さ》万《ばん》別《べつ》　物事には多くの種類や差異があること。「万別」は「まんべつ」とも読む。

2 危《き》急《きゅう》存《そん》亡《ぼう》　危機が迫っていて、生き残るか死ぬかの瀬戸ぎわ。

3 直《ちょく》情《じょう》径《けい》行《こう》　自分の感情のままに言ったり行動にあらわしたりすること。

4 率《そっ》先《せん》垂《すい》範《はん》　人の先頭に立って模範を示すこと。

5 喜《き》怒《ど》哀《あい》楽《らく》　人間が持っているさまざまな感情のこと。喜び・怒り・悲しみ・楽しみの四つの情をいう。

6 起《き》死《し》回《かい》生《せい》　死にかけた人を生き返らせる意から、危機的な状況を立て直し、一気に勢いを盛り返すこと。「回生起死」ともいう。

7 我《が》田《でん》引《いん》水《すい》　自分の田にだけ水を引く意から、自分に都合のいいように言ったり行ったりすること。「我が田へ水を引く」とも読む。

8 古《こ》今《こん》東《とう》西《ざい》　「古今」は昔から今まで、「東西」は西も東もすべて。いつでも、どこでも。

☐ **9** **千載イチグウ**のチャンスが訪れた。

☐ **10** ささいなことに**一喜イチユウ**する。

☐ **11** どの作品も**同工イキョク**だ。

☐ **12** **驚天ドウチ**の計画が発覚する。

☐ **13** **大器バンセイ**型だと言われる。

☐ **14** **老成エンジュク**の域に達する。

☐ **15** 要望には**リンキ応変**に対応する。

☐ **16** 医療技術は**ニッシン月歩**している。

☐ **17** **センキャク万来**を目指して開店する。

☐ **18** **カチョウ風月**は日本の詩歌に欠かせない。

☐ **19** **ヒガン達成**のために努力する。

☐ **20** 困難な仕事も**円転カツダツ**にこなす。

9 **千載《せんざい》一遇《いちぐう》**
またとないよい機会のこと。「載」は年の意味で「千載」は千年の意味。

10 **一喜《いっき》一憂《いちゆう》**
物事の状況が変わるたびに、喜んだり心配したりすること。

11 **同工《どうこう》異曲《いきょく》**
詩文などで、技量が同じでも味わいや趣が異なること。転じて、見た目は異なるが、内容は似たり寄ったりであること。「異曲同工」ともいう。

12 **驚天《きょうてん》動地《どうち》**
世間を非常に驚かすこと。「天を驚かし、地を動かす」とも読む。

13 **大器《たいき》晩成《ばんせい》**
大きな器はできるのに時間がかかること。大人物は時間をかけて実力を養い、大成するということ。

14 **老成《ろうせい》円熟《えんじゅく》**
豊富な経験により、人格や知識、技能などが熟達していること。

15 **臨機《りんき》応変《おうへん》**
その場の状況に応じた適切な行動をとること。

16 **日進《にっしん》月歩《げっぽ》**
日ごとに絶えず進歩すること。

17 **千客《せんきゃく》万来《ばんらい》**
多くの客が絶え間なく入ってきて、商売が繁盛すること。「千客」は「せんかく」とも読む。

18 **花鳥《かちょう》風月《ふうげつ》**
自然の美しい風物。自然の美しさのたとえ。

19 **悲願《ひがん》達成《たっせい》**
どうしても成し遂げたいと思っていたことが、ついに成し遂げられること。

20 **円転《えんてん》滑脱《かつだつ》**
言葉や行動が角立たず、自由自在で滑らかなこと。

頻出度

Bランク

四字熟語③

目標時間 10分

1回目 ／20

2回目 ／20

● 文中の**四字熟語**の――線の**カタカナ**を**漢字二字**で答えよ。

☐ **1** **ムミ乾燥**なつまらない文章だ。

☐ **2** **メイジツ一体**でありたいものだ。

☐ **3** **ゲイイン馬食**は健康を損ねる。

☐ **4** 支配者は**セイサツ与奪**の権を握る。

☐ **5** **鼓舞ゲキレイ**して大会に送り出す。

☐ **6** **ジュウオウ無尽**の活躍を見せる。

☐ **7** 両親は**以心デンシン**の間柄だ。

☐ **8** 技術の進歩は**日進ゲッポ**だ。

解答と解説

1 **無《む》味《み》乾《かん》燥《そう》**　なんの味わいもなく、おもしろみもないこと。

2 **名《めい》実《じつ》一《いっ》体《たい》**　評判と実際が一致していること。

3 **鯨《げい》飲《いん》馬《ば》食《しょく》**　一度にたくさんのものを飲み食いすること。鯨のようにたくさんの水や酒を飲み、馬のようにたくさん食べること。

4 **生《せい》殺《さつ》与《よ》奪《だつ》**　生かすのも殺すのも、与えるのも奪うのも、思いのままであること。ほかのものを自由に支配すること。「活殺自在」も同じ意味。

5 **鼓《こ》舞《ぶ》激《げき》励《れい》**　「鼓舞」は鼓を打って舞う意で、転じて人の気持ちを元気づけること。人を奮い立たせ、励ますこと。

6 **縦《じゅう》横《おう》無《む》尽《じん》**　自由自在に物事を行うさま。思う存分に振る舞うさま。

7 **以《い》心《しん》伝《でん》心《しん》**　言葉を話さなくても、無言のうちに心が通じ合うこと。

8 **日《にっ》進《しん》月《げっ》歩《ぽ》**　日ごとに絶えず進歩すること。

□ **9** 営業会議で**ギロン百出**する。

□ **10** 父は料理が上手だと**ジガ自賛**した。

□ **11** 強敵を**イットウ両断**にする。

□ **12** **チュウヤ兼行**の復旧工事が始まる。

□ **13** **一挙リョウトク**をもくろむ。

□ **14** 突然変異と**テキシャ生存**について学ぶ。

□ **15** **コグン奮闘**の活躍ぶりだ。

□ **16** 幼いのに**リロ整然**と話す子だ。

□ **17** 趣味と実益を兼ねて**一石ニチョウ**だ。

□ **18** **キシ回生**の一打を放つ。

□ **19** **サンカン四温**の天候が続く。

□ **20** **自暴ジキ**な生活を送る。

9 議《ぎ》論《ろん》百《ひゃく》出《しゅつ》
多くの意見が出て、活発に議論されること。

10 自《じ》画《が》自《じ》賛《さん》
自分の描いた絵に、自分で賛（絵画に書き添える詩文。本来は他人に書いてもらうもの）を書くこと。転じて、自分で自分をほめること。

11 一《いっ》刀《とう》両《りょう》断《だん》
ひと太刀で真っ二つにする意から、きっぱりと決断して物事を思い切って処理すること。

12 昼《ちゅう》夜《や》兼《けん》行《こう》
昼と夜の区別もなく、物事を続けること。昼も夜も休まず道を急ぐこと。

13 一《いっ》挙《きょ》両《りょう》得《とく》
ひとつの行動によって、同時にふたつの利益を得ること。

14 適《てき》者《しゃ》生《せい》存《ぞん》
環境に適した者が生き残り、適していない者は滅びること。

15 孤《こ》軍《ぐん》奮《ふん》闘《とう》
だれも助ける者がいないなか、一人で懸命に戦うこと。

16 理《り》路《ろ》整《せい》然《ぜん》
話や考えの筋道が整っている様子。道理にあてはまっている様子。

17 一《いっ》石《せき》二《に》鳥《ちょう》
ひとつのことを行って、ふたつの利益を得ること。「一挙両得」ともいう。

18 起《き》死《し》回《かい》生《せい》
死にかけた人を生き返らせる意から、危機的な状況を立て直し、一気に勢いを盛り返すこと。「回生起死」ともいう。

19 三《さん》寒《かん》四《し》温《おん》
寒かったり、暖かかったりすること。しだいに気候が暖かくなっていくこと。

20 自《じ》暴《ぼう》自《じ》棄《き》
失敗や失望のために投げやりになり、自分を粗末にすること。やけくそになること。

頻出度

B

ランク

誤字訂正①

目標時間 12分

1回目 ／23

2回目 ／23

● 次の各文にまちがって使われている同じ読みの漢字が一字ある。上に誤字、下に正しい漢字で答えよ。

☐ 1 財政再建の目標を達成するため、関係省庁は一体となって秀到な計画を立てる。

☐ 2 この学述雑誌は人文・社会・自然科学すべての分野を扱う専門誌である。

☐ 3 有名作曲家の生端五十周年を記念して、同県人の演奏家たちがコンサートを開催した。

☐ 4 かつては発典途上国といわれた国も経済成長が著しく、今では新興国といわれている。

☐ 5 原油安は世界経済の破乱要因となり、今後の大きなリスクとなって浮上する。

☐ 6 数学の分野では副雑な数式に戸惑うことも多く、それだけで苦手意識が生まれる。

☐ 7 だれでも簡単、確実に成績が上がる効律のよい勉強法などあるはずがない。

☐ 8 スーパーや大型店の進出により地方の商店街の運影は年々厳しくなっている。

☐ 9 日本の絹産業の繁映の歴史は、その一端を富岡製糸場に見ることができる。

☐ 10 学校に行く前には、必ず教科書や筆箱などの持ち物を子供自身に覚認させている。

解答

1	2	3	4	5	6	7	8	9	10
秀・周	述・術	端・誕	典・展	破・波	副・複	律・率	影・営	映・栄	覚・確

☐ **11** 話し合いの場面では、司会者は衆囲の意見に耳を傾け、話の内容を整理する必要がある。

☐ **12** 海外に留学した際に、世界的な振付師によるバレエを鑑章する機会に恵まれた。

☐ **13** 問題が起こったときは現状を把握し、全員がその解決に勤めるべきである。

☐ **14** 講演会では県内で活躍する経映者の話を聞き、そのあと討論会が行われた。

☐ **15** 会社の業績が低迷している原因を探り具体的な対策を講じることで収益の回善を目指す。

☐ **16** 栄養器能食品は、人の生命や健康維持に必要な特定の栄養素の補給に利用されることを目的とした食品である。

☐ **17** 学生の就職活動を支援するため、先輩が実体検で得たコツや心構えなどを後輩に伝授する。

☐ **18** 眼鏡橋は県の文化材に指定され、県内外からの来訪者が年々増えている。

☐ **19** 大型タンカーと貨物船の衝突事故で原油が流出し、現在も徐去作業が続いている。

☐ **20** 初代南極観促船の宗谷はさまざまな役目を終えた後、現在は船の科学館に展示されている。

☐ **21** 現政権に期対する声で圧倒的に多いのは景気対策であり、今後ますます大きくなると思われる。

☐ **22** 人員を効率よく配置して現場の生産性を高めるためには詳細な工提表の作成が求められる。

☐ **23** 得意の語学力を生かして、将来は翻約家として生計を立てたいと考えている。

11	12	13	14	15	16	17	18	19	20	21	22	23
衆・周	章・賞	勤・努	映・営	回・改	器・機	検・験	材・財	徐・除	促・測	対・待	提・程	約・訳

頻出度 B ランク

書き取り①

目標時間 22分

1回目 /44

2回目 /44

● 次の——線のカタカナを漢字に直せ。

1 ダンリュウに乗って魚が北上する。
2 母が毎年ウメボしをつけている。
3 贈り物を紙でホウソウしてもらう。
4 ボウメイ希望者を受け入れる。
5 「風林火山」をハタジルシにする。
6 観葉植物を暖かい部屋にウツす。
7 雨水利用ソウチを庭に設置する。
8 会社のギョウセキが回復した。
9 ケイカイな音楽に合わせて踊る。
10 何とか勇気をフルい起こす。

解答

1 暖流
2 梅干
3 包装 辞
4 亡命 辞
5 旗印
6 移
7 装置
8 業績
9 軽快
10 奮

11 親の敵をカタトキも忘れない。
12 治療したハトを空にときハナつ。
13 薬で病気がゲキテキに回復した。
14 勝利にカンシュウが熱狂した。
15 家で犬をカうことになった。
16 軽々とコメダワラを持ち上げた。
17 不注意な言動でボケツを掘る。
18 姉は頭もヨウシもよい。
19 清潔な部屋でカイテキに暮らす。
20 大キボな停電が起こった。

解答

11 片時 辞
12 放
13 劇的
14 観衆
15 飼
16 米俵
17 墓穴 辞
18 容姿
19 快適
20 規模

21 大相撲《おおずもう》の世界ではまげを**ユ**う。

22 対戦相手の言葉に**コウフン**する。

23 社会環境の変化に**コオウ**する。

24 数学では**ゲンミツ**な解答が必要だ。

25 会社の役員が**サッシン**された。

26 先輩の意見に**サンドウ**する。

27 寒さで**コキザ**みに震える。

28 **セイイ**ある態度に好感を持つ。

29 スポンジで汚れた皿を**アラ**う。

30 このチームには**イキオ**いがある。

31 妹は気立ての**ヤサ**しい女の子だ。

32 祖父は人間の**ウツワ**が大きい。

33 その本は評論家に**ゼッサン**された。

34 **マドベ**から見える景色が美しい。

21	結
22	興奮
23	呼応
24	厳密
25	刷新 辞
26	賛同
27	小刻
28	誠意 辞
29	洗
30	勢
31	優
32	器
33	絶賛
34	窓辺

35 出番までベンチで**タイキ**する。

36 授業で詩を**ロウドク**した。

37 三人の子供を**ヤシナ**う。

38 **エンゲキ**部に入部する。

39 悪い事をしたら**アヤマ**りなさい。

40 洗ったセーターが**チヂ**んだ。

41 美しい**イズミ**の水をくむ。

42 あまりのことに**ナグサ**める言葉もない。

43 **テイサイ**ばかり気にしている。

44 **チョメイ**な評論家が書いた本だ。

35	待機
36	朗読
37	養
38	演劇
39	謝
40	縮
41	泉
42	慰
43	体裁 辞
44	著名

意味をCheck!

3 包装…物をつつむこと。そのうわづつみ。

4 亡命…政治、思想、民族的な事情などにより、迫害を受けたり、迫害を受ける危険性がある場合に、外国へ逃れること。

11 片時…少しの間。ほんのしばらくの間。

17 墓穴…遺体や遺骨をほうむるあな。はかあな。

25 刷新…支障を除いて、まったく新しい物にすること。

28 誠意…私利・私欲を離れて、正直に熱心に対応する。

43 体裁…一定の形式。外見。

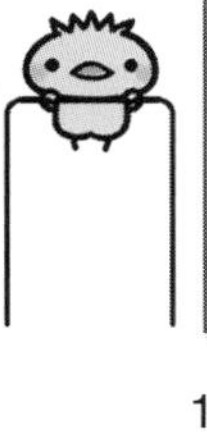

頻出度 B ランク

書き取り②

目標時間 22分

1回目 /44

2回目 /44

● 次の――線のカタカナを漢字に直せ。

1 ドクソウ性に富んだ企画だ。
2 家庭ホウモンで先生を迎える。
3 結婚式でおヨメさんの写真を撮る。
4 買い物にテサげ袋を持参する。
5 ビルの完成予想モケイを見た。
6 忠告をスナオに受け入れた。
7 体格も体力も子のほうがマサる。
8 父のイサンを相続した。
9 キモ試しに挑《ちょう》戦する。
10 新しい生活にようやくナれる。

解答
1 独創 辞
2 訪問
3 嫁
4 手提
5 模型
6 素直
7 勝
8 遺産
9 肝
10 慣

11 キクの花や葉を図案化する。
12 その夫婦はマコトの愛を貫いた。
13 国語の授業でハイクを学ぶ。
14 いすにスワってストレッチをする。
15 実体のないクウキョな生活が悲しい。
16 ワタクシゴトで会社を早退した。
17 輸入雑貨をアキナっている。
18 お坊さんがありがたい話をトく。
19 コウテイの称号を授与する。
20 ネンガンの一戸建てに住む。

解答
11 菊
12 誠
13 俳句
14 座
15 空虚 辞
16 私事
17 商
18 説
19 皇帝
20 念願

☐ 21 相手に**サト**られないように行動する。
☐ 22 浴室のタイルを**ホシュウ**する。
☐ 23 先生が児童を**インソツ**する。
☐ 24 会社の**フルカブ**が幅をきかせる。
☐ 25 軒下で小鳥が**アマヤド**りをする。
☐ 26 道路の**カクチョウ**工事が始まる。
☐ 27 不作で**コクルイ**の値段が上がる。
☐ 28 友人の話はいつも**ショウテン**がずれる。
☐ 29 うわさ話には**サイゲン**がない。
☐ 30 はじめて**ネブクロ**で寝た。
☐ 31 高層ビルが**ケイカン**を損ねる。
☐ 32 暗闇《やみ》を**テサグ**りで進んだ。
☐ 33 相談に速やかに**タイショ**する。
☐ 34 **テキセイ**なサービスが行われている。

21	22	23	24	25	26	27	28	29	30	31	32	33	34
悟	補修	引率 辞	古株	雨宿	拡張	穀類	焦点	際限 辞	寝袋	景観 辞	手探	対処	適正

☐ 35 逃げた犯人が近くに**ヒソ**んでいる。
☐ 36 **クワ**の実は木の実の一種である。
☐ 37 **ソアク**品だとは気づかなかった。
☐ 38 所得金額に応じて**カゼイ**される。
☐ 39 **ヒサ**しく友人の姿を見ていない。
☐ 40 キハダの**ジュヒ**を煮て染料を作る。
☐ 41 **オウベイ**の考え方は日本とは違う。
☐ 42 美術館が**シュウゾウ**品を展示する。
☐ 43 畑を**コ**やすのにミミズは有効だ。
☐ 44 祭り用の風船が**ハレツ**した。

35	36	37	38	39	40	41	42	43	44
潜	桑	粗悪 辞	課税	久	樹皮 辞	欧米	収蔵 辞	肥	破裂

意味をCheck!

1 独創…自分の発想でつくり出すこと。
15 空虚…内部に何もないこと。むなしいこと。
23 引率…引き連れること。
29 際限…限界。終わり。最後のところ。
31 景観…景色。素晴らしいながめ。
37 粗悪…出来や品質がよくないこと。
40 樹皮…木の表面。木の幹で、最も外側にある組織の枯死した部分。
42 収蔵…ものを取り入れてしまっておくこと。

頻出度 B ランク

書き取り③

目標時間 22分

1回目 ／44

2回目 ／44

● 次の――線のカタカナを漢字に直せ。

1 邪魔な髪の毛を後ろにユわえた。
2 メンミツな打ち合わせをする。
3 お気に入りのナエギが見つかった。
4 フシンなメールが急増している。
5 旅行先で史跡をオトズれた。
6 停泊していた船がエンジョウする。
7 書道展でカサクに入選した。
8 稲のホがくきから出て開花する。
9 交通遺児のボキンを集める。
10 カクウ請求メールが送信される。

解答
1 結
2 綿密 辞
3 苗木
4 不審 辞
5 訪
6 炎上 辞
7 佳作
8 穂
9 募金
10 架空 辞

11 ホウジンとは自国民のことをいう。
12 表情がトボしいと言われた。
13 貧困のためにガシする人がいる。
14 夏の高校野球がカイマクした。
15 データ分析で相手をマルハダカにする。
16 キフクのある山道をゆっくり登る。
17 ギョウコ剤で豆腐を作る。
18 心がユれて決断できない。
19 自宅の裏にクワバタケが広がる。
20 九州でハゲしい雨が降った。

解答
11 邦人
12 乏
13 餓死
14 開幕
15 丸裸
16 起伏
17 凝固 辞
18 揺
19 桑畑
20 激

21 新たな料理を**ソウサク**する。

22 だれにでも**クチグセ**があるものだ。

23 **タク**みな話術に思わず聞き入る。

24 **ハナヨメ**修業として料理教室に通う。

25 緊張のあまり体が**コウチョク**した。

26 **サンガク**警備隊の活動を学ぶ。

27 **ジヒ**深い人に出会った。

28 バーゲンセールが**カイサイ**中だ。

29 高校卒業後に自動車**メンキョ**を取る。

30 断られるのは**カクゴ**の上だ。

31 **コトブキ**は縁起のよい言葉だ。

32 やせたせいでベルトが**ユル**い。

33 雨が降って田畑が**ウルオ**う。

34 **キソ**年金番号を確認する。

21	22	23	24	25	26	27	28	29	30	31	32	33	34
創作	口癖	巧	花嫁	硬直	山岳	慈悲	開催	免許	覚悟 辞	寿	緩	潤	基礎

35 **グウスウ**は2で割り切れる。

36 九州まで飛行機で**オウフク**した。

37 イルカも**クジラ**の仲間である。

38 冷水を浴びて身を**キヨ**める。

39 **コフン**は権力者の墓として作られた。

40 大勢のアルバイトを**ヤト**う。

41 **ジュンスイ**な気持ちを忘れずにいたい。

42 **ゴウカ**な舞台衣装を身にまとう。

43 財布が**コゼニ**でいっぱいになる。

44 **センスイ**して川底を探検する。

35	36	37	38	39	40	41	42	43	44
偶数	往復	鯨	清	古墳	雇	純粋	豪華	小銭	潜水

意味をCheck!

2 綿密…詳しく細かいこと。すみずみまで注意が行き届いていること。

4 不審…疑わしく思うこと。疑いをもたれること。

6 炎上…火が燃え上がること。とくに神社や仏閣、城などの大きな建造物が火事で焼けること。

10 架空…根拠のないこと。想像でつくりあげること。

17 凝固…液体または気体がかたまること。

30 覚悟…困難を予想し、それに対する心構えをすること。

頻出度 B ランク

書き取り④

目標時間 22分

1回目 /44

2回目 /44

● 次の——線のカタカナを漢字に直せ。

1 衣服の破れを**ツクロ**う。
2 **サクジョ**したファイルを復元する。
3 **ソウシキ**の流れを確認する。
4 部屋の**シツド**を一定に保つ。
5 器具を使って体を**キタ**える。
6 この地域は空き巣が**シュツボツ**する。
7 **ハイキ**ガス規制が強化される。
8 アイロンをかけてしわを**ノ**ばす。
9 協会が**シンパン**の講習会を開く。
10 たまった雑誌をひもで**シバ**る。

解答
1 繕
2 削除 辞
3 葬式
4 湿度
5 鍛
6 出没 辞
7 排気
8 伸
9 審判
10 縛

11 マスクで鼻や口を**オオ**う。
12 わずかな時間も**オ**しい。
13 野生動物が**ゼツメツ**の危機になる。
14 望郷の思いは**ツノ**る一方だ。
15 貿易赤字がさらに**フク**らむ。
16 のし**ブクロ**に祝い金を入れる。
17 **タッキュウ**の大会に出場する。
18 ウナギの**チギョ**を輸入する。
19 聞き取り調査で**メイボ**を作る。
20 墓碑に名前が**ホ**られている。

解答
11 覆
12 惜
13 絶滅
14 募
15 膨
16 袋
17 卓球
18 稚魚 辞
19 名簿
20 彫

□ 21 四谷**カイダン**は夏に人気だ。
□ 22 ビル清掃で**イノチヅナ**を使う。
□ 23 秋になって**ノギク**が咲き始まる。
□ 24 日本は世界に誇る**チョウジュ**国だ。
□ 25 タバコの**ス**いがらが落ちている。
□ 26 今月は電気代が**ヘ**った。
□ 27 レストランで送別会を**モヨオ**す。
□ 28 タブレットで動画を**シチョウ**する。
□ 29 床の間に掛け**ジク**を飾る。
□ 30 通信販売で**ジョシツ**機を購入する。
□ 31 稲の**ナエ**を育てて田植えに備える。
□ 32 魚が**コ**げて煙が充《じゅう》満する。
□ 33 **フキツ**な予感が的中する。
□ 34 相手の口を**フウ**じる。

21 怪談 辞
22 命綱
23 野菊
24 長寿 辞
25 吸
26 減
27 催
28 視聴
29 軸
30 除湿 辞
31 苗
32 焦
33 不吉
34 封

□ 35 平年より気温が**ジョウショウ**する。
□ 36 **シンシュク**性のある素材が好評だ。
□ 37 土砂崩れで家屋が**ウ**もれる。
□ 38 **キップ**を買って電車に乗る。
□ 39 子供たちが**ムジャキ**に遊んでいる。
□ 40 **タイザイ**期間は一週間の予定だ。
□ 41 授業料**メンジョ**の申請をする。
□ 42 ルビーは七月の**タンジョウ**石だ。
□ 43 幼少時から**テイオウ**学を学ぶ。
□ 44 **レイトウ**食品を買いだめしておく。

35 上昇
36 伸縮
37 埋
38 切符
39 無邪気
40 滞在 辞
41 免除 辞
42 誕生
43 帝王
44 冷凍

意味をCheck!

2 削除…文章やデータなどをけずり取ること。
6 出没…現れたり隠れたりすること。
18 稚魚…卵からかえってすぐの魚。
21 怪談…化け物や幽霊などが出てくる不気味な話。

---

24 長寿…長生き。
30 除湿…しめりけを取り除くこと。
40 滞在…家を離れて、ある期間よそにとどまっていること。
41 免除…義務や役目を果たさなくてもよいと許すこと。

頻出度

B

ランク

書き取り⑤

目標時間 22分

1回目 ／44

2回目 ／44

● 次の――線のカタカナを漢字に直せ。

1 先輩はヒヨリ見主義な男だ。
2 河川敷でホクト七星を観賞する。
3 ヨーロッパのことをオウシュウという。
4 冬の大地ではトウシする人がいる。
5 栄誉のしるしとしてオウカンをいただく。
6 校庭にタイムカプセルをウめる。
7 ハダカの王様の童話を読む。
8 親子でキモダメしに参加する。
9 やっと赤ちゃんをサズかる。
10 ライターの火で髪をコがす。

解答

1 日和
2 北斗
3 欧州
4 凍死
5 王冠 辞
6 埋
7 裸
8 肝試
9 授
10 焦

11 マタギきで情報を得る。
12 中世ではキバ隊は身分の高い兵士だった。
13 友人から時計をアズかる。
14 体は大きいがまだオサナい。
15 ひと晩中病人をカンビョウする。
16 ライバルに差をつけられてクヤしい。
17 カンジュクした桃を食べる。
18 言葉巧みに人をアザムく。
19 ケイヤクの有効性について話し合う。
20 多くの人たちがギセイになった。

解答

11 又聞
12 騎馬
13 預
14 幼
15 看病
16 悔
17 完熟 辞
18 欺 辞
19 契約
20 犠牲

21 兄はいつも**カシコ**く立ち回る。
22 教会で**オゴソ**かな結婚式を挙げる。
23 子供のうちに**ハナラ**びを直す。
24 **コウカン**留学生として渡米する。
25 けがの部分に**キズグスリ**をつける。
26 **コウガイ**に家を建てる。
27 事前に**ショウダク**を得る。
28 **タマシイ**を込めた作品が完成した。
29 **ニク**まれ役を買って出る。
30 その網は目が**アラ**すぎて使えない。
31 事故にあわないよう注意を**ウナガ**す。
32 中国では日本の**スイハン**器が人気だ。
33 犯人に**ユウカン**に立ち向かう。
34 出先でトイレを**ハイシャク**した。

21 賢
22 厳
23 歯並
24 交換
25 傷薬
26 郊外 辞
27 承諾
28 魂
29 憎
30 粗
31 促
32 炊飯
33 勇敢 辞
34 拝借 辞

35 お母さんが**テマネ**きしている。
36 **ダイタン**なデザインに人気がある。
37 資料から候補者を**チュウシュツ**する。
38 感動して目が**ウル**む。
39 仏像の**チョウコク**に挑《ちょう》戦する。
40 あの経営者には強固な**テツガク**がある。
41 政策の**テンカン**をはかる。
42 親友の根性は**スジガネ**入りだ。
43 **ヒンジャク**な体を鍛える。
44 **アズキ**をひと晩水につける。

35 手招
36 大胆 辞
37 抽出 辞
38 潤
39 彫刻
40 哲学
41 転換
42 筋金
43 貧弱
44 小豆

意味をCheck!

5 王冠…王位を表すかんむり。また、栄誉のしるしとして授けられるかんむり。
17 完熟…果実や種子が十分に熟した状態になること。
18 欺く…巧妙なうそで相手をだます。
26 郊外…都市に隣接した地域。

33 勇敢…危険や困難をおそれないこと。勇気があること。
34 拝借…「借りる」をへりくだって言う語。
36 大胆…思いきりがいい行動。ずうずうしいこと。
37 抽出…全体の中から特定のものを抜き出すこと。

頻出度 B ランク

書き取り⑥

目標時間 22分

1回目 /44

2回目 /44

● 次の——線のカタカナを漢字に直せ。

1 走者はヨコナラびでゴールした。
2 今日は曇りで空がハイイロだ。
3 交渉《しょう》の成立がアヤぶまれる。
4 子供たちがネンドで作品を作る。
5 夜中にケイホウが鳴った。
6 故郷に別れをツげる。
7 これからはフクシ事業が重要だ。
8 明るい色の服がとてもニアう。
9 先生の作品をハイケンする。
10 急なフクツウで薬を飲んだ。

解答

1 横並
2 灰色
3 危
4 粘土
5 警報
6 告
7 福祉
8 似合
9 拝見
10 腹痛

11 新年の売り出しに人がナラぶ。
12 使い方についてホソク説明する。
13 リスニングで耳をナらす。
14 ふとんをマルアラいした。
15 緊急医療で患《かん》者をスクった。
16 ゴサはほんのわずかだった。
17 水泳の日本記録をジュリツした。
18 怒ると前後のミサカイがなくなる。
19 業務のコウリツ化を図る。
20 メガミの像が発掘された。

解答

11 並
12 補足
13 慣
14 丸洗
15 救
16 誤差 辞
17 樹立
18 見境
19 効率
20 女神

21 パーティーにショウタイされた。
22 博物館で古代のシンピを感じる。
23 校庭のテツボウで遊ぶ。
24 パッチワークのテンランン会に行く。
25 昨日注文した荷物がトドいた。
26 信号がテンメツしている。
27 新法案の作成をケントウする。
28 事前に危険をサッチしていた。
29 俳優の道はナマヤサしくはない。
30 電車はテイコクに駅に着いた。
31 あっけないマクギれだった。
32 これ以上改善のヨチは無い。
33 友人はほめられてテれていた。
34 両者は激しいロンセンを繰り広げた。

21	22	23	24	25	26	27	28	29	30	31	32	33	34
招待	神秘 辞	鉄棒	展覧 辞	届	点滅	検討 辞	察知	生易	定刻	幕切	余地	照	論戦

35 調味料の配合のワリアイを覚える。
36 近所のザッカ店で食料を買う。
37 スジガきのないドラマのようだ。
38 熱心な研究姿勢にケイフクする。
39 新商品のセンデンをする。
40 年月がたつとネウちが上がる。
41 ご飯はムらしたほうがおいしい。
42 旅券にはユウコウ期限がある。
43 砂糖とランオウを混ぜ合わせる。
44 ブランド品のモゾウ品が出回る。

35	36	37	38	39	40	41	42	43	44
割合 辞	雑貨	筋書 辞	敬服 辞	宣伝	値打	蒸	有効	卵黄	模造 辞

意味をCheck!

16 誤差…真の値と測定値との差。
22 神秘…人知でははかり知れない奥深い秘密。
24 展覧会…芸術品などを並べて、一般に公開すること。
27 検討…さまざまな角度から調べて、よしあしを考えること。

35 割合…全体に対する部分の数量の比率。
37 筋書き…前もって決めておいた進め方。あらすじ。
38 敬服…心から感心し、うやまうこと。
44 模造品…本物に似せて作った物。

頻出度 C ランク

読み①

目標時間 22分

1回目 /44

2回目 /44

● 次の——線の**漢字の読み**を**ひらがな**で答えよ。

1 花の香りが鼻孔をくすぐる。
2 虚飾に満ちた生活を送る。
3 何の変哲もない家が立ち並んでいた。
4 南国の海と錯覚しそうな景色だ。
5 次第に空が明るくなってきた。
6 邪念のない天使のような寝顔だ。
7 久しぶりの雨が大地を潤す。
8 重要な書類を紛失する。
9 旅館の随所に気配りが見られる。
10 前線の兵士を慰問する。

解答

1 びこう
2 きょしょく 辞
3 へんてつ 辞
4 さっかく
5 しだい
6 じゃねん 辞
7 うるお
8 ふんしつ
9 ずいしょ
10 いもん

11 横殴りの雨がしばらく続いた。
12 今年こそ優勝旗を奪回したい。
13 弟の遅刻は日常茶飯事だ。
14 祖父は篤志家として知られる。
15 付随する困難を克服する。
16 読みかけの本を机に伏せる。
17 空に美しいにじが架かる。
18 我が社は歩合制を採用している。
19 十八の年に放浪の旅に出た。
20 王位をねらって謀略を巡らす。

解答

11 よこなぐ
12 だっかい
13 さはんじ
14 とくしか 辞
15 ふずい
16 ふ
17 か
18 ぶあい
19 ほうろう
20 ぼうりゃく

21 年賀状に一枚一枚墨絵を描く。
22 電話線を地下に埋設する。
23 受験を終え虚脱感に襲われる。
24 炎天下での観戦が続いた。
25 仕事の納期を考え下請けに出す。
26 硬式野球のチームに入る。
27 顔は似ていないが実兄である。
28 鶏卵ほどの大きさのひょうが降った。
29 子供の健やかな成長を願う。
30 チームの主軸として活躍する。
31 恋人への思いに胸を焦がす。
32 嘱託社員として採用する。
33 地獄で仏に会ったような気分だ。
34 空気の約八割は窒素である。

21 すみえ
22 まいせつ 辞
23 きょだつ
24 えんてんか
25 したう
26 こうしき
27 じっけい
28 けいらん
29 すこ
30 しゅじく
31 こ
32 しょくたく 辞
33 じごく
34 ちっそ

35 随分遠くまで旅をしたものだ。
36 地元議員の事務所に陳情に行く。
37 党が二つに分裂する。
38 野菜からビタミンを摂取する。
39 春先は雪崩に注意が必要だ。
40 朝食には納豆が欠かせない。
41 上司に卑屈な態度をとる。
42 前を走る車に進路を妨害される。
43 名匠の手による五月人形を飾る。
44 サトイモは高温多湿を好む。

35 ずいぶん
36 ちんじょう 辞
37 ぶんれつ
38 せっしゅ
39 なだれ
40 なっとう
41 ひくつ 辞
42 ぼうがい
43 めいしょう
44 たしつ

意味をCheck!

2 **虚飾**…内容が伴わない外見上の飾り。みえ。
3 **変哲**…普通と違っていること、変わっていること。
6 **邪念**…悪意を秘めた考え。人の道をはずれた考え。
14 **篤志家**…弱者への思いやりがあり、社会奉仕に熱心な人。

22 **埋設**…地中に埋めて設置すること。
32 **嘱託**…ある業務に従事することを依頼すること。
36 **陳情**…政治家などに実情を訴えて、要望すること。
41 **卑屈**…いじけて自分をいやしめること。

頻出度 C ランク

読み②

目標時間 22分

1回目 /44

2回目 /44

● 次の――線の**漢字の読み**を**ひらがな**で答えよ。

1 サケは川を上って産卵する。
2 全校生徒による清掃が行われた。
3 遺産リストの一部に脱漏がある。
4 邦人の安否が気遣われている。
5 犯人の大胆な手口に驚く。
6 働き者のお嫁さんだと評判だ。
7 大きな野望を胸に秘める。
8 古代の帝国が滅んだ原因を調べる。
9 深山幽谷に分け入る。
10 イチョウは裸子植物の一種だ。

解答
1 さんらん
2 せいそう
3 だつろう 辞
4 ほうじん
5 だいたん
6 よめ
7 ひ
8 ほろ
9 ゆうこく
10 らし

11 目的もなく遠隔の地をさまよう。
12 教授は穏健な思想の持ち主だ。
13 豪華客船が港を出帆する。
14 抽象的な概念だけで人は動かない。
15 工作機械に潤滑油を入れる。
16 最近は奇怪な事件が多い。
17 昔の基軸通貨は英国ポンドだった。
18 この作品は技巧に走りすぎている。
19 学生アルバイトを急募する。
20 病院で鎮痛剤を処方された。

解答
11 えんかく
12 おんけん 辞
13 しゅっぱん
14 がいねん 辞
15 じゅんかつゆ
16 きかい
17 きじく 辞
18 ぎこう
19 きゅうぼ
20 ちんつうざい

□ 21 休日に繁華街で買い物をする。
□ 22 偶発事故が多発している。
□ 23 社員の半数が既婚者だ。
□ 24 賢明な判断を下す。
□ 25 内容の一部を削除する。
□ 26 学生時代は山岳サークルで活躍する。
□ 27 突拍子もない話を始めた。
□ 28 武者修行に明け暮れる。
□ 29 広大な地域を車で縦貫する。
□ 30 無名の画家の作品に心酔する。
□ 31 民芸店で美しい陶器を見つける。
□ 32 破廉恥な振る舞いが目立つ。
□ 33 しっかり封印して郵送する。
□ 34 四番打者の面目躍如たる一撃だ。

21 はんかがい
22 ぐうはつ
23 きこん
24 けんめい
25 さくじょ
26 さんがく
27 とっぴょうし
28 しゅぎょう
29 じゅうかん 辞
30 しんすい 辞
31 とうき
32 はれんち 辞
33 ふういん
34 やくじょ

□ 35 長い黒髪が魅力的な女性だ。
□ 36 帝国はついに滅亡した。
□ 37 『野菊の墓』を読んで涙する。
□ 38 整備士資格の保有者を優遇する。
□ 39 善悪の判断基準が揺れている。
□ 40 国力が年々衰微する。
□ 41 先賢の教えをかみしめる。
□ 42 友人の祖母の葬儀に参列する。
□ 43 暑さで素材が膨張する。
□ 44 関係者から事情を聴取する。

35 みりょく
36 めつぼう
37 のぎく
38 ゆうぐう 辞
39 ゆ
40 すいび 辞
41 せんけん
42 そうぎ
43 ぼうちょう
44 ちょうしゅ

意味をCheck!

3 脱漏…あるべきものが抜け落ちること。
12 穏健…言動や考え方が穏やかで落ち着いていること。
14 概念…物事のおおまかな意味や内容。
17 基軸…物事の中心となるもの。
29 縦貫…縦、または南北につらぬき通ること。
30 心酔…心を奪われ、夢中になること。
32 破廉恥…恥知らず。
38 優遇…手厚くもてなすこと。厚遇。
40 衰微…盛んだったものが衰えること。

頻出度 C ランク

読み③

目標時間 22分

1回目 ／44

2回目 ／44

● 次の――線の**漢字の読み**を**ひらがな**で答えよ。

□ **1** 田に苗を植える。

□ **2** いつも多数派から冷遇される。

□ **3** 心の底から哀れに思う。

□ **4** 残虐な行為を非難する。

□ **5** 走者一掃のホームランを放つ。

□ **6** 母からの手紙を開封する。

□ **7** 当たった宝くじを換金する。

□ **8** 騎手が馬上から手を振った。

□ **9** 何者かに金塊が盗まれた。

□ **10** 販売は民間に委託している。

解答

1 なえ
2 れいぐう 辞
3 あわ
4 ざんぎゃく 辞
5 いっそう 辞
6 かいふう
7 かんきん
8 きしゅ
9 きんかい
10 いたく

□ **11** 恩師は孤独な生涯《がい》を貫いた。

□ **12** 部屋の扉に錠をつける。

□ **13** 研究に精魂を傾ける。

□ **14** 寝る前に戸締まりを確認する。

□ **15** 柔道で先に技を仕掛ける。

□ **16** 街角に多くの彫刻がある。

□ **17** 天井が崩落する事故が起きた。

□ **18** 母は縫製工場で働いている。

□ **19** すべての財産を没収された。

□ **20** 勇敢な行為が命を救った。

解答

11 こどく
12 じょう
13 せいこん 辞
14 とじ
15 しか
16 ちょうこく
17 ほうらく
18 ほうせい 辞
19 ぼっしゅう
20 ゆうかん

□ 21 海に臨んだ部屋に住んでいる。
□ 22 陪審制度について議論する。
□ 23 今は辛抱の時期と心得ている。
□ 24 ひざを崩してくつろぐ。
□ 25 事件は都内某所で発生した。
□ 26 自動車の運転免許を取得する。
□ 27 卵黄と小麦粉を混ぜ合わせる。
□ 28 卓球は小学生から始めた。
□ 29 邪悪な考えが心をよぎる。
□ 30 旅先では観光ガイドが同伴する。
□ 31 内諾を得て詳細を話し合う。
□ 32 祖母は現在病魔と闘っている。
□ 33 道が三方向に分岐している。
□ 34 外国の友人と抱擁を交わす。

21 のぞ
22 ばいしん
23 しんぼう
24 くず
25 ぼうしょ
26 めんきょ
27 らんおう
28 たっきゅう
29 じゃあく 辞
30 どうはん
31 ないだく
32 びょうま
33 ぶんき 辞
34 ほうよう

□ 35 文壇の大御所と面会する。
□ 36 誘惑に打ち勝ち勉強する。
□ 37 延長戦のうえ惜しくも敗れた。
□ 38 敵を説得して翻意させる。
□ 39 通信販売で暖房器具を購入する。
□ 40 抵抗勢力を排除する。
□ 41 駅前にある分譲マンションを買う。
□ 42 市の業務を一部民間に委嘱する。
□ 43 引っ越し費用の概算を出す。
□ 44 傷口が擦れて痛い。

35 ぶんだん
36 ゆうわく
37 お
38 ほんい 辞
39 だんぼう
40 はいじょ
41 ぶんじょう
42 いしょく 辞
43 がいさん
44 す

意味をCheck!

2 冷遇…冷淡に扱うこと。低い待遇。
4 残虐…生き物に対するむごたらしい行為。
5 一掃…一気に取り除くこと。
13 精魂…たましい、精神のこと。
18 縫製…縫って衣服などを作ること。

29 邪悪…心がねじ曲がって悪意に満ちていること。
33 分岐…先が分かれること。
38 翻意…決心をひるがえすこと。
42 委嘱…仕事などを他の人に頼むこと。

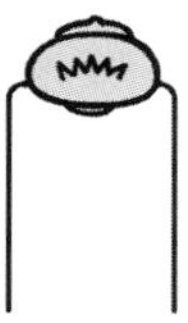

頻出度 C ランク

読み④

目標時間 22分

1回目 ／44

2回目 ／44

次の——線の**漢字の読み**を**ひらがな**で答えよ。

1 弱冠十五歳の金メダリストだ。

2 二つの感性が相克する。

3 捜《そう》査が袋小路に入り込む。

4 浮ついた空気を引き締める。

5 豚の胃袋を使った料理を作る。

6 会合で気概のある人物に出会う。

7 交差点で衝突事故が起こった。

8 マグロの濫獲を防止する。

9 予選で思わぬ苦戦を強いられる。

10 緊急地震速報で目が覚めた。

解答

1 じゃっかん

2 そうこく 辞

3 ふくろ

4 うわ

5 いぶくろ

6 きがい 辞

7 しょうとつ

8 らんかく

9 し

10 きんきゅう

11 郊外の住宅地は緑が豊かだ。

12 催眠術にかかりやすい人がいる。

13 商魂たくましい人に出会う。

14 予算を大幅に超過した。

15 祖父の長寿を祝う会が開かれた。

16 ありがたくご相伴にあずかる。

17 山火事がようやく鎮火する。

18 昔からのしきたりを墨守する。

19 多数のヨットが海上を帆走する。

20 海外留学など滅相もない話だ。

解答

11 こうがい

12 さいみん

13 しょうこん

14 ちょうか

15 ちょうじゅ

16 しょうばん 辞

17 ちんか

18 ぼくしゅ 辞

19 はんそう 辞

20 めっそう

☐ 21 資格試験に合格して免状を受け取る。
☐ 22 卵白を使った菓子を作る。
☐ 23 今の世相を慨嘆する。
☐ 24 夏季休暇中に小説を濫読する。
☐ 25 子供の将来を気に掛ける。
☐ 26 チームの機軸となって戦う。
☐ 27 室内での喫煙は原則禁止となる。
☐ 28 度重なる圧力に屈伏する。
☐ 29 情報を得て策謀を阻止する。
☐ 30 地元企業が主催するイベントに参加する。
☐ 31 忌引きで休暇をとる。
☐ 32 血液は一定の条件で凝固する。
☐ 33 海に潜って魚を捕る。
☐ 34 早鐘で危険を知って避難する。

21 めんじょう
22 らんぱく
23 がいたん 辞
24 らんどく
25 か
26 きじく
27 きつえん
28 くっぷく
29 さくぼう 辞
30 しゅさい
31 きび
32 ぎょうこ
33 もぐ
34 はやがね

☐ 35 工事が遅滞して通行止めが続く。
☐ 36 珍しい香辛料を入手する。
☐ 37 定員を超える観客が集まった。
☐ 38 パソコンの変換キーが故障する。
☐ 39 美容のために適正な湿度を保つ。
☐ 40 なつかしい映画を見て目が潤む。
☐ 41 邦楽の歴史を学ぶサークルに入る。
☐ 42 西欧の歴史を研究する。
☐ 43 災害が起こり物資の援助を哀願する。
☐ 44 騎手は華麗な手綱さばきを見せた。

35 ちたい
36 こうしんりょう
37 こ
38 へんかん
39 しつど
40 うる
41 ほうがく
42 せいおう
43 あいがん 辞
44 かれい

意味をCheck!

2 相克…対立する二つのものが、互いに争うこと。
6 気概…困難に負けずに乗り越えようとする強い気持ち。
16 相伴…正客に同行し、もてなしを受けること。
18 墨守…自己の主張などを守って変えないこと。

---

19 帆走…船が帆を張って、風の力で走ること。
23 慨嘆…うれいなげくこと。
29 策謀…はかりごとをめぐらすこと。
43 哀願…相手の同情心に訴えて、ひたすら願うこと。

頻出度 C ランク

同音・同訓異字①

目標時間 20分

1回目 /39

2回目 /39

● 次の――線の**カタカナ**にあてはまる漢字をそれぞれの**ア～オ**から**一つ**選び、**記号**で答えよ。

1 いつも小言をいわれ**ヒ**屈になる。

2 公園に石**ヒ**を建てる。

3 **ヒ**写体の背景をぼかす。

（ア 否　イ 碑　ウ 避　エ 卑　オ 被）

4 何か魂**タン**が見え隠れする。

5 心身の**タン**錬を欠かさず行う。

6 姉は**タン**整な顔立ちをしている。

（ア 鍛　イ 淡　ウ 胆　エ 丹　オ 端）

7 幹部社員を公**ボ**する。

8 天国の祖父母を追**ボ**する。

9 母は毎日家計**ボ**をつけている。

（ア 慕　イ 簿　ウ 暮　エ 墓　オ 募）

解答

1 エ 辞　2 イ　3 オ　4 ウ 辞　5 ア　6 オ　7 オ　8 ア　9 イ

10 落第して勉強不足を**ク**やむ。

11 同じ過ちを**ク**り返す。

12 古い木造家屋が**ク**ち果てる。

（ア 食　イ 朽　ウ 悔　エ 来　オ 繰）

13 質素**ケン**約に努める。

14 それは**ケン**明な判断だ。

15 陰**ケン**な手口の事件が増えている。

（ア 倹　イ 賢　ウ 険　エ 軒　オ 堅）

16 銀行が**サイ**権を放棄する。

17 借金の返済を**サイ**促する。

18 今場所は精**サイ**を欠く取り組みが多い。

（ア 彩　イ 催　ウ 歳　エ 債　オ 載）

解答

10 ウ　11 オ　12 イ　13 ア 辞　14 イ　15 ウ　16 エ　17 イ　18 ア

19 工業用の**ジュン**滑油を製造する。
20 社会のルールを**ジュン**守する。
21 劇団が**ジュン**回公演を行う。
(ア 遵　イ 潤　ウ 巡　エ 純　オ 準)

22 外野へ犠**セイ**フライを打つ。
23 **セイ**求内容を確認する。
24 丹**セイ**込めて盆栽《さい》を育てる。
(ア 牲　イ 精　ウ 請　エ 誠　オ 征)

25 鶏の**タ**き込みごはんを作る。
26 **タ**ちばさみで布を切る。
27 軒先から雨水が**タ**れる。
(ア 絶　イ 裁　ウ 断　エ 垂　オ 炊)

28 金貨を**チュウ**造する。
29 **チュウ**車スペースを確保する。
30 紅茶を上手に**チュウ**出する。
(ア 宙　イ 抽　ウ 鋳　エ 駐　オ 忠)

19 イ
20 ア 辞
21 ウ
22 ア
23 ウ
24 イ 辞
25 オ
26 イ
27 エ
28 ウ 辞
29 エ
30 イ

31 野**バン**な風習をやめさせる。
32 **バン**感胸に迫る。
33 ピアノの**バン**奏で合唱する。
(ア 伴　イ 蛮　ウ 晩　エ 盤　オ 万)

34 家の前の道路をきれいに**ハ**く。
35 池の魚が大きく**ハ**ねる。
36 車に酔って**ハ**きそうだ。
(ア 張　イ 跳　ウ 恥　エ 掃　オ 吐)

37 文字データを**フ**号化する。
38 春から海外へ**フ**任する。
39 容疑者として**フ**上する。
(ア 赴　イ 婦　ウ 普　エ 浮　オ 符)

31 イ 辞
32 オ
33 ア
34 エ
35 イ
36 オ
37 オ
38 ア
39 エ

意味をCheck!

1 卑屈…いじけて自分をいやしめること。
4 魂胆…心に抱いているたくらみのこと。
13 倹約…むだを省いて出費を少なくすること。
20 遵守…法律や決まりなどに従い、守ること。
24 丹精…真心。また、真心を込めて物事をすること。
28 鋳造…金属を溶かして鋳型に流し込み、目的の形を作ること。
31 野蛮…文化が開けていないこと。無教養で粗野なこと。

頻出度 Cランク

同音・同訓異字②

目標時間 20分

1回目 /39

2回目 /39

● 次の——線のカタカナにあてはまる漢字をそれぞれのア～オから一つ選び、記号で答えよ。

1 相手にキョウ威を与える言動は避ける。
2 紅葉の美しいキョウ谷を訪れる。
3 ジェットコースターに乗り絶キョウする。
（ア凶 イ脅 ウ叫 エ況 オ峡）

4 転んでひざにスり傷ができる。
5 空気がスんでいる。
6 ガラスの向こう側をスかし見る。
（ア済 イ透 ウ澄 エ好 オ擦）

7 馬上から矢をイる。
8 寺に寄進する鐘をイる。
9 まだまだ時間がイる。
（ア要 イ居 ウ射 エ入 オ鋳）

解答
1 イ 辞
2 オ
3 ウ
4 オ
5 ウ
6 イ
7 ウ
8 オ
9 ア

10 トク名の投書が届く。
11 祖父はトク実な人柄で知られる。
12 その計画はトク策とはいえない。
（ア匿 イ篤 ウ徳 エ得 オ特）

13 プラモデルをト装する。
14 北の空に北ト七星が見える。
15 仲間だけに本心をト露する。
（ア斗 イ徒 ウ途 エ吐 オ塗）

16 内フンの絶えない国だ。
17 古フンの発掘調査を行う。
18 フン飾決算が後を絶たない。
（ア噴 イ墳 ウ紛 エ粉 オ奮）

解答
10 ア 辞
11 イ 辞
12 エ
13 オ
14 ア
15 エ 辞
16 ウ 辞
17 イ
18 エ

19 会社でイ安旅行に出かける。
20 イ勢のよい掛け声が響く。
21 当選者を無作イに選ぶ。
（ア 慰 イ 威 ウ 依 エ 為 オ 違）

22 高校生になって身長がさらにノびる。
23 委員会で反対意見をノべる。
24 都合により予定を繰りノべる。
（ア 載 イ 述 ウ 逃 エ 延 オ 伸）

25 ジ愛に満ちたまなざしで見る。
26 二人には類ジ点がある。
27 世間のジ目を驚かす。
（ア 辞 イ 耳 ウ 磁 エ 似 オ 慈）

28 長い日照りで池の水がヒ上がる。
29 ピアノをヒきながら歌う。
30 胸の内に野望をヒめる。
（ア 引 イ 干 ウ 弾 エ 秘 オ 冷）

19 ア
20 イ
21 エ
22 オ
23 イ
24 エ
25 オ 辞
26 エ
27 イ
28 イ
29 ウ
30 エ

31 起フクの激しい山道を進む。
32 フク面をした格闘家がリングに上がる。
33 県道の拡フク工事が行われる。
（ア 伏 イ 幅 ウ 覆 エ 腹 オ 副）

34 風ガを解する心が必要だ。
35 多数のガ死者が出た。
36 彼我の力量の差は歴然としている。
（ア 我 イ 餓 ウ 雅 エ 芽 オ 賀）

37 貴重な晴れの日に布団をホす。
38 実家の畑の山芋をホる。
39 ホを上げて港を出ていく。
（ア 彫 イ 帆 ウ 干 エ 掘 オ 保）

31 ア
32 ウ
33 イ
34 ウ 辞
35 イ
36 ア
37 ウ
38 エ
39 イ

意味をCheck!

1 脅威…強い力でおびやかすこと。おびやかされ、おどされること。また、それによって感じる恐れ。
10 匿名…自分の名前を知らせないこと。
11 篤実…情にあつく誠実なこと。

15 吐露…心の内にあることを、隠さず述べること。
16 内紛…内部のもめごと、争い。
25 慈愛…親が子を思うようないつくしむ愛情。
34 風雅…上品で優美なおもむき。

頻出度
C
ランク

漢字識別①

目標時間 11分
1回目 /22
2回目 /22

● 次の三つの□に**共通する漢字**を入れて熟語を作れ。漢字はそれぞれ左側の□内から**一つ**選び、**記号**で答えよ。

1 □華・□格・□降
2 暗□・□劣・□問
3 信□・□行・□仕
4 □境・□作・絶□
5 □結・□視・□縮

ア 義　イ 佳　ウ 凝　エ 越　オ 規
カ 奉　キ 昇　ク 愚　ケ 監　コ 影

解答

1 キ　辞　昇華《しょうか》・昇格《しょうかく》・昇降《しょうこう》
2 ク　辞　暗愚《あんぐ》・愚劣《ぐれつ》・愚問《ぐもん》
3 カ　信奉《しんぼう》・奉行《ぶぎょう》・奉仕《ほうし》
4 イ　佳境《かきょう》・佳作《かさく》・絶佳《ぜっか》
5 ウ　凝結《ぎょうけつ》・凝視《ぎょうし》・凝縮《ぎょうしゅく》

6 手□・□剤・□前
7 雪□・□壊・□落
8 □露・□虐・乱□
9 屈□・雪□・恥□
10 □食・□野・□暴

ア 崩　イ 滑　ウ 辱　エ 獲　オ 錠
カ 甘　キ 倒　ク 凶　ケ 粗　コ 暴

解答

6 オ　手錠《てじょう》・錠剤《じょうざい》・錠前《じょうまえ》
7 ア　雪崩《なだれ》・崩壊《ほうかい》・崩落《ほうらく》
8 コ　暴露《ばくろ》・暴虐《ぼうぎゃく》・乱暴《らんぼう》
9 ウ　屈辱《くつじょく》・雪辱《せつじょく》・辞　恥辱《ちじょく》
10 ケ　粗食《そしょく》・辞　粗野《そや》・粗暴《そぼう》

11 □跡・□道・常□

12 同□・□奏・□走

13 現□・使□・□割

14 暖□・□端・溶鉱□

15 □情・敬□・思□

16 □越・□過・□然

ア 況　イ 超　ウ 軌　エ 途　オ 役
カ 伴　キ 炉　ク 経　ケ 房　コ 慕

11 ウ　軌跡《きせき》・軌道《きどう》・常軌《じょうき》

12 カ　同伴《どうはん》・伴奏《ばんそう》・伴走《ばんそう》

13 オ　現役《げんえき》・使役《しえき》・役割《やくわり》

14 キ　暖炉《だんろ》・炉端《ろばた》・溶鉱炉《ようこうろ》

15 コ　慕情《ぼじょう》・敬慕《けいぼ》辞・思慕《しぼ》

16 イ　超越《ちょうえつ》・超過《ちょうか》・超然《ちょうぜん》辞

17 □軍・盗□・義□

18 □慢・□急・□和

19 □楽・□人・連□

20 □妙・精□・技□

21 □気・□魚・幼□

22 □眼・□一貫・□身

ア 緊　イ 裸　ウ 邦　エ 換　オ 援
カ 稚　キ 緩　ク 雅　ケ 巧　コ 賊

17 コ　賊軍《ぞくぐん》・盗賊《とうぞく》・義賊《ぎぞく》

18 キ　緩慢《かんまん》辞・緩急《かんきゅう》・緩和《かんわ》

19 ウ　邦楽《ほうがく》・邦人《ほうじん》・連邦《れんぽう》

20 ケ　巧妙《こうみょう》辞・精巧《せいこう》・技巧《ぎこう》

21 カ　稚気《ちき》辞・稚魚《ちぎょ》・幼稚《ようち》

22 イ　裸眼《らがん》・裸一貫《はだかいっかん》・裸身《らしん》

意味をCheck!

1 昇華…固体が、直接気体になること。また、物事が一段上の状態に高められること。

2 暗愚…物事の道理を理解できず、愚かなこと。

9 恥辱…はずかしめ。

10 粗野…言動があらあらしく、下品なこと。

15 敬慕…尊敬して敬うこと。

16 超然…世俗的な物事にこだわらず、平然としているさま。

18 緩慢…動きがゆっくりしていること。処置が手ぬるいこと。

20 巧妙…非常に巧みであること。

21 稚気…子どもっぽい様子。

頻出度 C ランク

漢字識別②

目標時間 11分

1回目 ／22

2回目 ／22

● 次の三つの□に**共通する漢字**を入れて熟語を作れ。漢字はそれぞれ左側の□内から**一つ**選び、**記号**で答えよ。

1 沈□・□感・□恨

2 委□・□託・□望

3 □病・□設・□装

4 □服・□明・相□

5 □動・□突・折□

ア 簡　イ 仮　ウ 衝　エ 嘱　オ 看
カ 譲　キ 施　ク 克　ケ 屈　コ 痛

解答

1 コ　沈痛《ちんつう》・痛感《つうかん》・痛恨《つうこん》 辞

2 エ　委嘱《いしょく》・嘱託《しょくたく》・嘱望《しょくぼう》 辞

3 イ　仮病《けびょう》・仮設《かせつ》・仮装《かそう》

4 ク　克服《こくふく》・克明《こくめい》・相克《そうこく》

5 ウ　衝動《しょうどう》・衝突《しょうとつ》・折衝《せっしょう》

6 退□・□指・□託

7 雑□・自□・□事

8 歌□・石□・□文

9 □墜・衝□・追□

10 □了・□力・□惑

ア 魅　イ 粗　ウ 碑　エ 憶　オ 炊
カ 撃　キ 威　ク 屈　ケ 幹　コ 却

解答

6 ク　退屈《たいくつ》・屈指《くっし》・屈託《くったく》 辞

7 オ　雑炊《ぞうすい》・自炊《じすい》・炊事《すいじ》

8 ウ　歌碑《かひ》・石碑《せきひ》・碑文《ひぶん》

9 カ　撃墜《げきつい》・衝撃《しょうげき》・追撃《ついげき》

10 ア　魅了《みりょう》・魅力《みりょく》・魅惑《みわく》 辞

読み
同音・同訓異字
漢字識別
熟語の構成
部首
対義語・類義語
送りがな
四字熟語
誤字訂正
書き取り
模擬テスト

11 □力・□厳・脅□

12 濃□・□雪・□泊

13 栄□・□麗・豪□

14 □会・□席・祝□

15 遺□・悔□・痛□

16 浸□・□過・□視

ア 冠　イ 華　ウ 威　エ 即　オ 快
カ 淡　キ 透　ク 宴　ケ 恨　コ 超

11 ウ　威力《いりょく》・威厳《いげん》・脅威《きょうい》

12 カ　濃淡《のうたん》・淡雪《あわゆき》・淡泊《たんぱく》

13 イ　栄華《えいが》・華麗《かれい》・豪華《ごうか》

14 ク　宴会《えんかい》・宴席《えんせき》・祝宴《しゅくえん》

15 ケ　辞　遺恨《いこん》・悔恨《かいこん》・痛恨《つうこん》

16 キ　浸透《しんとう》・透過《とうか》・透視《とうし》

17 完□・□行・未□

18 □着・□泊・□流

19 潔□・難□・放浪□

20 □覧・検□・校□

21 家□・□産・牧□

22 原□・□記・名□

ア 則　イ 簿　ウ 漂　エ 閲　オ 到
カ 執　キ 儀　ク 癖　ケ 遂　コ 畜

17 ケ　辞　完遂《かんすい》・遂行《すいこう》・未遂《みすい》

18 ウ　漂着《ひょうちゃく》・漂泊《ひょうはく》・漂流《ひょうりゅう》

19 ク　辞　潔癖《けっぺき》・難癖《なんくせ》・放浪癖《ほうろうへき》

20 エ　閲覧《えつらん》・検閲《けんえつ》・校閲《こうえつ》

21 コ　家畜《かちく》・畜産《ちくさん》・牧畜《ぼくちく》

22 イ　原簿《げんぼ》・簿記《ぼき》・名簿《めいぼ》

意味をCheck!

1 **痛恨**…とても残念に感じること。うらみに思うこと。

2 **嘱望**…人の将来に期待を寄せること。

6 **屈託**…一つのことばかり気になってほかのことが手につかないこと。くよくよすること。

10 **魅惑**…人の心をひきつけ、理性を失わせて迷わすこと。

15 **遺恨**…長く忘れられない恨み。

17 **完遂**…物事を完全にやり遂げること。

19 **潔癖**…不潔さや不潔なことを極度にきらうこと。また、その性質。

頻出度 C ランク

熟語の構成①

目標時間 18分

1回目 /36

2回目 /36

● 熟語の構成のしかたには次のようなものがある。

ア 同じような意味の漢字を重ねたもの（岩石）
イ 反対または対応の意味を表す字を重ねたもの（高低）
ウ 上の字が下の字を修飾しているもの（洋画）
エ 下の字が上の字の目的語・補語になっているもの（着席）
オ 上の字が下の字の意味を打ち消しているもの（非常）

次の熟語は右のア～オのどれにあたるか、一つ選び、記号で答えよ。

1 長幼
2 投獄
3 晩鐘
4 未決
5 未婚
6 朗詠

解答と解説

1 イ（ちょうよう）
（年）長⇕（幼い）

2 エ（とうごく）
投（じる）⬆監（獄に）

3 ウ（ばんしょう）
晩（の）⬇鐘

4 オ（みけつ）
未（否定）＋決（まる）。「きまらない」の意味。

5 オ（みこん）
未（否定）＋（結）婚。「結婚していない」の意味。

6 ウ（ろうえい）
朗（らかに）⬇詠（う）

7 引率
8 栄冠
9 往復
10 怪獣
11 侵犯
12 無為

解答と解説

7 ア（いんそつ）
どちらも「ひきいる」の意味。

8 ウ（えいかん）
栄（える）⬇冠（かんむり）

9 イ（おうふく）
往（いく）⇕復（かえる）

10 ウ（かいじゅう）
怪（しい）⬇獣

11 ア（しんぱん）
どちらも「おかす」の意味。

12 オ（むい）
無（否定）＋為（何かをする）。「何もしない」の意味。

□ **13** 邦楽

□ **14** 応募

□ **15** 廉売

□ **16** 譲歩

□ **17** 家畜

□ **18** 円卓

□ **19** 呼応

□ **20** 敢行

13 ウ（ほうがく） 邦（日本の）⬇（音）楽

14 エ（おうぼ） 応（ずる）⬆募（集に）

15 ウ（れんばい） 廉（安く）⬇売（る）

16 エ（じょうほ） 譲（る）⬆歩（道、主張などを）

17 ウ（かちく） 家（で）⬇畜える（養う、飼う鳥獣）

18 ウ（えんたく） 円（まるい）⬇卓（机）

19 イ（こおう） 呼（ぶ）⬍応（じる）

20 ウ（かんこう） 敢（あえて）⬇行（う）

□ **21** 敢闘

□ **22** 濃紺

□ **23** 吉兆

□ **24** 強奪

□ **25** 怪力

□ **26** 脱藩

□ **27** 既知

□ **28** 粘膜

21 ウ（かんとう） （勇）敢（に）⬇闘（う）

22 ウ（のうこん） 濃（い）⬇紺（色）

23 ウ（きっちょう） 吉（よいことの）⬇兆（し）（前ぶれ）

24 ウ（ごうだつ） 強（引に）⬇奪（う）

25 ウ（かいりき） 怪（並はずれて強い）⬇力

26 エ（だっぱん） 脱（する）⬆藩（を）

27 ウ（きち） 既（に）⬇知（っている）

28 ウ（ねんまく） 粘（りけのある）⬇膜

□ **29** 硬球

□ **30** 概算

□ **31** 暖炉

□ **32** 耐震

□ **33** 陳述

□ **34** 鐘楼

□ **35** 入籍

□ **36** 干満

29 ウ（こうきゅう） 硬（い）⬇球

30 ウ（がいさん） 概（おおよその）⬇計（算）

31 ウ（だんろ） 暖（かい）⬇炉

32 エ（たいしん） 耐（える）⬆（地）震（に）

33 ア（ちんじゅつ） どちらも「のべる」の意味。

34 ウ（しょうろう） 鐘（をつるす）⬇楼（建物）

35 エ（にゅうせき） 入（れる）⬆籍（に）

36 イ（かんまん） 干（潮）⬍満（潮）

頻出度 C ランク

部首①

目標時間 19分

1回目 /38

2回目 /38

● 次の漢字の**部首**をア～エから**一つ**選び、**記号**で答えよ。

1 戦（ア 戈 イ 十 ウ 、 エ 田）

2 農（ア 日 イ 二 ウ 辰 エ 厂）

3 幻（ア フ イ ノ ウ 幺 エ ム）

4 祉（ア 止 イ ト ウ ネ エ 一）

5 義（ア 戈 イ 𦍌 ウ 弋 エ 羊）

6 麦（ア 二 イ 麦 ウ 丨 エ 夂）

7 隷（ア 隶 イ 士 ウ 示 エ 亅）

8 臨（ア 口 イ ノ ウ 一 エ 臣）

解答

1 ア（ほこづくり　ほこがまえ）

2 ウ（しんのたつ）

3 ウ（よう　いとがしら）

4 ウ（しめすへん）

5 エ（ひつじ）

6 イ（むぎ）

7 ア（れいづくり）

8 エ（しん）

9 搾（ア 扌 イ 穴 ウ 二 エ 宀）

10 執（ア し イ 土 ウ ノ エ 二）

11 慌（ア 亠 イ し ウ 艹 エ 忄）

12 壱（ア 士 イ 匕 ウ 冖 エ し）

13 驚（ア 攵 イ 馬 ウ 灬 エ 艹）

14 建（ア 丨 イ 聿 ウ 二 エ 廴）

15 符（ア 𥫗 イ 亻 ウ 寸 エ 、）

16 歳（ア 厂 イ 止 ウ 戈 エ 小）

解答

9 ア（てへん）

10 イ（つち）

11 エ（りっしんべん）

12 ア（さむらい）

13 イ（うま）

14 エ（えんにょう）

15 ア（たけかんむり）

16 イ（とめる）

☐ 17 骨（ア 月　イ 骨　ウ 冖　エ 亅）
☐ 18 響（ア 音　イ 日　ウ 阝　エ 立）
☐ 19 冗（ア し　イ 一　ウ ノ　エ 冖）
☐ 20 老（ア 匕　イ 土　ウ 耂　エ 一）
☐ 21 凍（ア 日　イ 亠　ウ 十　エ 冫）
☐ 22 更（ア 曰　イ 一　ウ 田　エ ノ）
☐ 23 蔵（ア 戈　イ 臣　ウ 厂　エ 艹）
☐ 24 章（ア 立　イ 十　ウ 曰　エ 亠）
☐ 25 鼻（ア 田　イ 自　ウ 廾　エ 鼻）
☐ 26 成（ア 戈　イ 弋　ウ 一　エ ノ）
☐ 27 縫（ア 辶　イ 幺　ウ 夆　エ 糸）

17 イ（ほね）
18 ア（おと）
19 エ（わかんむり）
20 ウ（おいかんむり おいがしら）
21 エ（にすい）
22 ア（ひらび いわく）
23 エ（くさかんむり）
24 ア（たつ）
25 エ（はな）
26 ア（ほこづくり ほこがまえ）
27 エ（いとへん）

☐ 28 慮（ア 田　イ 虍　ウ 广　エ 心）
☐ 29 芳（ア 艹　イ 亠　ウ 方　エ ノ）
☐ 30 邦（ア 士　イ 阝　ウ ノ　エ 二）
☐ 31 糧（ア 曰　イ 里　ウ 一　エ 米）
☐ 32 陶（ア 勹　イ 山　ウ 阝　エ 缶）
☐ 33 湾（ア 冫　イ 氵　ウ 弓　エ 亠）
☐ 34 案（ア 木　イ 女　ウ 一　エ 宀）
☐ 35 暦（ア ノ　イ 厂　ウ 木　エ 日）
☐ 36 疑（ア 矢　イ 𠤕　ウ 疋　エ 匕）
☐ 37 震（ア 厂　イ ⻗　ウ 辰　エ 冖）
☐ 38 濫（ア 皿　イ 臣　ウ 氵　エ 二）

28 エ（こころ）
29 ア（くさかんむり）
30 イ（おおざと）
31 エ（こめへん）
32 ウ（こざとへん）
33 イ（さんずい）
34 ア（き）
35 エ（ひ）
36 ウ（ひき）
37 イ（あめかんむり）
38 ウ（さんずい）

頻出度 C ランク

対義語・類義語①

目標時間 11分

1回目 /22

2回目 /22

● 次の1 2、それぞれの下の□内のひらがなを漢字に直して□に入れ、**対義語・類義語**を作れ。□内のひらがなは**一度だけ**使い、**一字**で答えよ。

1 対義語

1 劣悪—□良

2 短縮—□長

3 諮問—答□

4 実像—□像

5 必然—□然

類義語

6 無視—黙□

7 下品—□卑

8 誘導—□内

9 尋常—普□

10 使命—□務

あん	えん	きょ	ぐう	さつ	しん	せき	つう	や	ゆう

解答

1 辞 劣悪《れつあく》—優良《ゆうりょう》

2 短縮《たんしゅく》—延長《えんちょう》

3 辞 諮問《しもん》—答申《とうしん》

4 実像《じつぞう》—辞 虚像《きょぞう》

5 必然《ひつぜん》—偶然《ぐうぜん》

6 無視《むし》—辞 黙殺《もくさつ》

7 下品《げひん》—辞 野卑《やひ》

8 誘導《ゆうどう》—案内《あんない》

9 辞 尋常《じんじょう》—普通《ふつう》

10 使命《しめい》—責務《せきむ》

2

対義語

☐ 11 質素—豪□

☐ 12 乾燥—□潤

☐ 13 悲報—□報

☐ 14 辞退—承□

☐ 15 強制—□意

☐ 16 早婚—□婚

類義語

☐ 17 明朗—□活

☐ 18 釈明—□解

☐ 19 互角—匹□

☐ 20 周到—綿□

☐ 21 専有—□占

☐ 22 派手—華□

か	かい	しつ	だく	てき	どく	にん	ばん	び	べん	みつ	ろう

11 辞 質素《しっそ》—豪華《ごうか》

12 乾燥《かんそう》—湿潤《しつじゅん》

13 悲報《ひほう》—辞 朗報《ろうほう》

14 辞退《じたい》—承諾《しょうだく》

15 強制《きょうせい》—任意《にんい》

16 早婚《そうこん》—晩婚《ばんこん》

17 辞 明朗《めいろう》—快活《かいかつ》

18 釈明《しゃくめい》—弁解《べんかい》

19 互角《ごかく》—辞 匹敵《ひってき》

20 周到《しゅうとう》—綿密《めんみつ》

21 専有《せんゆう》—独占《どくせん》

22 派手《はで》—華美《かび》

意味をCheck!

1 劣悪…品質や性質などがひどくわるいこと。

3 諮問…ある問題について有識者や一定機関に意見を求めること。

4 虚像…実際とは異なる、意識してつくられた姿。

6 黙殺…無視して取り合わないこと。

7 野卑…言動が下品で洗練されていないこと。

9 尋常…特別でないこと。ふつうであること。

11 質素…飾りけのないこと。

13 朗報…よい知らせ。喜ばしい知らせ。

17 明朗…明るく朗らかで、元気のいいこと。

19 匹敵…能力や価値などを比べて同じくらいであること。

頻出度 C ランク

送りがな①

目標時間 21分

1回目 ／42

2回目 ／42

● 次の――線の**カタカナ**を**漢字一字と送りがな（ひらがな）**に直せ。

〈例〉 質問に**コタエル**。 答える

1 学校では音楽活動が**サカンダ**。

2 年上の子たちを言い**マカス**。

3 忠告を無視するのは**オロカダ**

4 お菓子の詰め合わせを**イタダク**。

5 大きな音を立てて風船が**ワレル**。

6 介護の仕事に**タズサワル**。

7 臨時で学生を三人**ヤトウ**。

8 週末に送別会を**モヨオス**。

9 ナイフで鉛筆を**ケズル**。

10 スカートが**スレル**音がする。

解答

1	盛んだ
2	負かす
3	愚かだ
4	頂く 辞
5	割れる
6	携わる
7	雇う
8	催す 辞
9	削る
10	擦れる 辞

11 シャツが汗で**シメル**。

12 長年の思いを**トゲル**。

13 人々に着席するよう**ウナガス**。

14 人前で話すのが**タクミダ**。

15 原料不足で生産が**トドコオル**。

16 新しい任地に**オモムク**。

17 いつも兄のように**シタウ**。

18 自分の部屋に装飾を**ホドコス**。

19 友人をパーティーに**サソウ**。

20 柔軟《なん》体操で全身を**ノバス**。

解答

11	湿る
12	遂げる 辞
13	促す 辞
14	巧みだ
15	滞る 辞
16	赴く 辞
17	慕う 辞
18	施す 辞
19	誘う
20	伸ばす

- **21** 運動不足で筋力が**オトロエル**。
- **22** 森林に危険な生物が**ヒソム**。
- **23** 油断をして注意を**オコタル**。
- **24** フロントに貴重品を**アズケル**。
- **25** 試合に敗れた仲間を**ナグサメル**。
- **26** 本の山が**クズレル**。
- **27** **オダヤカ**で安定した気候だ。
- **28** **クヤシイ**が相手が一枚上だ。
- **29** 夕食にてんぷらを**アゲル**。
- **30** 甘い言葉で敵を**アザムク**。
- **31** 強い口調で相手を**オドス**。
- **32** 時間がないので説明を**ハブク**。
- **33** あきらめずに最後まで**ネバル**。
- **34** 夜半の雷雨が眠りを**サマタゲル**。

21	22	23	24	25	26	27	28	29	30	31	32	33	34
衰える	潜む	怠る 辞	預ける	慰める	崩れる	穏やか	悔しい	揚げる	欺く 辞	脅す	省く	粘る	妨げる

- **35** 甘い言葉に気持ちが**ユラグ**。
- **36** あくまで自分の考えを**ツラヌク**。
- **37** 二十年勤めた会社を**ヤメル**。
- **38** 入院中の友人を**ハゲマス**。
- **39** 雨が降って森が**ウルオウ**。
- **40** 宿敵の相手を**ニクシム**。
- **41** 自らの信念に**モトヅイ**た判断だ。
- **42** 寒波が押し寄せ手足が**コゴエル**。

35	36	37	38	39	40	41	42
揺らぐ 辞	貫く	辞める	励ます	潤う	憎しむ	基づい	凍える

意味をCheck!

4 頂く…「もらう」の謙譲《けんじょう》語。

8 催す…人を集めて行事などを行う。

10 擦れる…物と物とがすれ合う。

12 遂げる…成し終える。果たす。最後に結果としてそうなる。

13 促す…あることをするようにと相手をせきたてる。

15 滞る…物事が順調に進展しない。金を払わない。

---

16 赴く…あるところへ向かう。ある状態に向かう。

17 慕う…恋しく思う。懐《なつ》かしく思う。

18 施す…付け加える。恵み与える。

23 怠る…気をゆるめる。

30 欺く…巧妙なうそで相手をだます。

36 貫く…物事を最後までやり抜くこと。

頻出度 C ランク

四字熟語①

目標時間 10分

1回目 /20

2回目 /20

● 文中の**四字熟語**の――線の**カタカナ**を**漢字二字**で答えよ。

1 **門戸カイホウ**を求める。

2 **神出キボツ**の大どろぼうだ。

3 それでは**タイギ名分**が立たない。

4 **ヘイオン無事**が何よりだ。

5 **失望ラクタン**の色を隠せない。

6 **明鏡シスイ**のように心を澄ます。

7 初孫を抱いて**キショク満面**になる。

8 家族の**無病ソクサイ**を祈る。

解答と解説

1 門《もん》戸《こ》開《かい》放《ほう》　自由に出入りできるように、制限などをなくすこと。

2 神《しん》出《しゅつ》鬼《き》没《ぼつ》　どこにでもすばやく現れたり、見えなくなったりすること。自由自在に出没すること。

3 大《たい》義《ぎ》名《めい》分《ぶん》　事を行う際の正当な理由。人として守るべき道義。

4 平《へい》穏《おん》無《ぶ》事《じ》　おだやかで、特に何事もなく安らかなこと。またその様子。

5 失《しつ》望《ぼう》落《らく》胆《たん》　すっかり望みを失って、がっかりすること。

6 明《めい》鏡《きょう》止《し》水《すい》　一点の曇りもない鏡と静かに澄んだ水。心によこしまな考えがなく、澄み切っていること。

7 喜《き》色《しょく》満《まん》面《めん》　うれしい気持ちが顔いっぱいにあふれ出ている様子。

8 無《む》病《びょう》息《そく》災《さい》　病気をせず、健康であること。

☐ **9** 古い寺の**故事ライレキ**を調べる。

☐ **10** ロボットを**遠隔ソウサ**する。

☐ **11** 全員が**イク同音**に反対した。

☐ **12** 組織内が**四分ゴレツ**している。

☐ **13** **ダイタン不敵**な行動に出る。

☐ **14** **不老チョウジュ**の秘薬を探す。

☐ **15** あの人の主張は**終始イッカン**している。

☐ **16** **悪口ゾウゴン**を浴びせる。

☐ **17** **シタサキ三寸**の調子のよい男だ。

☐ **18** **カンキュウ自在**の投球を見せる。

☐ **19** **器用ビンボウ**で出世できない。

☐ **20** 兄の行動は**ヘンゲン自在**の極みだ。

9 **故事来歴《こじらいれき》** 物事の由来や経歴。「故事」は昔あったこと、「来歴」は由来やそれまでの次第などの意。

10 **遠隔操作《えんかくそうさ》** 離れた場所にある機械などを、間接的に運転、操作すること。

11 **異口同音《いくどうおん》** 大勢が口をそろえて同じことを言うこと。みんなの意見が一致すること。

12 **四分五裂《しぶんごれつ》** 分裂してばらばらになってしまうこと。秩《ちつ》序を失い、統一が乱れることをいう。

13 **大胆不敵《だいたんふてき》** 度胸があり、物事に動じないこと。恐れを知らず、気おくれしないこと。

14 **不老長寿《ふろうちょうじゅ》** 年をとらず、長生きをすること。

15 **終始一貫《しゅうしいっかん》** 最初から最後まで、態度などが変わらないこと。

16 **悪口雑言《あっこうぞうごん》** 口汚くののしること。さんざん悪口を言うこと。また、その言葉。

17 **舌先三寸《したさきさんずん》** 口先だけで相手を丸め込むような巧みな弁舌。

18 **緩急自在《かんきゅうじざい》** 速度などを状況などに応じて速くしたり遅くしたり、自由自在に操ること。

19 **器用貧乏《きようびんぼう》** 器用で何でも一応うまくこなすため一事に集中できず、かえって大成しないこと。

20 **変幻自在《へんげんじざい》** 現れたり消えたり、思いのまま変化すること。変わり身が早いことにも用いる。

頻出度 C ランク

四字熟語②

目標時間 10分

1回目 ／20

2回目 ／20

● 文中の**四字熟語**の――線の**カタカナ**を**漢字二字**で答えよ。

☐ **1** 針小ボウダイな話にうんざりする。

☐ **2** 店は千客バンライの大にぎわいだ。

☐ **3** 世界経済はアンウン低迷している。

☐ **4** 喜色マンメンの笑みを見せる。

☐ **5** 兄の人生は順風マンパンだ。

☐ **6** 人気ゼッチョウの歌手が引退した。

☐ **7** リッシン出世に明け暮れる。

☐ **8** 臨機オウヘンの対応が必要になる。

解答と解説

1 針《しん》小《しょう》棒《ぼう》大《だい》　針ほどに小さいものを棒のように大きく言う意から、ささいなことを大げさに誇張して言うこと。

2 千《せん》客《きゃく》万《ばん》来《らい》　多くの客が絶え間なく入ってきて、商売が繁盛すること。「千客」は「せんかく」とも読む。

3 暗《あん》雲《うん》低《てい》迷《めい》　雲がたれこめて雨が降り出しそうな空模様のように、よくないことが起こりそうな気配。

4 喜《き》色《しょく》満《まん》面《めん》　うれしい気持ちが顔いっぱいにあふれ出ている様子。

5 順《じゅん》風《ぷう》満《まん》帆《ぱん》　帆に追い風をたくさん受けて船が進むように、物事が順調に、思い通りに進むこと。

6 人《にん》気《き》絶《ぜっ》頂《ちょう》　世間からの評判がこの上なく高いこと。人気が頂点に達していること。

7 立《りっ》身《しん》出《しゅっ》世《せ》　社会的に高い地位を得て、世に認められること。

8 臨《りん》機《き》応《おう》変《へん》　その場の状況に応じた適切な行動をとること。

9 イッキョ一動に注目が集まる。

10 キエン万丈の演説をする

11 妹の話は支離メツレツだ。

12 勇猛カカンに敵を攻め立てる。

13 メイキョウ止水の心境になる。

14 ジジョウ自縛に陥《おちい》り身動きがとれない。

15 刻苦ベンレイして見事合格した。

16 古今ムソウの大横綱だ。

17 首尾イッカンした論理を展開する。

18 失敗続きでコジョウ落日の気分だ。

19 その場で二者タクイツを迫られる。

20 イッキ当千の武士の集団がいた。

9 一《いっ》挙《きょ》一《いち》動《どう》
ひとつひとつのふるまい、動作。また、ちょっとしたしぐさのこと。

10 気《き》炎《えん》万《ばん》丈《じょう》
意気込みが盛んであること。

11 支《し》離《り》滅《めつ》裂《れつ》
物事に一貫性がなく、ばらばらで道筋が通っていないこと。

12 勇《ゆう》猛《もう》果《か》敢《かん》
勇ましく力強く、決断力があること。思いきりがよく屈しないこと。

13 明《めい》鏡《きょう》止《し》水《すい》
一点の曇りもない鏡と静かに澄んだ水。心によこしまな考えがなく、澄み切っていること。

14 自《じ》縄《じょう》自《じ》縛《ばく》
自分の縄で自分を縛る意から、自身の心がけや言動によって身動きがとれなくなり、苦しむこと。

15 刻《こっ》苦《く》勉《べん》励《れい》
非常に苦労をして、勉学や仕事に努め励むこと。

16 古《こ》今《こん》無《む》双《そう》
「無双」は並ぶものがない意。昔から今まで並ぶものがないほど優れていること。

17 首《しゅ》尾《び》一《いっ》貫《かん》
最初から最後まで考え方や方針が変わらないこと。筋が通っていること。

18 孤《こ》城《じょう》落《らく》日《じつ》
孤立無援の城と、西に沈みゆく夕日。落ちぶれて勢いがなくなり、ひどく心細く頼りないこと。

19 二《に》者《しゃ》択《たく》一《いつ》
二つの事柄から、どちらか一つを選ぶこと。

20 一《いっ》騎《き》当《とう》千《せん》
一人で多くの敵を相手にできるほど強いこと。人並みはずれた能力を持つ形容にも用いられる。

頻出度

C

ランク

四字熟語③

目標時間 10分

1回目 /20

2回目 /20

● 文中の**四字熟語**の——線の**カタカナ**を**漢字二字**で答えよ。

☐ **1** **タンダイ心小**なリーダーを目指す。

☐ **2** 授業が終わり**無罪ホウメン**になる。

☐ **3** **ムガ夢中**で岸まで泳いだ。

☐ **4** あのうわさは**迷惑センバン**だ。

☐ **5** 弟は**タイキ晩成**型の選手といえる。

☐ **6** 料理人として**天下ムソウ**の腕前だ。

☐ **7** **カンコン葬祭**のマナーを学ぶ。

☐ **8** **ケイコウ牛後**の志を持つ。

解答と解説

1 胆大《たんだい》心小《しんしょう》
大胆であるが細心でもあること。

2 無罪《むざい》放免《ほうめん》
勾《こう》留中の容疑者が無罪判決で釈放されること。疑いが晴れること。

3 無我《むが》夢中《むちゅう》
ひとつのことに熱中して、自分を忘れること。

4 迷惑《めいわく》千万《せんばん》
このうえなく迷惑なこと。いやな思いをすること。

5 大器《たいき》晩成《ばんせい》
大きな器はできるのに時間がかかること。大人物は時間をかけて実力を養い、大成するということ。

6 天下《てんか》無双《むそう》
この世の中に並ぶ者がいないほどすぐれているさま。

7 冠婚《かんこん》葬祭《そうさい》
元服・婚礼・葬式・祖先の祭祀《し》のことで、日本古来の重要な儀式。

8 鶏口《けいこう》牛後《ぎゅうご》
大きな組織の中で過ごすよりも、小さな集団でも長であるほうがよいということ。

9 **困苦ケツボウ**から抜け出す。

10 二人はまさに**イタイ同心**だった。

11 **コウゲン令色**な人と言われる。

12 **全身ゼンレイ**を尽くして取り組む。

13 **百鬼ヤコウ**の政財界に生きる。

14 ことさら**ヘイシン低頭**してわびる。

15 **暖衣ホウショク**の社会が理想だ。

16 **メイロン卓説**を聴きたいわけではない。

17 **悪逆ムドウ**のかぎりを尽くす。

18 **天衣ムホウ**な性格に好感を持つ。

19 **コリツ無援**で仲間がいない。

20 **不朽フメツ**の名作を読む。

9 困苦欠乏《こんくけつぼう》
生活に必要な物資が不足し苦しいこと。

10 異体同心《いたいどうしん》
体は別々だが、心はひとつに結ばれていること。夫婦の仲のよいことなどをいう。

11 巧言令色《こうげんれいしょく》
相手が気に入るように言葉を飾り、顔つきをつくろってこびへつらうこと。

12 全身全霊《ぜんしんぜんれい》
その人が持っている体力や気力のすべてのこと。

13 百鬼夜行《ひゃっきやこう》
夜中に多くの化け物が行列になって歩く意から、多くの悪人がはびこることのたとえ。

14 平身低頭《へいしんていとう》
ひれ伏して頭を下げること。恐縮すること。

15 暖衣飽食《だんいほうしょく》
暖かい衣服を着て飽きるほど食べること。ぜいたくな生活をすること。

16 名論卓説《めいろんたくせつ》
見識の高い優れた意見や議論のこと。

17 悪逆無道《あくぎゃくむどう》
道理にはずれたひどい行為。「無道」は「ぶどう」「ぶとう」とも読む。

18 天衣無縫《てんいむほう》
天女の衣に縫い目がない意から、詩文などが自然で美しいこと。人柄などが無邪気で飾り気がないこと。

19 孤立無援《こりつむえん》
味方がなくひとりぼっちで、助けてくれる者もいないこと。

20 不朽不滅《ふきゅうふめつ》
永遠に滅びることがないこと。

頻出度 C ランク

書き取り①

目標時間 22分

1回目 /44

2回目 /44

● 次の——線のカタカナを漢字に直せ。

1 肥満と病気の**インガ**関係を調べる。
2 中古車を**ワリヤス**で手に入れた。
3 ケーキを**キントウ**に切り分ける。
4 凶悪犯は次々に**ツミ**を重ねた。
5 その案には**サンピ**両論があった。
6 会見後に**シツギ**の時間をとる。
7 試合を**ジュントウ**に勝ち進んだ。
8 人の**ソンゲン**を守る活動をする。
9 事件現場からの**ホウドウ**を見た。
10 戦場で**フショウ**した兵士を運ぶ。

解答

1 因果 辞
2 割安
3 均等
4 罪
5 賛否 辞
6 質疑
7 順当
8 尊厳 辞
9 報道
10 負傷

11 知人から**ユウエキ**な情報を得た。
12 空手の**カマ**えの型を練習する。
13 子供の**ジュンシン**さに心打たれる。
14 国政選挙で当選**カクジツ**が出る。
15 賞与をすべて定期**ヨキン**にした。
16 仕事上の問題を**テイキ**する。
17 **セイザ**で自分の運勢を占う。
18 満員電車で他人と**ミッチャク**する。
19 道路の**コンザツ**が緩和された。
20 **ケンポウ**改正の議論が白熱する。

解答

11 有益
12 構
13 純真 辞
14 確実
15 預金
16 提起 辞
17 星座
18 密着
19 混雑
20 憲法

21 過去の出来事をソウキする。
22 役所に今年の収入をシンコクした。
23 試合はエンチョウ戦に入った。
24 社長のキョウチュウを推し量る。
25 義父は業界にクンリンする大物だ。
26 とれすぎたコクモツを肥料にする。
27 シャソウからの景色を楽しんだ。
28 ミヨりもなく孤独な暮らしだ。
29 相手の気持ちをスイリョウする。
30 コイの死球で乱闘になる。
31 読みたかった本をカしてもらう。
32 交通事故のトウケイをとる。
33 最悪の事態をネントウに置く。
34 妹はホガらかな性格だ。

21 想起 辞
22 申告
23 延長
24 胸中
25 君臨 辞
26 穀物
27 車窓
28 身寄
29 推量
30 故意
31 貸
32 統計
33 念頭 辞
34 朗

35 進行中のアンケンを処理した。
36 バスのウンチンを支払う。
37 銀行でサツタバを積み上げる。
38 突然エンジンがコショウした。
39 父はザッシの編集部で働く。
40 獲物に向けて矢をイる。
41 導入トウショの問題は解決した。
42 証拠を提示してギネンを晴らす。
43 事業はナカば成功したようなものだ。
44 負け試合でもサイゼンを尽くす。

35 案件
36 運賃
37 札束
38 故障
39 雑誌
40 射
41 当初
42 疑念 辞
43 半
44 最善

意味をCheck!

1 因果…もとになったことと、それにより引き起こされたこと。
5 賛否…同意と不同意。
8 尊厳…とうとくおごそか。気高いこと。おかしがたいこと。
13 純真…清らかでけがれのないこと。

16 提起…問題や話題として出すこと。
21 想起…以前のことを思いおこすこと。
25 君臨…強大な権力を持って組織などを支配すること。
33 念頭…心の中の思い。頭の中。
42 疑念…うたがわしい気持ち。

読み 同音・同訓異字 漢字識別 熟語の構成 部首 対義語・類義語 送りがな 四字熟語 誤字訂正 書き取り 模擬テスト

頻出度 C ランク

書き取り②

目標時間 22分

1回目 ／44

2回目 ／44

● 次の――線のカタカナを漢字に直せ。

1 新しい小説のコウソウを練る。
2 本州を車でジュウダンする。
3 支援物資をチョウタツする。
4 先生が集合時のテンコをとった。
5 唐辛子をフンマツにする。
6 祖父はキムズカしい性格だ。
7 手洗いとうがいで風邪をフセぐ。
8 悪夢をみてメザめがよくない。
9 カンイ包装にご協力ください。
10 貴重品を一時アズける。

解答

1 構想
2 縦断 辞
3 調達
4 点呼 辞
5 粉末
6 気難
7 防
8 目覚
9 簡易 辞
10 預

11 街にモゾウヒンが出回っている。
12 書類を作成してオウボする。
13 横ナグりの雨が吹きつける。
14 事を荒立てずにオンビンに済ます。
15 野球の国際シンゼン試合を行う。
16 カカンに攻めたが試合に敗れる。
17 電話カイセンはまだアナログだ。
18 昔カイブツと呼ばれた選手がいた。
19 月日をヘダてて差が明らかになる。
20 リンジョウ感にあふれた音質だ。

解答

11 模造品
12 応募
13 殴
14 穏便 辞
15 親善
16 果敢
17 回線
18 怪物
19 隔
20 臨場 辞

21 **ナメ**らかな肌ざわりが特徴だ。
22 候補者が**ガイトウ**で演説する。
23 新入生をクラブに**カンユウ**する。
24 **キョウリ**の村がなつかしい。
25 相手チームの打線に**キョウイ**を感じる。
26 薄暗い中で目を**コ**らして観察する。
27 世界情勢は**キンパク**している。
28 明らかにビタミンが**ケツボウ**している。
29 無農薬の**アオナ**を食べた。
30 **ケッペキ**な人は意外と多い。
31 **ゴウイン**な商法で悪評高い。
32 **ジゼン**活動に積極的に参加する。
33 重要書類を**カキトメ**で送付する。
34 試合**シュウリョウ**の笛が鳴った。

21	22	23	24	25	26	27	28	29	30	31	32	33	34
滑	街頭	勧誘	郷里 辞	脅威	凝	緊迫	欠乏	青菜	潔癖 辞	強引 辞	慈善	書留	終了

35 下部リーグから二年ぶりに**ショウカク**する。
36 よそ見をして前の車に**ショウトツ**する。
37 恥の**ウワヌ**りとはまさにこのことだ。
38 細かな点まで**サシズ**を受ける。
39 草木から天然**センリョウ**を作る。
40 基金の設立を**テイショウ**する。
41 仕事の努力が**トロウ**に終わる。
42 災害地に**カセツ**の宿泊所を建てる。
43 本社ビルは警備員が**ジョウチュウ**している。
44 魚の**ヒモノ**はおいしくて保存もきく。

35	36	37	38	39	40	41	42	43	44
昇格	衝突	上塗	指図	染料	提唱	徒労 辞	仮設	常駐	干物

意味をCheck!

2 縦断…南北の方向に通り抜けること。
4 点呼…各人の名をよんで、人員の確認をすること。
9 簡易…手軽でかんたんなこと。
14 穏便…物事をおだやかに処理すること。また、そのさま。

20 臨場…その場にのぞむこと。
24 郷里…生まれ育った土地。ふるさと。
30 潔癖…汚いことを極度にきらうこと。また、その性質。
31 強引…反対を無理やり押し切って物事を行うこと。
41 徒労…むだな苦労。

頻出度

C

ランク

書き取り③

目標時間 22分

1回目 ／44

2回目 ／44

● 次の――線のカタカナを漢字に直せ。

1 **ジョウマエ**を下ろして戸締まりをする。

2 補助金の交付**シンセイ**を行う。

3 定規で**スイチョク**の線を引く。

4 飲酒運転で事故を起こした人が**ニク**い。

5 調査のうえ、**ゼンショ**いたします。

6 足に合う**タビ**を選ぶ。

7 寝過ごして**オオアワ**てで出かける。

8 健康のために**トウブン**を控える。

9 後輩に全国大会出場を**タク**す。

10 **チュウショウ**的な議論に失望する。

解答

1 錠前
2 申請
3 垂直
4 憎
5 善処 辞
6 足袋 辞
7 大慌
8 糖分
9 託
10 抽象

11 寒さで道路が**トウケツ**する。

12 不法**トウキ**が後を絶たない。

13 父はまるで**オウボウ**な独裁者だ。

14 物も言いようで**カド**が立つ。

15 このままでは身の**ハメツ**を招く。

16 早朝から庭木を**バッサイ**する。

17 **カタガミ**を使えば簡単にできる。

18 一部**バッスイ**した内容を掲載する。

19 材料を**ゲンセン**した料理だ。

20 景気の後退で**フサイ**が膨らむ。

解答

11 凍結
12 投棄
13 横暴 辞
14 角
15 破滅
16 伐採 辞
17 型紙
18 抜粋 辞
19 厳選
20 負債

☐ **21** これまでの**シンカ**が問われる。
☐ **22** 木綿の布を赤色に**ソ**める。
☐ **23** **マギ**らわしい内容の記事が多い。
☐ **24** **ホサキ**にトンボが止まっている。
☐ **25** 昨夜からの雨で裏山が**クズ**れる。
☐ **26** 出店が相次ぎ**ホウワ**状態だ。
☐ **27** 祖父は県内で**ユビオ**りの資産家だ。
☐ **28** 営業**ボウガイ**が日常化している。
☐ **29** 今でも**マホウ**の力を信じている。
☐ **30** 本を無断で**マタガ**しされた。
☐ **31** カブトムシの**ヒョウホン**を作る。
☐ **32** 引っ越しの荷物が**カタヅ**いた。
☐ **33** 犬と**ヒツジカ**いが山を降りる。
☐ **34** 試合は**ヨクジツ**に延期された。

21	22	23	24	25	26	27	28	29	30	31	32	33	34
真価 辞	染	紛	穂先	崩	飽和	指折	妨害	魔法	又貸	標本	片付	羊飼	翌日

☐ **35** 資格があると**ユウグウ**される。
☐ **36** 売買契約を**カイジョ**した。
☐ **37** 経済に連動して**カブカ**が下がる。
☐ **38** 布を**サ**いて小物を作る。
☐ **39** **レンカ**な商品を見つける。
☐ **40** **コウソウ**ビルが立ち並んでいる。
☐ **41** **ハンカガイ**に買い物に行く。
☐ **42** 動物が雨に打たれて**アワ**れだ。
☐ **43** **ワルダク**みが明るみに出る。
☐ **44** 美しさに**エイタン**の声を上げる。

35	36	37	38	39	40	41	42	43	44
優遇	解除	株価	裂	廉価 辞	高層	繁華街	哀	悪巧	詠嘆 辞

意味をCheck!

5 善処…適切な処置をとること。
6 足袋…つま先部が二つに分かれた、足に履《は》く和装用の衣料のこと。
13 横暴…権力などをかさに物事を強引に進めること。
16 伐採…山や森などから樹木を切り出すこと。

18 抜粋…必要な部分やよい部分をぬき出すこと。
21 真価…真の能力や価値。本当の値うち。
39 廉価…値段が安いこと。
44 詠嘆…深く感動すること。

頻出度

C ランク

書き取り④

目標時間 22分

1回目 /44

2回目 /44

● 次の——線の**カタカナ**を**漢字**に直せ。

1 **オトメザ**の運勢は上々だ。
2 親切な行為が**ウラメ**に出た。
3 草木が**メバ**える季節になる。
4 社外には**ゴクヒ**の資料だ。
5 仕事の**ジッセキ**は申し分ない。
6 市場の魚を小売店に**オロ**す。
7 その考えは**キジョウ**の空論だ。
8 旅行先では案内人に**シタガ**う。
9 学校の**カダン**に直物の種をまく。
10 **カイジュウ**が登場する映画を見る。

解答

1 乙女座
2 裏目 辞
3 芽生
4 極秘 辞
5 実績
6 卸
7 机上
8 従
9 花壇
10 怪獣

11 **カイコン**した土地で農業を営む。
12 ヘリコプターを**ソウジュウ**する。
13 伝染病を発症《しょう》し**カクリ**される。
14 開始時間を**カンチガ**いする。
15 **リンジ**の会議が開かれた。
16 手続き**カンリョウ**のメールを受け取る。
17 **カンゴ**専門学校に入学する。
18 時差通勤で混雑が**カンワ**する。
19 **カンゾウ**病を発症《しょう》して入院する。
20 レース途中で**キケン**する。

解答

11 開墾 辞
12 操縦
13 隔離 辞
14 勘違
15 臨時
16 完了
17 看護
18 緩和
19 肝臓
20 棄権

21 屋外に**キツエン**所を設置する。

22 **キョジャク**体質が改善する。

23 **クツジョク**的な敗戦を喫する。

24 **キソク**正しい生活が健康を守る。

25 少年は説教に**シタウ**ちをした。

26 カーペットの下に**キュウチャク**マットを置く。

27 自己**ケイハツ**セミナーに参加する。

28 新聞に広告が**ケイサイ**される。

29 請願書を**タズサ**えて上京する。

30 オリンピック選手団を**ゲキレイ**する。

31 かぜを引きやすい**タイシツ**を改善する。

32 マッサージで**カタコ**りを解消する。

33 **コハン**の宿で静養する。

34 植物の生育には**ヒリョウ**が欠かせない。

21	喫煙
22	虚弱 辞
23	屈辱
24	規則
25	舌打
26	吸着
27	啓発 辞
28	掲載
29	携
30	激励
31	体質
32	肩凝
33	湖畔
34	肥料

35 荷物をまとめて**アワ**ただしく出かけた。

36 **コウカ**がたまって財布が膨らむ。

37 小学校の校庭で**ツナ**引きをする。

38 会議で**サイタク**の方法を決定する。

39 購入した衣服を**カミブクロ**に入れる。

40 ランナーが全力で**シッソウ**する。

41 試験は予定通り**ジッシ**する。

42 自分で**ニタ**きする習慣が身につく。

43 犯人が**テジョウ**をされて連行される。

44 **シュリョウ**免許を受けて登録する。

35	慌
36	硬貨
37	綱
38	採択 辞
39	紙袋
40	疾走 辞
41	実施
42	煮炊
43	手錠
44	狩猟

意味をCheck!

2 **裏目**…よい結果を期待したのにもかかわらず、不都合な結果に終わること。
4 **極秘**…絶対に秘密にすべきこと。
11 **開墾**…原野や山林を切り開いて田畑にすること。
13 **隔離**…へだたること。

22 **虚弱**…体がよわいこと。
27 **啓発**…人々の気がつかないような物事について教え、理解を深めさせること。
38 **採択**…いくつかあるものの中から選び取ること。
40 **疾走**…非常に速くはしること。

漢・字・パ・ズ・ル

四字熟語を探そう！

下のパズルの中には、３級までに学ぶ四字熟語が１２個隠されています。縦横斜めに読んで、全部見つけてください。

不	朽	不	滅	私	同	奇	緑	林	乱
老	二	追	私	天	奇	奇	怪	怪	飽
長	離	非	奉	自	怪	有	力	千	九
寿	公	道	公	在	笑	名	乱	変	万
放	梅	万	善	平	一	臣	神	異	環
荒	毛	絶	隠	失	無	民	辛	見	文
玉	好	無	胆	馬	位	死	人	人	端
非	事	欠	孤	立	無	援	墨	海	暴
好	多	大	択	色	冠	客	民	戦	言
戒	魔	器	義	腸	孔	客	無	術	恥

答え

不朽不滅《ふきゅうふめつ》　平穏無事《へいおんぶじ》
不老長寿《ふろうちょうじゅ》　好事多魔《こうじたま》
滅私奉公《めっしほうこう》　無位無冠《むいむかん》
奇奇怪怪《ききかいかい》　孤立無援《こりつむえん》
奇怪千万《きっかいせんばん》　文人墨客《ぶんじんぼっかく》
怪力乱神《かいりきらんしん》　人海戦術《じんかいせんじゅつ》

模擬《ぎ》テスト

実際の試験と同じ形式の模擬試験を３回掲載しています。実際の試験は60分ですので、自分で時間を計ってやってみましょう。答え合わせも正確に行いましょう。合格点の目安は200点満点中の140点（70％程度）です。

本試験形式

第1回 模擬《ぎ》テスト

目標時間 60分
合格点 140点

1回目 /200

2回目 /200

解答・解説は218〜219ページ

(一) 次の——線の漢字の読みをひらがなで記せ。

1×30 /30

1 不屈の闘魂を持った人だ。（　）
2 父は単身アメリカへ赴任した。（　）
3 虚飾をすべて取り去りなさい。（　）
4 陳腐なドラマのような出来事だ。（　）
5 心憎いばかりの演出だ。（　）
6 その曲は暫時使用停止中だ。（　）
7 路面が凍結している。（　）
8 この集団は卓越した技術力を持つ。（　）
9 子供の肥満を憂慮する。（　）
10 水産資源の濫獲は控えるべきだ。（　）
11 放浪の旅に出る。（　）
12 仕事の概要を説明する。（　）
13 遺漏なきよう頼みます。（　）
14 危篤の父のまくら元に集まる。（　）
15 伯父《おじ》は清廉な政治家だ。（　）
16 社員に倹約精神を行き渡らせる。（　）
17 大きな音に肝をつぶした。（　）
18 経営陣に待遇の改善を求めた。（　）
19 商品を台に陳列する。（　）
20 床をきれいに清掃する。（　）
21 昔はくつ下も繕ってはいたものだ。（　）
22 善人をよそおい世間の目を欺く。（　）

23 漂白剤につけ込む。（　）
24 速やかに解決するよう努める。（　）
25 大きな肉の塊にかぶりつく。（　）
26 肩凝りが職業病だ。（　）
27 公園で憩いのひとときを楽しむ。（　）
28 卵黄だけ取り分ける。（　）
29 ケーキの型にバターを塗る。（　）
30 ゴム風船を大きく膨らませる。（　）

(二)

次の――線の**カタカナ**にあてはまる漢字をそれぞれの**ア〜オ**から**一つ**選び、**記号**を記せ。

2×15
/30

1 互いに少しずつ**ジョウ**歩する。（　）
2 楽しい**ジョウ**談で人を笑わせる。（　）
3 スーツケースに**ジョウ**前をかける。（　）
（ア 状　イ 錠　ウ 譲　エ 冗　オ 嬢）

4 **ケン**明な対応が求められる。（　）
5 祖父は**ケン**実な人生を歩んだ。（　）
6 息子は**ケン**道教室に通っている。（　）
（ア 倹　イ 兼　ウ 堅　エ 剣　オ 賢）

7 森林を伐**サイ**して道を作る。（　）
8 二社共**サイ**でイベントを開く。（　）
9 **サイ**権者に追いかけられた。（　）
（ア 採　イ 催　ウ 債　エ 再　オ 裁）

10 役員の半数を女性が**シ**める。（　）
11 社員への**シ**めつけが厳しい。（　）
12 宴会で酒を**シ**いられる。（　）
（ア 敷　イ 強　ウ 絞　エ 占　オ 締）

13 丘**リョウ**に広がる花畑を歩く。（　）
14 狩**リョウ**や魚つりをして暮らす。（　）
15 工事は来年完**リョウ**する予定だ。（　）
（ア 陵　イ 猟　ウ 了　エ 量　オ 糧）

(三)

1〜5の三つの□に**共通する漢字**を入れて熟語を作れ。漢字は**ア〜コ**から**一つ**選び、**記号**を記せ。

2×5 ／10

1 放□・□除・赦□（　）

2 利□・□沢・□滑油（　）

3 □非・□認・□正（　）

4 勇□・□然・果□（　）

5 □惜・□歓・□願（　）

ア 棒	**イ** 益	**ウ** 免	**エ** 敢	**オ** 面
カ 潤	**キ** 順	**ク** 哀	**ケ** 気	**コ** 是

(四)

熟語の構成のしかたには次のようなものがある。

2×10 ／20

ア 同じような意味の漢字を重ねたもの（**岩石**）
イ 反対または対応の意味を表す字を重ねたもの（**高低**）
ウ 上の字が下の字を修飾しているもの（**洋画**）
エ 下の字が上の字の目的語・補語になっているもの（**着席**）
オ 上の字が下の字の意味を打ち消しているもの（**非常**）

次の熟語は右の**ア〜オ**のどれにあたるか、**一つ**選び、**記号**を記せ。

1 立脚（　）

2 排他（　）

3 雅俗（　）

4 汚濁（　）

5 夜霧（　）

6 起伏（　）

7 不滅（　）

8 鎮魂（　）

9 隔離（　）

10 稲穂（　）

(五) 次の漢字の**部首**を**ア〜エ**から**一つ**選び、**記号**を記せ。

1×10　／10

1 帰（ア 冖　イ 冖　ウ 扌　エ 巾）（　）
2 扇（ア 戸　イ 冫　ウ 一　エ 羽）（　）
3 遭（ア 艹　イ 一　ウ 辶　エ 日）（　）
4 緊（ア 幺　イ 臣　ウ 又　エ 糸）（　）
5 墾（ア 豕　イ 土　ウ 日　エ 艮）（　）
6 殊（ア 歹　イ 夕　ウ 木　エ 一）（　）
7 葬（ア 歹　イ 艹　ウ 匕　エ 廾）（　）
8 掌（ア ⺌　イ 冖　ウ 口　エ 手）（　）
9 欧（ア 匚　イ 人　ウ 欠　エ ノ）（　）
10 陶（ア 勹　イ 阝　ウ 缶　エ 山）（　）

(六) 後の□内のひらがなを漢字に直して□に入れ、**対義語・類義語**を作れ。□内のひらがなは一度だけ使い、**一字記入**せよ。

2×10　／20

対義語

1 違反―□守
2 優良―□悪
3 進展―停□
4 妨害―□力
5 極楽―地□

類義語

6 警護―護□
7 虚構―□空
8 技量―手□
9 辛酸―□苦
10 監禁―幽□

えい・か・きょう・ごく・こん
じゅん・たい・へい・れつ・わん

(七) 次の――線の**カタカナを漢字一字と送りがな（ひらがな）**に直せ。

2×5 ／10

〈例〉質問にコタエル。 答える

1 ニクラシイ言い方をする男だ。（　）

2 そんなにアワテナクテいいよ。（　）

3 いつも明るくてホガラカナ人だ。（　）

4 友人とはヒサシク会っていない。（　）

5 時間がユルヤカニ流れる。（　）

(八) 文中の**四字熟語**の――線の**カタカナを漢字二字**に直せ。

2×10 ／20

1 キュウタイ依然とした考え方だ。（　）

2 家族のヘイオン無事を祈る。（　）

3 ガデン引水もはなはだしい。（　）

4 自らのセンガク非才を嘆く。（　）

5 上司の発言にシツボウ落胆した。（　）

6 語学力のある人にコウキ到来だ。（　）

7 急いで失敗しては本末テントウだ。（　）

8 旅人の無病ソクサイを願う。（　）

9 キョウテン動地の離れ業を使う。（　）

10 何事も油断タイテキである。（　）

(九) 次の各文にまちがって使われている**同じ読みの漢字**が**一字**ある。**上に誤字**を、**下に正しい漢字**を記せ。

2×5 ／10

1 その野球選手のひじの手術は経験飽富な整形外科医が執刀し、無事成功した。（　・　）

2 動物や植物の姿を、まるで生きているかのように再現し得る芸術家の技工に舌を巻いた。（　・　）

3 いろいろな資料を持ち出して弁解しようとしているが、その事故を起こしたことは期成の事実として認めるべきだ。（　・　）

4 個人情報の取り扱いや安全管理のために社員教育を行い、必要かつ適切な粗置を講じる。（　・　）

5 日本に留学生を誘致することも大切だが、日本人学生の海外留学の足進も重要課題である。（　・　）

(十) 次の――線のカタカナを漢字に直せ。

2×20

/40

1 シセイが悪いと注意される。（　）

2 手をタズサえて難局を乗り切る。（　）

3 積雪で列車がジョコウ運転をする。（　）

4 実力の違いをツウセツに感じた。（　）

5 交渉がエンカツに運ぶよう工夫する。（　）

6 その作品はセンレツな印象を残した。（　）

7 その説明にはムジュンを感じる。（　）

8 ナダレに巻き込まれた。（　）

9 傷口をホウゴウする。（　）

10 情報を正確にデンタツする。（　）

11 サイフの中はほとんど空だった。（　）

12 主将が部員たちをヒキいる。（　）

13 ダマって仕事に打ち込む。（　）

14 食事をスませてから入浴する。（　）

15 背すじをノばして深呼吸をする。（　）

16 悪事のカタボウはかつぎたくない。（　）

17 みるみる表情がケワしくなった。（　）

18 あくまで正義をツラヌき通した。（　）

19 ホネオり損のくたびれもうけだ。（　）

20 ユウゲンな世界に息を飲んだ。（　）

本試験形式 第2回 模擬《ぎ》テスト

目標時間 60分
合格点 140点

1回目 ／200

2回目 ／200

解答・解説は220〜221ページ

(一) 次の――線の漢字の読みをひらがなで記せ。

1×30 ／30

1 長年の雪辱を果たす。（　）
2 仲間たちと気炎を上げる。（　）
3 運営資金は潤沢にある。（　）
4 高級感が建物の随所に見られる。（　）
5 画家の父は画廊も経営している。（　）
6 容赦のない追及が行われた。（　）
7 駅前の放置自転車は日常茶飯事だ。（　）
8 輸入禁止措置が取られる。（　）
9 あと一歩のところで惜敗した。（　）
10 犠牲者に祈りをささげる。（　）
11 今のアルバイトは歩合制だ。（　）
12 その報道に衝撃が走った。（　）
13 昨年生まれた妹は健やかに育つ。（　）
14 善意の忠告を邪推する。（　）
15 新社屋が都市の機軸となることを願う。（　）
16 英文の手紙を添削してもらう。（　）
17 著しく信用を失墜させた。（　）
18 社会常識が欠如している。（　）
19 実現には膨大な費用が必要だ。（　）
20 粗末なテントで一晩を過ごす。（　）
21 友との別れは名残惜しい。（　）
22 先生は多くの生徒に慕われた。（　）

23 産業が衰微して人口の減少が止まらない。（　　）
24 大事な話を聞き漏らす。（　　）
25 金塊の発掘でにぎわった街に出かける。（　　）
26 雨で順延された再試合に臨む。（　　）
27 ブランコを大きく揺らす。（　　）
28 焦らず冷静に行動する。（　　）
29 寒さで手足が凍えて動けない。（　　）
30 悪天候に計画を妨げられる。（　　）

（二）

次の――線の**カタカナ**にあてはまる**漢字**をそれぞれの**ア～オ**から**一つ**選び、**記号**を記せ。

2×15　／30

1 **セン**在的な需要がある。（　　）
2 感**セン**予防に手を洗う。（　　）
3 **セン**哲の教えに学ぶ。（　　）
（ア 線　イ 潜　ウ 選　エ 染　オ 先）

4 **ガイ**当する項目をチェックする。（　　）
5 山頂でしばらく感**ガイ**にひたる。（　　）
6 ようやく事件の**ガイ**況を知った。（　　）
（ア 害　イ 街　ウ 概　エ 慨　オ 該）

7 植物の気**コウ**は唇《くちびる》のような形だ。（　　）
8 家族は強**コウ**に反対した。（　　）
9 警察に身柄を**コウ**束される。（　　）
（ア 硬　イ 酵　ウ 候　エ 孔　オ 拘）

10 皮膚を**ホウ**合する。（　　）
11 リリーフ陣が**ホウ**壊した。（　　）
12 ポプリを飾って**ホウ**香を楽しむ。（　　）
（ア 芳　イ 縫　ウ 崩　エ 胞　オ 峰）

13 **ク**り返し同じ歌を歌う。（　　）
14 木々から落ちた葉が**ク**ちる。（　　）
15 いつまでも**ク**やみ続ける。（　　）
（ア 繰　イ 悔　ウ 暮　エ 朽　オ 組）

（三）

1〜5の三つの□に**共通する漢字**を入れて熟語を作れ。漢字は**ア〜コ**から**一つ**選び、**記号**を記せ。

2×5　／10

1 □惑・□導・勧□（　）

2 □着・□膜・□土（　）

3 屈□・追□・□縮（　）

4 □立・□護・抱□（　）

5 □務・□念・□行（　）

ア 粘	イ 擁	ウ 信	エ 魅	オ 伸
カ 孤	キ 誘	ク 横	ケ 執	コ 存

（四）

熟語の構成のしかたには次のようなものがある。

2×10　／20

ア 同じような意味の漢字を重ねたもの（岩石）

イ 反対または対応の意味を表す字を重ねたもの（高低）

ウ 上の字が下の字を修飾しているもの（洋画）

エ 下の字が上の字の目的語・補語になっているもの（着席）

オ 上の字が下の字の意味を打ち消しているもの（非常）

次の熟語は右の**ア〜オ**のどれにあたるか、**一つ**選び、**記号**を記せ。

1 恩恵（　）

2 不遇（　）

3 虚実（　）

4 常駐（　）

5 世代（　）

6 墨絵（　）

7 翻意（　）

8 悲哀（　）

9 脱藩（　）

10 功罪（　）

読み 同音・同訓異字 漢字識別 熟語の構成 部首 対義語・類義語 送りがな 四字熟語 誤字訂正 書き取り 模擬テスト

(五)

次の漢字の**部首**を**ア〜エ**から**一つ**選び、**記号**を記せ。

1×10 /10

1 峠（ア 上 イ 山 ウ 丨 エ 下）（　）
2 魔（ア 亠 イ 广 ウ 儿 エ 鬼）（　）
3 滞（ア 一 イ 氵 ウ 冖 エ 巾）（　）
4 壱（ア 匕 イ 士 ウ 二 エ 冖）（　）
5 某（ア 十 イ 日 ウ 木 エ 甘）（　）
6 搾（ア 宀 イ 穴 ウ 扌 エ ノ）（　）
7 殊（ア 歹 イ 夕 ウ 人 エ 木）（　）
8 卑（ア 白 イ 田 ウ 丨 エ 十）（　）
9 響（ア 幺 イ 阝 ウ 音 エ 日）（　）
10 吏（ア 一 イ 大 ウ 人 エ 口）（　）

(六)

後の□内のひらがなを漢字に直して□に入れ、**対義語・類義語**を作れ。□内のひらがなは一度だけ使い、**一字記入**せよ。

2×10 /20

対義語

1 浪費―□約
2 促進―□制
3 独創―模□
4 没落―栄□
5 末尾―冒□

類義語

6 快活―明□
7 鼓舞―激□
8 敢闘―□戦
9 早速―即□
10 回顧―追□

おく・が・こく・せつ・とう
ふん・ほう・よく・れい・ろう

（七）次の——線のカタカナを漢字一字と送りがな（ひらがな）に直せ。　2×5　/10

〈例〉質問にコタエル。［答える］

1 マズシイ暮らしに耐える。（　）
2 教会ではオゴソカナ気持ちになる。（　）
3 隣町に新たな支店をモウケタ。（　）
4 祖母は毎朝お経をトナエル。（　）
5 体力のない我が身がウラメシイ。（　）

（八）文中の四字熟語の——線のカタカナを漢字二字に直せ。　2×10　/20

1 ジュウオウ無尽に走り回る。（　）
2 温厚トクジツな人柄だ。（　）
3 タンジュン明快な授業が評判だ。（　）
4 私は薄志ジャッコウの愚か者だ。（　）
5 親の小言もバジ東風と聞き流した。（　）
6 失敗ばかりでジボウ自棄になる。（　）
7 悪口ゾウゴンを並べる。（　）
8 美辞レイクは聞き飽きた。（　）
9 絵空事ばかりで笑止センバンだ。（　）
10 前途ユウボウな選手だ。（　）

（九）次の各文にまちがって使われている同じ読みの漢字が一字ある。上に誤字を、下に正しい漢字を記せ。　2×5　/10

1 有害な化学物質などの使用を制限し、環境に拝慮した製品作りを目指している。（　・　）
2 苦手なことを無理にやらせるより、得意な分野で能力を発輝させることを重視する。（　・　）

3 最近話題となっている戒奇現象を一目見ようと、やじ馬が押し寄せた。（　・　）

4 夏休みには高原の済んだ空気の中で、ゆったりと優雅なひととときを過ごす予定だ。（　・　）

5 各年代のモニターを会場に集めて試作品を食べてもらい、その評加を調査する。（　・　）

(十) 次の――線のカタカナを漢字に直せ。

2×20　／40

1 入社したばかりでカイコされた。（　）

2 エンゲキの世界で生きる。（　）

3 美しい体型をイジする。（　）

4 将来をショクボウされている。（　）

5 アンイな気持ちで始めてしまった。（　）

6 けがをした小鳥をカンビョウする。（　）

7 ギャッキョウにも負けない男だ。（　）

8 犯人をホバクする。（　）

9 新たなスター選手がタンジョウした。（　）

10 会議はすぐにサイカイされた。（　）

11 手持ちの現金がへってしまった。（　）

12 仕事のクワしい説明を受ける。（　）

13 アツデの生地で袋を作る。（　）

14 ほ乳びんを熱湯でニて消毒する。（　）

15 夜道でコワい思いをした。（　）

16 子供の足にキズグスリをつける。（　）

17 お気に入りの皿がワれた。（　）

18 ムしぶろのように暑い。（　）

19 ハナヨメが両親に手紙を読む。（　）

20 晴れた日に服を一気にアラう。（　）

本試験形式

第3回 模擬《ぎ》テスト

目標時間 60分

合格点 140点

1回目 /200

2回目 /200

解答・解説は222〜223ページ

(一) 次の――線の漢字の読みをひらがなで記せ。

1×30 /30

1 他人から批判されて卑屈になる。（　）
2 南国の自然と海に魅了される。（　）
3 知事選に大学教授を擁立する。（　）
4 裁縫教室でワンピースを作る。（　）
5 円滑な議会運営を目指す。（　）
6 植物の生長を促進する。（　）
7 大学に進学したら山岳部に入る。（　）
8 錠剤を朝晩欠かさずに飲む。（　）
9 社長が一連の騒動を陳謝した。（　）
10 実力より性格で冷遇される。（　）
11 しばらく木陰で休憩する。（　）
12 理想と現実のずれに幻滅する。（　）
13 物語に多くの伏線を張る。（　）
14 歯の痛みが続くので鎮痛剤を飲んだ。（　）
15 学校には長い渡り廊下があった。（　）
16 あまりの出来事に我が目を疑う。（　）
17 世界を相手に果敢に戦う。（　）
18 無謀にも一人で雪山に入った。（　）
19 架空の生き物を探し続ける。（　）
20 海外で邦人が事件に巻き込まれた。（　）
21 買った商品に難癖をつける。（　）
22 遠隔操作で荷物を動かす。（　）

23 多くの問題点が浮き彫りになった。（　　）
24 目の錯覚で同じ色に見える。（　　）
25 知人が警察から事情聴取を受ける。（　　）
26 巧みな手さばきの手品師だ。（　　）
27 田舎には大きな暖炉がある。（　　）
28 祝祭日に国旗を掲げる。（　　）
29 天ぷらを上手に揚げるコツを教わる。（　　）
30 アルバイト急募のチラシを熟読する。（　　）

(二) 次の——線の**カタカナ**にあてはまる漢字をそれぞれの**ア〜オ**から**一つ**選び、**記号**を記せ。

2×15　／30

1 **タイ**慢な仕事ぶりが目立つ。（　　）
2 **タイ**動は赤ちゃんが元気な印だ。（　　）
3 沈**タイ**したムードに包まれる。（　　）
（ア 耐 イ 胎 ウ 滞 エ 怠 オ 替）

4 絶**キョウ**マシンに挑戦《ちょう》する。（　　）
5 横暴な態度で不**キョウ**を買う。（　　）
6 丁寧《ねい》な手紙に**キョウ**縮する。（　　）
（ア 凶 イ 興 ウ 脅 エ 叫 オ 恐）

7 新聞記事の一部を抜**スイ**する。（　　）
8 毎日の**スイ**事で手が荒れた。（　　）
9 印象派絵画に心**スイ**する。（　　）
（ア 吹 イ 酔 ウ 推 エ 炊 オ 粋）

10 姉は有名な看**バン**娘だ。（　　）
11 先輩は早**バン**プロに行くだろう。（　　）
12 マラソン大会で**バン**走を務める。（　　）
（ア 板 イ 伴 ウ 蛮 エ 晩 オ 番）

13 ひたすら味方の**エン**軍を待つ。（　　）
14 化学工場が爆発**エン**上した。（　　）
15 乾杯の後、祝**エン**が始まった。（　　）
（ア 援 イ 煙 ウ 炎 エ 鉛 オ 宴）

(三)

1～5の三つの□に**共通する漢字**を入れて熟語を作れ。漢字は**ア～コ**から**一つ**選び、**記号**を記せ。

2×5　／10

1 添□・掘□・□除（　）

2 □待・自□・残□（　）

3 栄□・王□・弱□（　）

4 使□・現□・□割（　）

5 激□・精□・□行（　）

ア 虐	**イ** 養	**ウ** 冠	**エ** 削	**オ** 接
カ 策	**キ** 神	**ク** 役	**ケ** 奮	**コ** 励

(四)

熟語の構成のしかたには次のようなものがある。

2×10　／20

ア 同じような意味の漢字を重ねたもの　（岩石）
イ 反対または対応の意味を表す字を重ねたもの　（高低）
ウ 上の字が下の字を修飾しているもの　（洋画）
エ 下の字が上の字の目的語・補語になっているもの　（着席）
オ 上の字が下の字の意味を打ち消しているもの　（非常）

次の熟語は右の**ア～オ**のどれにあたるか、**一つ**選び、**記号**で記せ。

1 稚魚（　）

2 邪悪（　）

3 侵犯（　）

4 共謀（　）

5 惜春（　）

6 賢愚（　）

7 慈雨（　）

8 未納（　）

9 無双（　）

10 棄権（　）

(五) 次の漢字の**部首**を**ア～エ**から**一つ**選び、**記号**を記せ。

1×10 ／10

1 辱（ア 厂　イ 十　ウ 辰　エ 寸）（　）
2 載（ア 車　イ 土　ウ 弋　エ 戈）（　）
3 匠（ア 匚　イ ノ　ウ 二　エ 斤）（　）
4 聖（ア 口　イ 耳　ウ 王　エ 一）（　）
5 痘（ア 广　イ 疒　ウ 口　エ 豆）（　）
6 斗（ア 丶　イ 冫　ウ 斗　エ 十）（　）
7 翻（ア 羽　イ 木　ウ 米　エ 田）（　）
8 辛（ア 立　イ 辛　ウ 十　エ 亠）（　）
9 戯（ア 虍　イ 丶　ウ 弋　エ 戈）（　）
10 商（ア 亠　イ 冂　ウ 一　エ 口）（　）

(六) 後の□内のひらがなを漢字に直して□に入れ、**対義語・類義語**を作れ。□内のひらがなは一度だけ使い、**一字記入**せよ。

2×10 ／20

対義語

1 冗漫－簡□
2 本業－□業
3 支配－□属
4 正統－異□
5 承諾－辞□

類義語

6 互角－□敵
7 華美－□手
8 傍観－□視
9 借金－負□
10 潤沢－□富

けつ・ざ・さい・じゅう・たい
たん・は・ひっ・ふく・ほう

(七) 次の――線のカタカナを漢字一字と送りがな(ひらがな)に直せ。

2×5 ／10

〈例〉質問にコタエル。 答える

1 軍部がクーデターをクワダテル。（　　）
2 記者が政治家に質問をアビセル。（　　）
3 剣道で上段にカマエル。（　　）
4 スルドイ感性が光る作品だ。（　　）
5 選手のイサマシイかけ声が響く。（　　）

(八) 文中の四字熟語の――線のカタカナを漢字二字に直せ。

2×10 ／20

1 利害トクシツばかり考えている。（　　）
2 リュウゲン飛語が深刻化している。（　　）
3 事はキキュウ存亡の事態だ。（　　）
4 不信感はウンサン霧消した。（　　）
5 ヒガン達成は目の前だ。（　　）
6 若いがハクガク多才な人だ。（　　）
7 質問にメイロウ快活に答える。（　　）
8 案件にソッセン垂範で取り組む。（　　）
9 刻苦ベンレイを重ねる。（　　）
10 情報に対して疑心アンキになる。（　　）

(九) 次の各文にまちがって使われている同じ読みの漢字が一字ある。上に誤字を、下に正しい漢字を記せ。

2×5 ／10

1 急な来客にも困らないよう、冷凍庫には簡単に調理できる各種食材を状備している。（　・　）
2 不況で何年も新規の採用がなく、人手不足で仕事の負担が年々大きくなっている。（　・　）

3 学校の勉強で重思しているのは、授業をその場で理解し、何回も復習することだ。（　・　）

4 じめじめして気温も上昇する梅雨の時期には、食品がカビに汚洗される危険性が高くなる。（　・　）

5 会社の機密をライバル社に盛らして金銭を受け取っていたことが明るみに出た。（　・　）

(十) 次の――線のカタカナを漢字に直せ。

2×20　／40

1 **トクシュ**な技術は必要としない。（　）

2 週末は**コンザツ**が予想される。（　）

3 **ゲンミツ**に言えば間違いだ。（　）

4 あまり**ゴラク**のない街だ。（　）

5 問題を**オンビン**に解決したい。（　）

6 エアコンが**コショウ**した。（　）

7 社会の変化を素早く**サッチ**する。（　）

8 列車の旅を**マンキツ**した。（　）

9 悪質な印象**ソウサ**が行われた。（　）

10 優勝**コウホ**の筆頭に挙げられる。（　）

11 **イナカ**で暮らす友人を訪ねる。（　）

12 秋の色が**コ**くなってきた。（　）

13 テレビの画面が**ハイイロ**になる。（　）

14 大根を土に**ウ**めて保存する。（　）

15 住み**ナ**れた土地を離れる。（　）

16 その人とは他人の**ソラニ**だ。（　）

17 **トボ**しい家計をやりくりする。（　）

18 友人を**サソ**ってドライブをする。（　）

19 **クウキョ**な毎日から抜け出したい。（　）

20 川から田に水を**ミチビ**き入れる。（　）

本試験形式

第1回 模擬《ぎ》テスト 解答と解説

問題は P200～205

(一) 読み

1 とうこん
2 ふにん
3 きょしょく
4 ちんぷ
5 こころにく
6 ざんじ
7 とうけつ
8 たくえつ
9 ゆうりょ
10 らんかく
11 ほうろう
12 がいよう
13 いろう
14 きとく
15 せいれん
16 けんやく
17 きも
18 たいぐう
19 ちんれつ
20 せいそう
21 つくろ
22 あざむ
23 ひょうはく
24 すみ
25 かたまり
26 かたこ
27 いこ
28 らんおう
29 ぬ
30 ふく

(二) 同音・同訓異字

1 ウ
2 エ
3 イ
4 オ
5 ウ
6 エ
7 ア
8 イ
9 ウ
10 エ
11 オ
12 イ
13 ア
14 イ
15 ウ

(三) 漢字識別

1 ウ
2 カ
3 コ
4 エ
5 ク

(四) 熟語の構成

1 エ
2 エ
3 イ
4 ア
5 ウ
6 イ
7 オ
8 エ
9 ア
10 ウ

(五) 部首

1 ウ（てへん）
2 ア（とだれ・とかんむり）
3 ウ（しんにょう・しんにゅう）
4 エ（いと）
5 イ（つち）
6 ア（かばねへん・いちたへん・がつへん）
7 イ（くさかんむり）
8 エ（て）
9 ウ（あくび・かける）
10 イ（こざとへん）

(一)

4「陳腐《ちんぷ》」は、ありふれていて、つまらないこと。

6「暫時《ざんじ》」は、しばらくの間。

9「憂慮《ゆうりょ》」は、心配して、心をわずらうこと。

21「繕《つくろ》う」は、衣服などのほころびや、破れを直すこと。

(三)

1「赦免《しゃめん》」は、罪や過《あやま》ちを許すこと。

4「敢然《かんぜん》」は、危険があると知りながら思い切って行うこと。「敢然と立ち向かう」などと使う。

5「哀惜《あいせき》」は、帰らないものを悲しみ悼《いた》むこと。

(四)

2「他（人）を排する」ことなので、答えはエとなる。

3「雅（優雅な様子）」と「俗（いやしいこと）」で反対の意味なので、答えはイとなる。

(六) 対義語・類義語

1 遵（遵守）
2 劣（劣悪）
3 滞（停滞）
4 協（協力）
5 獄（地獄）
6 衛（護衛）
7 架（架空）
8 腕（手腕）
9 困（困苦）
10 閉（幽閉）

(七) 送りがな

1 憎らしい
2 慌てなくて
3 朗らかな
4 久しく
5 緩やかに

(八) 四字熟語

1 旧態（旧態依然）
2 平穏（平穏無事）
3 我田（我田引水）
4 浅学（浅学非才）
5 失望（失望落胆）
6 好機（好機到来）
7 転倒（本末転倒）
8 息災（無病息災）
9 驚天（驚天動地）
10 大敵（油断大敵）

(九) 誤字訂正

1 飽↓豊
2 工↓巧
3 期↓既
4 粗↓措
5 足↓促

(十) 書き取り

1 姿勢
2 携
3 徐行
4 痛切
5 円滑
6 鮮烈
7 矛盾
8 雪崩
9 縫合
10 伝達
11 財布
12 率
13 黙
14 済
15 伸
16 片棒
17 険
18 貫
19 骨折
20 幽玄

8「魂を鎮《しず》める」ことなので、答えは工となる。
9「隔てる」「離す」はどちらも同じ意味なので、答えはアとなる。

(八)
1 旧態依然《きゅうたいいぜん》↓変化や進歩がない様子。
3 我田引水《がでんいんすい》↓自分の都合のいいように言ったり、行動したりすること。
9 驚天動地《きょうてんどうち》↓世の中をひどく驚かすこと。

(十)
16「片棒《かたぼう》をかつぐ」は、計画に加わって協力すること。悪いことに協力する場合に使うことが多い。

19「骨折《ほねお》り損《ぞん》」は、せっかくの苦労が無駄《むだ》になること。

本試験形式

第2回 模擬《ぎ》テスト 解答と解説

問題はP206～211

(一) 読み

1 せつじょく
2 きえん
3 じゅんたく
4 ずいしょ
5 がろう
6 ようしゃ
7 さはんじ
8 そち
9 せきはい
10 ぎせい
11 ぶあい
12 しょうげき
13 すこ
14 じゃすい
15 きじく
16 てんさく
17 しっつい
18 けつじょ
19 ぼうだい
20 そまつ
21 なごり
22 した
23 すいび
24 も
25 きんかい
26 のぞ
27 ゆ
28 あせ
29 こご
30 さまた

(二) 同音・同訓異字

1 イ
2 エ
3 オ
4 オ
5 エ
6 ウ
7 エ
8 ア
9 オ
10 イ
11 ウ
12 ア
13 ア
14 エ
15 イ

(三) 漢字識別

1 キ
2 ア
3 オ
4 イ
5 ケ

(四) 熟語の構成

1 ア
2 オ
3 イ
4 ウ
5 ア
6 ウ
7 エ
8 ア
9 エ
10 イ

(五) 部首

1 イ（やま）
2 エ（おに）
3 イ（さんずい）
4 イ（さむらい）
5 ウ（き）
6 ウ（てへん）
7 ア（かばねへん・いちたへん・がつへん）
8 エ（じゅう）
9 ウ（おと）
10 エ（くち）

(一)

1「雪辱《せつじょく》」は、恥をすすぐこと。負けた相手を破って名誉を取り戻すこと。

2「気炎《きえん》」は、炎のように盛んな意気。

14「邪推《じゃすい》」は、他人の気持ちを悪いほうに推測すること。

(三)

2「粘膜《ねんまく》」は、消化管などの内壁の、常に粘液で湿っている組織。

4「擁立《ようりつ》」は、支持をして、高い地位に就くようにすること。

(四)

2「遇」は、出会う、人をもてなす、などの意味。

4「駐」は、とどまる、停止する、などの意味。「常駐」は「常にとどまる」ことなので、答えはウとなる。

7「意を翻《ひるがえ》す」ことなので、答えは

(六) 対義語・類義語

1 節（節約）
2 抑（抑制）
3 倣（模倣）
4 華（栄華）
5 頭（冒頭）
6 朗（明朗）
7 励（激励）
8 奮（奮戦）
9 刻（即刻）
10 憶（追憶）

(七) 送りがな

1 貧しい
2 厳かな
3 設けた
4 唱える
5 恨めしい

(八) 四字熟語

1 縦横（縦横無尽）
2 篤実（温厚篤実）
3 単純（単純明快）
4 弱行（薄志弱行）
5 馬耳（馬耳東風）
6 自暴（自暴自棄）
7 雑言（悪口雑言）
8 麗句（美辞麗句）
9 千万（笑止千万）
10 有望（前途有望）

(九) 誤字訂正

1 拝→配
2 輝→揮
3 戒→怪
4 済→澄
5 加→価

(十) 書き取り

1 解雇
2 演劇
3 維持
4 嘱望
5 安易
6 看病
7 逆境
8 捕縛
9 誕生
10 再開
11 減
12 詳
13 厚手
14 煮
15 怖
16 傷薬
17 割
18 蒸
19 花嫁
20 洗

エとなる。

(八)
1 縦横無尽《じゅうおうむじん》↓限りがないこと。思う存分に物事を行うこと。
9 笑止千万《しょうしせんばん》↓こっけいな様子。気の毒な様子。

(十)
7「逆境《ぎゃっきょう》」は、苦労や不運の多い境遇。「逆境に負けずに努力する」などと使う。

本試験形式 第3回 模擬《ぎ》テスト 解答と解説

問題は P212〜217

（一）読み

1 ひくつ
2 みりょう
3 ようりつ
4 さいほう
5 えんかつ
6 そくしん
7 さんがく
8 じょうざい
9 ちんしゃ
10 れいぐう
11 きゅうけい
12 げんめつ
13 ふくせん
14 ちんつう
15 ろうか
16 うたが
17 かかん
18 むぼう
19 かくう
20 ほうじん
21 なんくせ
22 えんかく
23 ぼ
24 さっかく
25 ちょうしゅ
26 たく
27 だんろ
28 かか
29 あ
30 きゅうぼ

（二）同音・同訓異字

1 エ
2 イ
3 ウ
4 エ
5 イ
6 オ
7 オ
8 エ
9 イ
10 ア
11 エ
12 イ
13 ア
14 ウ
15 オ

（三）漢字識別

1 エ
2 ア
3 ウ
4 ク
5 コ

（四）熟語の構成

1 ウ
2 ア
3 ア
4 ウ
5 エ
6 イ
7 ウ
8 オ
9 オ
10 エ

（五）部首

1 ウ（しんのたつ）
2 ア（くるま）
3 ア（はこがまえ）
4 イ（みみ）
5 イ（やまいだれ）
6 ウ（とます）
7 ア（はね）
8 イ（からい）
9 エ（ほこづくり・ほこがまえ）
10 エ（くち）

（一）

9「陳謝《ちんしゃ》」は、事情を話してわびること。

13「伏線《ふくせん》」は、小説などで、後の展開に備えて、その事項をほのめかしておくこと。それとなく、前もって用意しておくこと。

21「難癖《なんくせ》」は、悪い点、非難すべき点。

（三）

2「自虐《じぎゃく》」は、自分で自分のことを苦しめること。

5「精励《せいれい》」は、仕事や勉強などに力を入れてはげむこと。「励行《れいこう》」は、決めたことをきちんとそのとおりに実行すること。

（四）

1「稚」は、幼い、若いなどの意味。「まだ十分成長していない魚」のことなので、答えはウとなる。

5「春を惜しむ」ことなので、答え

(六) 対義語・類義語

1 潔（簡潔）
2 副（副業）
3 従（従属）
4 端（異端）
5 退（辞退）
6 匹（匹敵）
7 派（派手）
8 座（座視）
9 債（負債）
10 豊（豊富）

(七) 送りがな

1 企てる
2 浴びせる
3 構える
4 鋭い
5 勇ましい

(八) 四字熟語

1 得失（利害得失）
2 流言（流言飛語）
3 危急（危急存亡）
4 雲散（雲散霧消）
5 悲願（悲願達成）
6 博学（博学多才）
7 明朗（明朗快活）
8 率先（率先垂範）
9 勉励（刻苦勉励）
10 暗鬼（疑心暗鬼）

(九) 誤字訂正

1 状→常
2 胆→担
3 思→視
4 洗→染
5 盛→漏

(十) 書き取り

1 特殊
2 混雑
3 厳密
4 娯楽
5 穏便
6 故障
7 察知
8 満喫
9 操作
10 候補
11 田舎
12 濃
13 灰色
14 埋
15 慣
16 空似
17 乏
18 誘
19 空虚
20 導

は工となる。

10「権利を放棄する」ことなので、答えは工となる。

(八)

4 雲散霧消《うんさんむしょう》→あとかたもなく消えること。

10 疑心暗鬼《ぎしんあんき》→疑う気持ちが強くなると、なんでもないことまで疑わしく思われること。「疑心、暗鬼を生ず」の略。

(十)

5「穏便《おんびん》」は、かどを立てず、おだやかに物事を行うこと。まるく収めること。

本書記載の情報は制作時点のものです。受検をお考えの方は、必ずご自身で下記の公益財団法人 日本漢字能力検定協会の発表する最新情報をご確認ください。

公益財団法人 日本漢字能力検定協会
【ホームページ】 https://www.kanken.or.jp/
＜本部＞ 京都市東山区祇園町南側 551 番地
ホームページにある「よくある質問」を読んで該当する質問がみつからなければメールフォームでお問合せください。電話でのお問合せ窓口は0120－509－315（無料）です。

◆「漢検」「漢字検定」は公益財団法人 日本漢字能力検定協会の登録商標です。

本書に関する正誤等の最新情報は、下記のアドレスでご確認ください。
https://www.seibidoshuppan.co.jp/info/hkanken3-2411

◉ 上記アドレスに掲載されていない箇所で、正誤についてお気づきの場合は、書名・質問事項・氏名・住所（またはFAX番号）を明記の上、**成美堂出版まで郵送またはFAX**でお問い合わせください。**お電話でのお問い合わせはお受けできません。**
◉ 内容によってはご質問をいただいてから回答を発送するまでお時間をいただくこともございます。
◉ 本書の内容を超える質問等にはお答えできませんので、あらかじめご了承ください。

よくあるお問い合わせ

Q 持っている辞書に掲載されている部首と、本書に掲載されている部首が違いますが、どちらが正解でしょうか？

A 辞書によっては、部首としているものが異なることがあります。**漢検の採点基準では、「漢検要覧2～10級対応 改訂版」（日本漢字能力検定協会発行）で示しているものを正解としています**ので、本書もこの基準に従っています。そのためお持ちの辞書と部首が異なることがあります。

■ 本文デザイン：HOPBOX（福井信明）
■ 本文イラスト：黒はむ
■ 編 集 協 力：knowm

頻出度順 漢字検定3級問題集

編 著 成美堂出版編集部
発行者 深見公子
発行所 成美堂出版
〒162-8445 東京都新宿区新小川町1-7
電話(03)5206-8151 FAX(03)5206-8159
印 刷 大盛印刷株式会社

ISBN978-4-415-23204-1
落丁·乱丁などの不良本はお取り替えします
定価はカバーに表示してあります

頻 出 度 順 漢字検定３級問題集 **別冊**

漢字検定 3級

合格ブック

暗記に役立つ！

- 絶対覚える **3級配当漢字表**
- 資料❶ 重要な **熟字訓・当て字**
- 資料❷ 重要な **特別な読み**
- 資料❸ よく出る **部首**の問題
- 資料❹ 重要な **中学で習う読み**の問題
- 資料❺ 試験に出る **四字熟語**の問題
- 資料❻ よく出る **同音・同訓異字**の問題
- 資料❼ よく出る **対義語**の問題
- 資料❽ よく出る **類義語**の問題
- 資料❾ よく出る **熟語の構成**の問題
- 資料❿ よく出る **送りがな**の問題

成美堂出版

← 矢印の方向に引くと、取り外せます。

絶対覚える 3級配当漢字表 284字

漢字検定3級では、この「3級配当漢字」が非常に重要です。「読み」や「部首」の問題では、「3級配当漢字」が中心になります。（　）㊫がついた読みは高校で習うもので、3級には出題されません。

画数	五十音	漢字	読み	部首と部首名	用例
15	セ	請	[セイ] (シン)㊫ (こう)㊫ [うける]	言 ごんべん	請求《せいきゅう》・要請《ようせい》 下請《したう》け

- 画数
- 五十音順です
- ◀漢字
- ◀読み　カタカナは音読み　ひらがなは訓読み　黒字は送りがな　（　）㊫は高校で習う読み
- ◀部首と部首名
- ◀用例　上級の漢字は色がついています

画数	五十音	漢字	読み	部首と部首名	用例
9	ア	哀	[アイ] [あわれ] [あわれむ]	口 くち	哀感《あいかん》・哀願《あいがん》 哀《あわ》れむ
15	イ	慰	[イ] [なぐさめる] [なぐさむ]	心 こころ	慰労《いろう》・慰留《いりゅう》 慰《なぐさ》める
12	エ	詠	[エイ] (よむ)㊫	言 ごんべん	詠嘆《えいたん》・詠歌《えいか》 朗詠《ろうえい》
10		悦	[エツ]	忄 りっしんべん	恐悦《きょうえつ》・満悦《まんえつ》 悦楽《えつらく》・喜悦《きえつ》
15		閲	[エツ]	門 もんがまえ	閲覧《えつらん》・閲兵《えっぺい》 検閲《けんえつ》・校閲《こうえつ》
8		炎	[エン] [ほのお]	火 ひ	気炎《きえん》・炎天下《えんてんか》 炎《ほのお》
10		宴	[エン]	宀 うかんむり	宴会《えんかい》・宴席《えんせき》 祝宴《しゅくえん》・酒宴《しゅえん》
8	オ	欧	[オウ]	欠 あくび かける	欧米《おうべい》・欧文《おうぶん》 西欧《せいおう》・渡欧《とおう》
8		殴	(オウ)㊫ [なぐる]	殳 るまた ほこづくり	横殴《よこなぐ》り 殴《なぐ》る
1		乙	[オツ]	乙 おつ	甲乙《こうおつ》 早乙女《さおとめ》
9		卸	[おろす] [おろし]	卩 わりふ ふしづくり	卸《おろ》し売《う》り 卸商《おろししょう》・卸値《おろしね》
16		穏	[オン] [おだやか]	禾 のぎへん	穏和《おんわ》・安穏《あんのん》 穏便《おんびん》・穏《おだ》やか

8	佳	[カ]	イ にんべん	佳作《かさく》・佳境《かきょう》 佳日《かじつ》・絶佳《ぜっか》
9	架	[カ] [かける] [かかる]	木 き	架空《かくう》・高架《こうか》 担架《たんか》・架《か》かる
10	華	[カ] (ケ)(高) [はな]	艹 くさかんむり	華麗《かれい》・昇華《しょうか》 華《はな》やぐ
13	嫁	(カ)(高) [よめ] [とつぐ]	女 おんなへん	嫁《よめ》・花嫁《はなよめ》 嫁《とつ》ぐ
15	餓	[ガ]	食 しょくへん	餓死《がし》・餓鬼《がき》
8	怪	[カイ] [あやしい] [あやしむ]	忄 りっしんべん	怪談《かいだん》・怪盗《かいとう》 怪奇《かいき》・怪《あや》しい
9	悔	[カイ] [くいる] [くやむ] [くやしい]	忄 りっしんべん	悔恨《かいこん》・後悔《こうかい》 お悔《く》やみ
13	塊	[カイ] [かたまり]	土 つちへん	塊状《かいじょう》・金塊《きんかい》 団塊《だんかい》・欲《よく》の塊《かたまり》
13	慨	[ガイ]	忄 りっしんべん	慨嘆《がいたん》・感慨《かんがい》
13	該	[ガイ]	言 ごんべん	該当《がいとう》・該博《がいはく》
14	概	[ガイ]	木 きへん	概況《がいきょう》・気概《きがい》 概要《がいよう》・概念《がいねん》
11	郭	[カク]	阝 おおざと	郭外《かくがい》・外郭《がいかく》 輪郭《りんかく》・城郭《じょうかく》
13	隔	[カク] [へだてる] [へだたる]	阝 こざとへん	隔世《かくせい》・隔離《かくり》 隔《へだ》てる
18	穫	[カク]	禾 のぎへん	収穫《しゅうかく》
8	岳	[ガク] [たけ]	山 やま	山岳《さんがく》・岳父《がくふ》 岳人《がくじん》・北岳《きただけ》
11	掛	[かける] [かかる] [かかり]	扌 てへん	仕掛《しか》ける 掛《か》ける
13	滑	[カツ] [コツ] [すべる] [なめらか]	氵 さんずい	潤滑《じゅんかつ》・円滑《えんかつ》 滑《すべ》る・滑《なめ》らか
7	肝	[カン] [きも]	月 にくづき	肝心《かんじん》・肝要《かんよう》 肝《きも》を冷《ひ》やす
9	冠	[カン] [かんむり]	冖 わかんむり	冠水《かんすい》・栄冠《えいかん》 冠《かんむり》を曲《ま》げる
11	勘	[カン]	力 ちから	勘案《かんあん》・勘弁《かんべん》 勘定《かんじょう》
11	貫	[カン] [つらぬく]	貝 かい こがい	一貫《いっかん》・貫通《かんつう》 縦貫《じゅうかん》・貫《つらぬ》く
12	喚	[カン]	口 くちへん	喚起《かんき》・喚声《かんせい》 喚問《かんもん》・召喚《しょうかん》
12	換	[カン] [かえる] [かわる]	扌 てへん	換気《かんき》・交換《こうかん》 席《せき》を換《か》わる
12	敢	[カン]	攵 のぶん ぼくづくり	敢然《かんぜん》・敢行《かんこう》 勇敢《ゆうかん》・果敢《かかん》

15	緩	[カン] [ゆるい] [ゆるやか] [ゆるむ] [ゆるめる]	糸	いとへん	緩和《かんわ》・緩慢《かんまん》 緩《ゆる》い・緩《ゆる》やか
キ 6	企	[キ] [くわだてる]	人	ひとやね	企業《きぎょう》・企画《きかく》 悪事《あくじ》を企《くわだ》てる
7	忌	[キ] (いむ)高 (いまわしい)高	心	こころ	忌避《きひ》・忌中《きちゅう》 忌引《きび》き
9	軌	[キ]	車	くるまへん	軌道《きどう》・軌跡《きせき》 軌範《きはん》・常軌《じょうき》
10	既	[キ] [すでに]	旡	なし ぶ すでのつくり	既刊《きかん》・既製《きせい》 既知《きち》・既《すで》に
12	棋	[キ]	木	きへん	棋士《きし》・棋道《きどう》 棋力《きりょく》・将棋《しょうぎ》
13	棄	[キ]	木	き	放棄《ほうき》・投棄《とうき》 遺棄《いき》・廃棄《はいき》
18	騎	[キ]	馬	うまへん	騎士《きし》・騎手《きしゅ》 騎馬《きば》・騎兵《きへい》
12	欺	[ギ] [あざむく]	欠	あくび かける	詐欺《さぎ》 人《ひと》を欺《あざむ》く
17	犠	[ギ]	牛	うしへん	犠牲《ぎせい》・犠打《ぎだ》 犠牲者《ぎせいしゃ》
11	菊	[キク]	艹	くさかんむり	菊人形《きくにんぎょう》 野菊《のぎく》・白菊《しらぎく》
6	吉	[キチ] [キツ]	口	くち	吉日《きちじつ》・吉報《きっぽう》 吉凶《きっきょう》・不吉《ふきつ》
12	喫	[キツ]	口	くちへん	喫煙《きつえん》・喫茶《きっさ》 喫水《きっすい》・満喫《まんきつ》
9	虐	[ギャク] (しいたげる)高	虍	とらがしら とらかんむり	虐待《ぎゃくたい》・虐殺《ぎゃくさつ》 残虐《ざんぎゃく》・自虐《じぎゃく》
11	虚	[キョ] (コ)高	虍	とらがしら とらかんむり	虚勢《きょせい》・虚栄《きょえい》 空虚《くうきょ》・虚脱《きょだつ》
9	峡	[キョウ]	山	やまへん	峡谷《きょうこく》・峡湾《きょうわん》 海峡《かいきょう》・山峡《さんきょう》
10	脅	[キョウ] [おどす] [おどかす] (おびやかす)高	肉	にく	脅威《きょうい》・脅迫《きょうはく》 脅《おど》す
16	凝	[ギョウ] [こる] [こらす]	冫	にすい	凝視《ぎょうし》・凝縮《ぎょうしゅく》 凝《こ》る・凝《こ》らす
4	斤	[キン]	斤	きん	斤量《きんりょう》・斤目《きんめ》 一斤《いっきん》
15	緊	[キン]	糸	いと	緊急《きんきゅう》・緊張《きんちょう》 緊密《きんみつ》・緊迫《きんぱく》
ク 13	愚	[グ] [おろか]	心	こころ	愚問《ぐもん》・愚作《ぐさく》 愚《おろ》か者《もの》
11	偶	[グウ]	亻	にんべん	偶然《ぐうぜん》・偶数《ぐうすう》 偶発《ぐうはつ》・配偶者《はいぐうしゃ》
12	遇	[グウ]	⻌	しんにょう しんにゅう	遭遇《そうぐう》・待遇《たいぐう》 処遇《しょぐう》・境遇《きょうぐう》
ケ 6	刑	[ケイ]	刂	りっとう	刑罰《けいばつ》・刑法《けいほう》 刑事《けいじ》・求刑《きゅうけい》

画数	漢字	読み	部首	用例
9	契	[ケイ] (ちぎる)高	大 だい	契約《けいやく》・契印《けいいん》 契機《けいき》・黙契《もっけい》
11	啓	[ケイ]	口 くち	啓発《けいはつ》・啓示《けいじ》 拝啓《はいけい》・謹啓《きんけい》
11	掲	[ケイ] [かかげる]	扌 てへん	掲示《けいじ》・前掲《ぜんけい》 掲揚《けいよう》・掲《かか》げる
13	携	[ケイ] [たずさえる] [たずさわる]	扌 てへん	携行《けいこう》・必携《ひっけい》 仕事《しごと》に携《たずさ》わる
16	憩	[ケイ] [いこい] (いこう)高	心 こころ	休憩《きゅうけい》・小憩《しょうけい》 憩《いこ》い
19	鶏	[ケイ] [にわとり]	鳥 とり	鶏舎《けいしゃ》・鶏卵《けいらん》 鶏肉《けいにく》・鶏《にわとり》
19	鯨	[ゲイ] [くじら]	魚 うおへん	捕鯨《ほげい》・鯨肉《げいにく》 鯨《くじら》
10	倹	[ケン]	亻 にんべん	倹約《けんやく》 勤倹《きんけん》
16	賢	[ケン] [かしこい]	貝 かい こがい	賢明《けんめい》・先賢《せんけん》 賢《かしこ》い
4	幻	[ゲン] [まぼろし]	幺 よう いとがしら	幻覚《げんかく》・幻想《げんそう》 幻滅《げんめつ》・幻《まぼろし》
9	孤	[コ]	子 こへん	孤高《ここう》・孤児《こじ》 孤島《ことう》・孤独《こどく》
9	弧	[コ]	弓 ゆみへん	弧状《こじょう》 円弧《えんこ》
12	雇	[コ] [やとう]	隹 ふるとり	雇用《こよう》・解雇《かいこ》 雇《やと》う
21	顧	[コ] [かえりみる]	頁 おおがい	回顧《かいこ》・顧問《こもん》 顧《かえり》みる
10	娯	[ゴ]	女 おんなへん	娯楽映画《ごらくえいが》
10	悟	[ゴ] [さとる]	忄 りっしんべん	覚悟《かくご》・悟道《ごどう》 悟《さと》り・悟《さと》る
4	孔	[コウ]	子 こへん	孔版《こうはん》・気孔《きこう》 鼻孔《びこう》
5	巧	[コウ] [たくみ]	工 たくみへん	巧妙《こうみょう》・精巧《せいこう》 技巧《ぎこう》・悪巧《わるだく》み
5	甲	[コウ] [カン]	田 た	甲乙《こうおつ》・甲虫《こうちゅう》 甲板《かんぱん》・甲高《かんだか》い
7	坑	[コウ]	土 つちへん	坑道《こうどう》・坑夫《こうふ》 金坑《きんこう》・炭坑《たんこう》
8	拘	[コウ]	扌 てへん	拘束《こうそく》・拘留《こうりゅう》 拘置所《こうちしょ》
9	郊	[コウ]	阝 おおざと	郊外《こうがい》 近郊《きんこう》
11	控	(コウ)高 [ひかえる]	扌 てへん	控《ひか》え 控《ひか》える
12	慌	(コウ)高 [あわてる] [あわただしい]	忄 りっしんべん	慌《あわ》てる 慌《あわ》ただしい

画数	漢字	読み	部首	部首名	用例
12	硬	［コウ］［かたい］	石	いしへん	硬貨《こうか》・硬式《こうしき》 硬《かた》い・硬《かた》さ
12	絞	（コウ）高 ［しぼる］［しめる］［しまる］	糸	いとへん	絞《しぼ》り 絞《し》める
14	綱	［コウ］［つな］	糸	いとへん	要綱《ようこう》・綱紀《こうき》 綱渡《つなわた》り
14	酵	［コウ］	酉	とりへん	酵母《こうぼ》・酵素《こうそ》 発酵《はっこう》
7	克	［コク］	儿	ひとあし にんにょう	克服《こくふく》・克明《こくめい》 克己《こっき》・相克《そうこく》
14	獄	［ゴク］	犭	けものへん	獄中《ごくちゅう》・獄死《ごくし》 地獄《じごく》・投獄《とうごく》
9	恨	［コン］［うらむ］［うらめしい］	忄	りっしんべん	痛恨《つうこん》・遺恨《いこん》 恨《うら》めしい
11	紺	［コン］	糸	いとへん	濃紺《のうこん》・紫紺《しこん》 紺色《こんいろ》
14	魂	［コン］［たましい］	鬼	おに	商魂《しょうこん》・闘魂《とうこん》 魂胆《こんたん》・魂《たましい》
16	墾	［コン］	土	つち	墾田《こんでん》・開墾《かいこん》
サ 13	債	［サイ］	亻	にんべん	負債《ふさい》・債権《さいけん》 債務《さいむ》・国債《こくさい》
13	催	［サイ］［もよおす］	亻	にんべん	催眠《さいみん》・主催《しゅさい》 開催《かいさい》・催《もよお》す
9	削	［サク］［けずる］	刂	りっとう	添削《てんさく》・削減《さくげん》 削《けず》る・荒削《あらけず》り
13	搾	（サク）高 ［しぼる］	扌	てへん	搾《しぼ》る 乳搾《ちちしぼ》り
16	錯	［サク］	金	かねへん	交錯《こうさく》・錯覚《さっかく》 錯誤《さくご》・錯乱《さくらん》
15	撮	［サツ］［とる］	扌	てへん	撮影《さつえい》 撮《と》る・早撮《はやど》り
17	擦	［サツ］［する］［すれる］	扌	てへん	擦過傷《さっかしょう》・塗擦《とさつ》 擦《す》る・擦《す》れる
15	暫	［ザン］	日	ひ	暫定《ざんてい》 暫時《ざんじ》
シ 8	祉	［シ］	ネ	しめすへん	福祉《ふくし》
9	施	［シ］（セ）高 ［ほどこす］	方	ほうへん かたへん	施設《しせつ》・実施《じっし》 面目《めんぼく》を施《ほどこ》す
16	諮	［シ］［はかる］	言	ごんべん	諮問《しもん》 総会《そうかい》に諮《はか》る
8	侍	［ジ］［さむらい］	亻	にんべん	侍従《じじゅう》・侍医《じい》 侍所《さむらいどころ》
13	慈	［ジ］（いつくしむ）高	心	こころ	慈愛《じあい》・慈母《じぼ》 慈善《じぜん》・慈悲《じひ》
12	軸	［ジク］	車	くるまへん	主軸《しゅじく》・機軸《きじく》 基軸《きじく》・掛《か》け軸《じく》

10	12	11	8	10	7	15	15
疾	湿	赦	邪	殊	寿	潤	遵
[シツ]	[シツ] [しめる] [しめす]	[シャ]	[ジャ]	[シュ] [こと]	[ジュ] [ことぶき]	[ジュン] [うるおう] [うるおす] [うるむ]	[ジュン]
疒 やまいだれ	氵 さんずい	赤 あか	阝 おおざと	歹 かばねへん いちたへん がつへん	寸 すん	氵 さんずい	辶 しんにょう しんにゅう
疾走《しっそう》・疾駆《しっく》 疾風《しっぷう》・悪疾《あくしつ》	湿布《しっぷ》・湿原《しつげん》 湿潤《しつじゅん》・湿《しめ》る	赦免《しゃめん》・恩赦《おんしゃ》 大赦《たいしゃ》・容赦《ようしゃ》	邪推《じゃすい》・無邪気《むじゃき》 邪悪《じゃあく》・風邪《かぜ》	特殊《とくしゅ》・殊勝《しゅしょう》 殊《こと》・殊《こと》に	長寿《ちょうじゅ》・寿命《じゅみょう》 喜寿《きじゅ》・寿《ことぶき》	潤滑油《じゅんかつゆ》・潤沢《じゅんたく》 潤《うるお》う・潤《うる》む	遵法《じゅんぽう》・遵守《じゅんしゅ》

6	10	6	8	12	12	12	15
如	徐	匠	昇	掌	晶	焦	衝
[ジョ] (ニョ)(高)	[ジョ]	[ショウ]	[ショウ] [のぼる]	[ショウ]	[ショウ]	[ショウ] [こげる] [こがす] [こがれる] (あせる)(高)	[ショウ]
女 おんなへん	彳 ぎょうにんべん	匚 はこがまえ	日 ひ	手 て	日 ひ	灬 れんが れっか	行 ぎょうがまえ ゆきがまえ
突如《とつじょ》・欠如《けつじょ》 躍如《やくじょ》・如才《じょさい》	徐行《じょこう》 徐徐《じょじょ》に	師匠《ししょう》・名匠《めいしょう》 巨匠《きょしょう》・宗匠《そうしょう》	昇華《しょうか》・昇降口《しょうこうぐち》 昇格《しょうかく》・昇《のぼ》る	掌中《しょうちゅう》・掌握《しょうあく》 車掌《しゃしょう》・合掌《がっしょう》	結晶《けっしょう》・液晶《えきしょう》 水晶《すいしょう》	焦点《しょうてん》・焦燥《しょうそう》 焦《こ》がす	衝動《しょうどう》・折衝《せっしょう》 衝突《しょうとつ》・緩衝《かんしょう》

20	4	16	16	20	15	10	7
鐘	冗	嬢	錠	譲	嘱	辱	伸
[ショウ] [かね]	[ジョウ]	[ジョウ]	[ジョウ]	[ジョウ] [ゆずる]	[ショク]	[ジョク] (はずかしめる)(高)	[シン] [のびる] [のばす] [のべる]
金 かねへん	冖 わかんむり	女 おんなへん	金 かねへん	言 ごんべん	口 くちへん	辰 しんのたつ	亻 にんべん
鐘楼《しょうろう》・早鐘《はやがね》 鐘《かね》	冗談《じょうだん》・冗長《じょうちょう》 冗費《じょうひ》・冗漫《じょうまん》	愛嬢《あいじょう》・令嬢《れいじょう》 案内嬢《あんないじょう》	錠前《じょうまえ》・錠剤《じょうざい》 手錠《てじょう》	分譲《ぶんじょう》・譲与《じょうよ》 譲歩《じょうほ》・譲《ゆず》る	嘱託《しょくたく》・嘱望《しょくぼう》 嘱目《しょくもく》・委嘱《いしょく》	屈辱《くつじょく》・雪辱《せつじょく》 汚辱《おじょく》・恥辱《ちじょく》	伸縮《しんしゅく》・追伸《ついしん》 伸《の》び上《あ》がる

7	辛	［シン］［からい］	辛 からい	辛抱《しんぼう》・辛勝《しんしょう》 辛苦《しんく》・辛《から》い
15	審	［シン］	宀 うかんむり	不審《ふしん》・審判《しんぱん》 審美眼《しんびがん》・審議《しんぎ》
8 ス	炊	［スイ］［たく］	火 ひへん	炊事《すいじ》・雑炊《ぞうすい》 炊飯《すいはん》・炊《た》く
10	粋	［スイ］［いき］	米 こめへん	抜粋《ばっすい》・純粋《じゅんすい》 無粋《ぶすい》・粋《いき》な
10	衰	［スイ］［おとろえる］	衣 ころも	衰退《すいたい》・衰微《すいび》 衰《おとろ》え・衰《おとろ》える
11	酔	［スイ］［よう］	酉 とりへん	陶酔《とうすい》・心酔《しんすい》 酔《よ》う・車酔《くるまよ》い
12	遂	［スイ］［とげる］	辶 しんにょう しんにゅう	遂行《すいこう》・完遂《かんすい》 遂《と》げる
15	穂	（スイ）高 ［ほ］	禾 のぎへん	穂《ほ》・穂先《ほさき》 稲穂《いなほ》・穂波《ほなみ》
12	随	［ズイ］	阝 こざとへん	随想《ずいそう》・追随《ついずい》 随時《ずいじ》・随分《ずいぶん》
19	髄	［ズイ］	骨 ほねへん	神髄《しんずい》・骨髄《こつずい》 真髄《しんずい》・心髄《しんずい》
19 セ	瀬	［せ］	氵 さんずい	浅瀬《あさせ》・瀬踏《せぶ》み 瀬戸物《せともの》
9	牲	［セイ］	牛 うしへん	犠牲《ぎせい》 犠牲者《ぎせいしゃ》
12	婿	（セイ）高 ［むこ］	女 おんなへん	婿養子《むこようし》 花婿《はなむこ》・娘婿《むすめむこ》
15	請	［セイ］（シン）高 （こう）高 ［うける］	言 ごんべん	申請《しんせい》・要請《ようせい》 下請《したう》け・請《う》け負《お》う
5	斥	［セキ］	斤 きん	斥候《せっこう》・排斥《はいせき》
10	隻	［セキ］	隹 ふるとり	隻手《せきしゅ》・隻語《せきご》 一隻《いっせき》・数隻《すうせき》
11	惜	［セキ］［おしい］［おしむ］	忄 りっしんべん	惜敗《せきはい》・惜別《せきべつ》 惜《お》しい・惜《お》しむ
20	籍	［セキ］	⺮ たけかんむり	移籍《いせき》・国籍《こくせき》 書籍《しょせき》・入籍《にゅうせき》
13	摂	［セツ］	扌 てへん	摂理《せつり》・摂氏《せっし》 摂取《せっしゅ》・摂生《せっせい》
15	潜	［セン］［ひそむ］［もぐる］	氵 さんずい	潜在《せんざい》・潜伏《せんぷく》 潜《ひそ》む・素潜《すもぐ》り
18	繕	［ゼン］［つくろう］	糸 いとへん	修繕《しゅうぜん》・営繕《えいぜん》 身繕《みづくろ》い
8 ソ	阻	［ソ］（はばむ）高	阝 こざとへん	阻止《そし》・阻害《そがい》 険阻《けんそ》
11	措	［ソ］	扌 てへん	措置《そち》・措辞《そじ》 挙措《きょそ》
11	粗	［ソ］［あらい］	米 こめへん	粗相《そそう》・粗悪《そあく》 粗《あら》い・粗削《あらけず》り

画数	漢字	読み	部首	用例
18	礎	[ソ] (いしずえ)高	石 いしへん	礎石《そせき》・定礎《ていそ》 基礎《きそ》
4	双	[ソウ] [ふた]	又 また	双眼鏡《そうがんきょう》・双発《そうはつ》 双葉《ふたば》
10	桑	(ソウ)高 [くわ]	木 き	桑《くわ》・桑畑《くわばたけ》
11	掃	[ソウ] [はく]	扌 てへん	掃除《そうじ》・一掃《いっそう》 落《お》ち葉《ば》を掃《は》く
12	葬	[ソウ] (ほうむる)高	艹 くさかんむり	葬儀《そうぎ》・埋葬《まいそう》 葬式《そうしき》・社葬《しゃそう》
14	遭	[ソウ] [あう]	辶 しんにょう しんにゅう	遭遇《そうぐう》・遭難《そうなん》 災難《さいなん》に遭《あ》う
14	憎	[ゾウ] [にくむ] [にくい] [にくらしい] [にくしみ]	忄 りっしんべん	愛憎《あいぞう》・憎《にく》い 憎《にく》らしい
9	促	[ソク] [うながす]	亻 にんべん	促進《そくしん》・催促《さいそく》 促《うなが》す
13	賊	[ゾク]	貝 かいへん	賊軍《ぞくぐん》・盗賊《とうぞく》 山賊《さんぞく》・海賊《かいぞく》
9 タ	怠	[タイ] [おこたる] [なまける]	心 こころ	怠慢《たいまん》・怠《おこた》る 怠《なま》ける
9	胎	[タイ]	月 にくづき	胎動《たいどう》・胎児《たいじ》 胎嚢《たいのう》・受胎《じゅたい》
11	袋	(タイ)高 [ふくろ]	衣 ころも	胃袋《いぶくろ》・寝袋《ねぶくろ》 手袋《てぶくろ》
11	逮	[タイ]	辶 しんにょう しんにゅう	逮捕《たいほ》
13	滞	[タイ] [とどこおる]	氵 さんずい	遅滞《ちたい》・滞空《たいくう》 停滞《ていたい》・滞《とどこお》る
13	滝	[たき]	氵 さんずい	滝口《たきぐち》・滝川《たきがわ》 滝《たき》つぼ
7	択	[タク]	扌 てへん	選択《せんたく》・採択《さいたく》 二者択一《にしゃたくいつ》
8	卓	[タク]	十 じゅう	卓球《たっきゅう》・卓見《たっけん》 卓越《たくえつ》・食卓《しょくたく》
10	託	[タク]	言 ごんべん	屈託《くったく》・嘱託《しょくたく》 託児《たくじ》・委託《いたく》
15	諾	[ダク]	言 ごんべん	内諾《ないだく》・承諾《しょうだく》 快諾《かいだく》・受諾《じゅだく》
14	奪	[ダツ] [うばう]	大 だい	奪取《だっしゅ》・争奪《そうだつ》 奪回《だっかい》・奪《うば》う
9	胆	[タン]	月 にくづき	落胆《らくたん》・大胆《だいたん》 魂胆《こんたん》
17	鍛	[タン] [きたえる]	金 かねへん	鍛錬《たんれん》・鍛造《たんぞう》 体《からだ》を鍛《きた》える
16	壇	[ダン] (タン)高	土 つちへん	登壇《とうだん》・画壇《がだん》 文壇《ぶんだん》・壇上《だんじょう》
13 チ	稚	[チ]	禾 のぎへん	稚気《ちき》・稚魚《ちぎょ》 幼稚《ようち》

見出し	画数	漢字	読み	部首	用例
	10	畜	[チク]	田 た	畜産《ちくさん》・畜生《ちくしょう》 家畜《かちく》・人畜《じんちく》
	11	窒	[チツ]	穴 あなかんむり	窒素《ちっそ》・窒息《ちっそく》
	8	抽	[チュウ]	扌 てへん	抽選《ちゅうせん》・抽出《ちゅうしゅつ》 抽象的《ちゅうしょうてき》
	15	鋳	[チュウ] [いる]	金 かねへん	鋳造《ちゅうぞう》 鋳型《いがた》・鋳物《いもの》
	15	駐	[チュウ]	馬 うまへん	常駐《じょうちゅう》・駐輪《ちゅうりん》 駐在《ちゅうざい》・駐車《ちゅうしゃ》
	11	彫	[チョウ] [ほる]	彡 さんづくり	彫刻《ちょうこく》・彫金《ちょうきん》 彫《ほ》る・木彫《きぼ》り
	12	超	[チョウ] [こえる] [こす]	走 そうにょう	超越《ちょうえつ》・超過《ちょうか》 超《こ》える
	17	聴	[チョウ] [きく]	耳 みみへん	視聴《しちょう》・試聴《しちょう》 傍聴《ぼうちょう》・聴《き》く
	11	陳	[チン]	阝 こざとへん	陳腐《ちんぷ》・陳謝《ちんしゃ》 陳情《ちんじょう》・陳列《ちんれつ》
	18	鎮	[チン] (しずめる)高 (しずまる)高	金 かねへん	鎮火《ちんか》・重鎮《じゅうちん》 鎮圧《ちんあつ》・鎮痛剤《ちんつうざい》
ツ	15	墜	[ツイ]	土 つち	墜落《ついらく》・墜死《ついし》 失墜《しっつい》・撃墜《げきつい》
テ	9	帝	[テイ]	巾 はば	帝王《ていおう》・帝国《ていこく》 大帝《たいてい》・皇帝《こうてい》
	9	訂	[テイ]	言 ごんべん	訂正《ていせい》・改訂《かいてい》 増訂《ぞうてい》
	15	締	[テイ] [しまる] [しめる]	糸 いとへん	締結《ていけつ》・締《し》める 戸締《とじ》まり
	10	哲	[テツ]	口 くち	哲学《てつがく》・変哲《へんてつ》 先哲《せんてつ》・哲人《てつじん》
ト	4	斗	[ト]	斗 とます	斗酒《としゅ》・北斗《ほくと》 漏斗《ろうと》
	13	塗	[ト] [ぬる]	土 つち	塗装《とそう》・塗料《とりょう》 塗《ぬ》り絵《え》
	10	凍	[トウ] [こおる] [こごえる]	冫 にすい	冷凍《れいとう》・解凍《かいとう》 凍《こお》る・凍《こご》える
	11	陶	[トウ]	阝 こざとへん	陶器《とうき》・陶芸《とうげい》 陶土《とうど》・陶酔《とうすい》
	12	痘	[トウ]	疒 やまいだれ	種痘《しゅとう》・水痘《すいとう》 天然痘《てんねんとう》
	10	匿	[トク]	匸 かくしがまえ	秘匿《ひとく》・匿名《とくめい》 隠匿《いんとく》
	16	篤	[トク]	⺮ たけかんむり	危篤《きとく》・篤実《とくじつ》 篤学《とくがく》・篤志家《とくしか》
	11	豚	[トン] [ぶた]	豕 ぶた いのこ	養豚《ようとん》・豚舎《とんしゃ》 子豚《こぶた》・豚肉《ぶたにく》
ニ	7	尿	[ニョウ]	尸 かばね しかばね	尿道《にょうどう》・尿意《にょうい》

見出し	画数	漢字	読み	部首	部首名	用例
ネ	11	粘	[ネン] [ねばる]	米	こめへん	粘膜《ねんまく》・粘液《ねんえき》 粘《ねば》る・粘《ねば》り
ハ	11	婆	[バ]	女	おんな	老婆《ろうば》・産婆《さんば》 老婆心《ろうばしん》
	11	排	[ハイ]	扌	てへん	排斥《はいせき》・排煙《はいえん》 排除《はいじょ》・排水《はいすい》
	11	陪	[バイ]	阝	こざとへん	陪席《ばいせき》・陪食《ばいしょく》 陪審員《ばいしんいん》
	16	縛	[バク] [しばる]	糸	いとへん	束縛《そくばく》・自縛《じばく》 縛《しば》る・金縛《かなしば》り
	6	伐	[バツ]	亻	にんべん	伐採《ばっさい》・殺伐《さつばつ》 濫伐《らんばつ》・間伐《かんばつ》
	6	帆	[ハン] [ほ]	巾	はばへん きんべん	帆船《はんせん》・帆走《はんそう》 帆柱《ほばしら》・帆立貝《ほたてがい》
	7	伴	[ハン] [バン] [ともなう]	亻	にんべん	同伴《どうはん》・伴奏《ばんそう》 相伴《しょうばん》・伴《ともな》う
	10	畔	[ハン]	田	たへん	湖畔《こはん》・池畔《ちはん》 河畔《かはん》
	18	藩	[ハン]	艹	くさかんむり	藩主《はんしゅ》・藩士《はんし》 藩学《はんがく》
	12	蛮	[バン]	虫	むし	蛮行《ばんこう》・蛮声《ばんせい》 野蛮《やばん》・南蛮《なんばん》
ヒ	9	卑	[ヒ] (いやしい)(高) (いやしむ)(高) (いやしめる)(高)	十	じゅう	卑下《ひげ》・卑屈《ひくつ》 卑近《ひきん》・卑俗《ひぞく》
	14	碑	[ヒ]	石	いしへん	石碑《せきひ》・歌碑《かひ》 墓碑《ぼひ》・記念碑《きねんひ》
	8	泌	[ヒツ] (ヒ)(高)	氵	さんずい	分泌《ぶんぴつ》
	10	姫	[ひめ]	女	おんなへん	姫君《ひめぎみ》 歌姫《うたひめ》・舞姫《まいひめ》
	14	漂	[ヒョウ] [ただよう]	氵	さんずい	漂白《ひょうはく》・漂泊《ひょうはく》 漂着《ひょうちゃく》・波《なみ》に漂《ただよ》う
	8	苗	(ビョウ)(高) [なえ] [なわ]	艹	くさかんむり	苗木《なえぎ》・苗床《なえどこ》 稲《いね》の苗《なえ》・苗代《なわしろ》
フ	9	赴	[フ] [おもむく]	走	そうにょう	赴任《ふにん》 快方《かいほう》に赴《おもむ》く
	11	符	[フ]	⺮	たけかんむり	符号《ふごう》・符合《ふごう》 切符《きっぷ》・音符《おんぷ》
	9	封	[フウ] [ホウ]	寸	すん	封書《ふうしょ》・封鎖《ふうさ》 開封《かいふう》・封建《ほうけん》
	6	伏	[フク] [ふせる] [ふす]	亻	にんべん	屈伏《くっぷく》・起伏《きふく》 潜伏《せんぷく》・伏《ふ》せる
	18	覆	[フク] [おおう] (くつがえす)(高) (くつがえる)(高)	覀	おおいかんむり	覆面《ふくめん》・転覆《てんぷく》 目《め》を覆《おお》う
	10	紛	[フン] [まぎれる] [まぎらす] [まぎらわす] [まぎらわしい]	糸	いとへん	紛失《ふんしつ》・内紛《ないふん》 悔《く》やし紛《まぎ》れ
	15	墳	[フン]	土	つちへん	墳墓《ふんぼ》・古墳《こふん》 前方後円墳《ぜんぽうこうえんふん》

見出し	画数	漢字	読み	部首	用例
ヘ	18	癖	[ヘキ] [くせ]	疒 やまいだれ	潔癖《けっぺき》・悪癖《あくへき》 癖《くせ》・難癖《なんくせ》
ホ	12	募	[ボ] [つのる]	力 ちから	公募《こうぼ》・募集《ぼしゅう》 募金《ぼきん》・募《つの》る
	14	慕	[ボ] [したう]	小 したごころ	敬慕《けいぼ》・恋慕《れんぼ》 慕情《ぼじょう》・慕《した》う
	19	簿	[ボ]	⺮ たけかんむり	簿記《ぼき》・帳簿《ちょうぼ》 名簿《めいぼ》・家計簿《かけいぼ》
	7	芳	[ホウ] (かんばしい)高	艹 くさかんむり	芳香《ほうこう》・芳名《ほうめい》 芳書《ほうしょ》・芳紀《ほうき》
	7	邦	[ホウ]	阝 おおざと	邦楽《ほうがく》・友邦《ゆうほう》 異邦人《いほうじん》
	8	奉	[ホウ] [ブ] (たてまつる)高	大 だい	奉納《ほうのう》・奉仕《ほうし》 信奉《しんぽう》・奉行《ぶぎょう》
	9	胞	[ホウ]	月 にくづき	胞子《ほうし》・同胞《どうほう》 細胞《さいぼう》
	10	倣	[ホウ] (ならう)高	亻 にんべん	模倣《もほう》
	11	崩	[ホウ] [くずれる] [くずす]	山 やま	崩壊《ほうかい》・崩御《ほうぎょ》 山《やま》が崩《くず》れる
	13	飽	[ホウ] [あきる] [あかす]	飠 しょくへん	飽食《ほうしょく》・飽和《ほうわ》 食《た》べ飽《あ》きる
	16	縫	[ホウ] [ぬう]	糸 いとへん	縫合《ほうごう》・裁縫《さいほう》 縫製《ほうせい》・縫《ぬ》う
	4	乏	[ボウ] [とぼしい]	ノ の はらいぼう	貧乏《びんぼう》・欠乏《けつぼう》 乏《とぼ》しい予算《よさん》
	7	妨	[ボウ] [さまたげる]	女 おんなへん	妨害《ぼうがい》 仕事《しごと》の妨《さまた》げ
	8	房	[ボウ] [ふさ]	戸 とだれ とかんむり	暖房《だんぼう》・工房《こうぼう》 一房《ひとふさ》・子房《しぼう》
	9	某	[ボウ]	木 き	某日《ぼうじつ》・某氏《ぼうし》 某国《ぼうこく》・某所《ぼうしょ》
	16	膨	[ボウ] [ふくらむ] [ふくれる]	月 にくづき	膨張《ぼうちょう》・膨大《ぼうだい》 膨《ふく》らむ
	16	謀	[ボウ] (ム)高 (はかる)高	言 ごんべん	無謀《むぼう》・謀略《ぼうりゃく》 策謀《さくぼう》・共謀《きょうぼう》
	14	墨	[ボク] [すみ]	土 つち	墨守《ぼくしゅ》 墨絵《すみえ》・墨染《すみぞ》め
	7	没	[ボツ]	氵 さんずい	出没《しゅつぼつ》・埋没《まいぼつ》 水没《すいぼつ》・没頭《ぼっとう》
	18	翻	[ホン] (ひるがえる)高 (ひるがえす)高	羽 はね	翻案《ほんあん》・翻意《ほんい》 翻訳《ほんやく》・翻刻《ほんこく》
マ	21	魔	[マ]	鬼 おに	邪魔《じゃま》・病魔《びょうま》 魔法《まほう》・魔術《まじゅつ》
	10	埋	[マイ] [うめる] [うまる] [うもれる]	土 つちへん	埋設《まいせつ》・埋蔵《まいぞう》 穴埋《あなう》め
	14	膜	[マク]	月 にくづき	角膜《かくまく》・粘膜《ねんまく》 鼓膜《こまく》・膜質《まくしつ》

見出し	画数	漢字	読み	部首	部首名	用例
	2	又	[また]	又	また	又聞《またぎ》き・又貸《またが》し
ミ	15	魅	[ミ]	鬼	きにょう	魅力《みりょく》・魅了《みりょう》・魅惑《みわく》
メ	13	滅	[メツ] [ほろびる] [ほろぼす]	氵	さんずい	不滅《ふめつ》・滅相《めっそう》・滅《ほろ》ぶ・滅《ほろ》びる
	8	免	[メン] (まぬかれる)(高)	儿	ひとあし にんにょう	免状《めんじょう》・御免《ごめん》・免除《めんじょ》・免許《めんきょ》
ユ	9	幽	[ユウ]	幺	よう いとがしら	幽閉《ゆうへい》・幽霊《ゆうれい》・幽谷《ゆうこく》・幽玄《ゆうげん》
	14	誘	[ユウ] [さそう]	言	ごんべん	誘導《ゆうどう》・誘発《ゆうはつ》・涙《なみだ》を誘《さそ》う
	15	憂	[ユウ] [うれえる] [うれい] (うい)(高)	心	こころ	憂慮《ゆうりょ》・憂国《ゆうこく》・憂《うれ》い・憂《うれ》える
ヨ	12	揚	[ヨウ] [あげる] [あがる]	扌	てへん	抑揚《よくよう》・浮揚《ふよう》・水揚《みずあ》げ
	12	揺	[ヨウ] [ゆれる] [ゆる] [ゆらぐ] [ゆるぐ] [ゆする] [ゆさぶる] [ゆすぶる]	扌	てへん	動揺《どうよう》・揺《ゆ》れる・揺《ゆ》らぐ・揺《ゆ》する
	16	擁	[ヨウ]	扌	てへん	擁護《ようご》・擁立《ようりつ》・抱擁《ほうよう》
	7	抑	[ヨク] [おさえる]	扌	てへん	抑揚《よくよう》・抑制《よくせい》・抑圧《よくあつ》・抑《おさ》える
ラ	13	裸	[ラ] [はだか]	衤	ころもへん	赤裸々《せきらら》・裸体《らたい》・裸子《らし》・裸《はだか》
	18	濫	[ラン]	氵	さんずい	濫獲《らんかく》・濫読《らんどく》・濫伐《らんばつ》・濫費《らんぴ》
リ	6	吏	[リ]	口	くち	官吏《かんり》・能吏《のうり》・吏員《りいん》
	11	隆	[リュウ]	阝	こざとへん	隆盛《りゅうせい》・隆起《りゅうき》・隆隆《りゅうりゅう》・興隆《こうりゅう》
	2	了	[リョウ]	亅	はねぼう	魅了《みりょう》・了解《りょうかい》・終了《しゅうりょう》・了見《りょうけん》
	11	猟	[リョウ]	犭	けものへん	猟師《りょうし》・狩猟《しゅりょう》・禁猟《きんりょう》
	11	陵	[リョウ] (みささぎ)(高)	阝	こざとへん	陵墓《りょうぼ》・御陵《ごりょう》・丘陵《きゅうりょう》
	18	糧	[リョウ] (ロウ)(高) (かて)(高)	米	こめへん	糧食《りょうしょく》・食糧《しょくりょう》
	9	厘	[リン]	厂	がんだれ	厘毛《りんもう》・一厘《いちりん》・九分九厘《くぶくりん》
レ	7	励	[レイ] [はげむ] [はげます]	力	ちから	精励《せいれい》・激励《げきれい》・励行《れいこう》・励《はげ》む
	13	零	[レイ]	雨	あめかんむり	零下《れいか》・零点《れいてん》・零細《れいさい》・零落《れいらく》
	15	霊	[レイ] (リョウ)(高) (たま)(高)	雨	あめかんむり	霊峰《れいほう》・幽霊《ゆうれい》・霊気《れいき》・霊魂《れいこん》

画数	漢字	読み	部首	用例
12	裂	[レツ] [さく] [さける]	衣 ころも	分裂《ぶんれつ》・決裂《けつれつ》 破裂《はれつ》・裂《さ》く
13	廉	[レン]	广 まだれ	廉価《れんか》・廉売《れんばい》 清廉《せいれん》・低廉《ていれん》
16	錬	[レン]	金 かねへん	鍛錬《たんれん》・精錬《せいれん》 錬金術《れんきんじゅつ》
ロ 8	炉	[ロ]	火 ひへん	香炉《こうろ》・炉端《ろばた》 暖炉《だんろ》・原子炉《げんしろ》
10	浪	[ロウ]	氵 さんずい	波浪《はろう》・浪費《ろうひ》 放浪《ほうろう》・浪人《ろうにん》
12	廊	[ロウ]	广 まだれ	廊下《ろうか》・画廊《がろう》 回廊《かいろう》・歩廊《ほろう》
13	楼	[ロウ]	木 きへん	楼閣《ろうかく》・楼門《ろうもん》 鐘楼《しょうろう》・楼上《ろうじょう》
14	漏	[ロウ] [もる] [もれる] [もらす]	氵 さんずい	漏水《ろうすい》・漏電《ろうでん》 漏《も》る・漏《も》れる
ワ 12	湾	[ワン]	氵 さんずい	湾岸《わんがん》・湾曲《わんきょく》 港湾《こうわん》・湾内《わんない》

資料1

重要な 熟字訓・当て字

「読み」や「書き取り」などでは、熟字訓・当て字の問題もよく出題されます。

使い方▼赤シートをあてて、読みのテストをしてみましょう。
漢字の上に*がついたものは、主に中学校で学ぶものです。とくにしっかり覚えましょう。

漢字	読み
明日	あす
*小豆	あずき
*意気地	いくじ
*田舎	いなか
*海原	うなばら
*乳母	うば
*浮つく	うわつく
*笑顔	えがお
大人	おとな
*乙女	おとめ
*お巡りさん	おまわりさん
母さん	かあさん
*風邪	かぜ
*仮名	かな
*為替	かわせ
河原・川原	かわら
昨日	きのう
今日	きょう
果物	くだもの
今朝	けさ
景色	けしき
*心地	ここち
今年	ことし
*早乙女	さおとめ
*差し支える	さしつかえる
*五月	さつき
*早苗	さなえ
*五月雨	さみだれ
*時雨	しぐれ
*竹刀	しない
*老舗	しにせ
*芝生	しばふ
清水	しみず
*三味線	しゃみせん

＊砂利	じゃり
上手	じょうず
＊白髪	しらが
＊太刀	たち
＊立ち退く	たちのく
七夕	たなばた
＊足袋	たび
一日	ついたち
＊梅雨	つゆ
手伝う	てつだう
父さん	とうさん
時計	とけい
友達	ともだち
＊名残	なごり
＊雪崩	なだれ
兄さん	にいさん
姉さん	ねえさん
博士	はかせ
＊二十・二十歳	はたち
二十日	はつか
＊波止場	はとば
一人	ひとり
＊日和	ひより
二人	ふたり
二日	ふつか
＊吹雪	ふぶき
下手	へた
部屋	へや
迷子	まいご
真面目	まじめ
真っ赤	まっか
真っ青	まっさお
＊土産	みやげ
＊息子	むすこ
眼鏡	めがね
＊紅葉	もみじ
＊木綿	もめん
＊最寄り	もより
八百屋	やおや
＊大和	やまと
＊行方	ゆくえ
＊若人	わこうど

資料2

重要な特別な読み

4級以上で出題される特別な音読み・訓読みを集めました。

使い方▼文章に赤シートをあてて、大きくなっている部分の漢字の読みを覚えましょう。

- ☐ 父の**遺言**《ゆいごん》を実行する。
- ☐ **仮**《け》**病**《びょう》で学校を休む。
- ☐ **夏至**《げし》は最も日中が長い。
- ☐ **街道**《かいどう》沿いの店に行く。
- ☐ 何となく**胸騒**《むなさわ》ぎがする。
- ☐ **境内**《けいだい》にハトが集まる。

- ☐ 新興宗教を**信仰**《しんこう》する。
- ☐ **真紅**《しんく》の服がよく似合う。
- ☐ 街が**黄金**《こがね》色に輝く。
- ☐ 恩師にお**歳暮**《せいぼ》を贈る。
- ☐ **財布**《さいふ》を家に忘れる。
- ☐ 父は**小児科**《しょうにか》医だ。

- ☐ 馬の**手綱**《たづな》を引く。
- ☐ 実家は**舟宿**《ふなやど》を経営している。
- ☐ 夏休みは寺で**修行**《しゅぎょう》する。
- ☐ **出納**《すいとう》係に選出される。
- ☐ **旬**《しゅん》の野菜を選んで食べる。
- ☐ 家族全員で大**掃除**《そうじ》をする。
- ☐ **神主**《かんぬし》に神社の話を聞く。
- ☐ **仁王**《におう》立ちで見守る。
- ☐ わが家は**天井**《てんじょう》が高い。
- ☐ **声色**《こわいろ》を変えて話す。

- ☐ 明けの**明星**《みょうじょう》は東の空に輝く。
- ☐ 歌手を目ざして**精進**《しょうじん》する。
- ☐ **静脈**《じょうみゃく》は血液を心臓にもどす。
- ☐ **石高**《こくだか》は土地を評価する単位。
- ☐ **今昔**《こんじゃく》物語は平安時代の説話集。
- ☐ 隠し事は**一切**《いっさい》ない。
- ☐ 新作ソフトを**早速**《さっそく》試す。
- ☐ 新刊を**寄贈**《きぞう》する。
- ☐ 有名画家の**弟子**《でし》になる。
- ☐ 夕食の**支度**《したく》をする。

- この地域は**稲作**《いなさく》が盛んだ。
- **内裏**《だいり》は天皇のいる御殿だ。
- 朝食に**納豆**《なっとう》は欠かせない。
- 現金を**出納**《すいとう》する。
- **拍子**《ひょうし》記号を覚える。
- 呉《ご》服店で**反物**《たんもの》を選ぶ。
- **彼女**《かのじょ》は時間に正確だ。
- **苗代**《なわしろ》は稲の苗を育てる田。
- 収納スペースを**工夫**《くふう》する。
- なべ**奉行**《ぶぎょう》でテーブルを仕切る。

- **坊**《ぼっ》ちゃんは呼び名だ。
- 隠された秘密を**暴露**《ばくろ》する。
- このままでは**面目**《めんぼく》が立たない。 ※「めんもく」とも読む
- 新作を**披露**《ひろう》する。

資料3

よく出る 部首の問題

漢字検定3級に出題される可能性が高い学習漢字です。

使い方▼部首に赤シートをあてながら解いていきましょう。

漢字	部首	部首名
窒	穴	あなかんむり
翻	羽	はね
衰	衣	ころも
殴	殳	るまた ほこづくり
衝	行	ぎょうがまえ ゆきがまえ
葬	艹	くさかんむり
膨	月	にくづき
超	走	そうにょう
房	戸	とだれ とかんむり
墨	土	つち

漢字	部首	部首名
卑	十	じゅう
赴	走	そうにょう
癖	疒	やまいだれ
畜	田	た
髄	骨	ほねへん
宴	宀	うかんむり
企	人	ひとやね
顧	頁	おおがい
暫	日	ひ
蛮	虫	むし
魔	鬼	おに

漢字	部首	部首名
吏	口	くち
厘	厂	がんだれ
閲	門	もんがまえ
郭	阝	おおざと
冠	冖	わかんむり
虐	虍	とらがしら とらかんむり
克	儿	ひとあし にんにょう
匠	匚	はこがまえ
掌	手	て
彫	彡	さんづくり
帝	巾	はば

漢字	部首	部首名
痘	疒	やまいだれ
裂	衣	ころも
卸	卩	わりふ ふしづくり
敢	攵	のぶん ぼくづくり
疾	疒	やまいだれ
尿	尸	かばね しかばね
藩	艹	くさかんむり
某	木	き
虚	虍	とらがしら とらかんむり
卓	十	じゅう
逮	辶	しんにょう しんにゅう
奪	大	だい
辛	辛	からい
欧	欠	あくび かける
雇	隹	ふるとり
辱	辰	しんのたつ
慕	小	したごころ

漢字	部首	部首名
励	力	ちから
街	行	ぎょうがまえ ゆきがまえ
昇	日	ひ
乳	乚	おつ
墾	土	つち
魂	鬼	おに
遵	辶	しんにょう しんにゅう
遭	辶	しんにょう しんにゅう
募	力	ちから
廊	广	まだれ
既	旡	なし ぶ すでのつくり
喫	口	くちへん
契	大	だい
斥	斤	きん
斗	斗	とます
封	寸	すん
貫	貝	かい こがい

漢字	部首	部首名
獄	犭	けものへん
籍	⺮	たけかんむり
賊	貝	かいへん
哲	口	くち
婆	女	おんな
乏	ノ	の はらいぼう
塗	土	つち
塊	土	つちへん
慨	忄	りっしんべん
孔	子	こへん
削	刂	りっとう
殊	歹	かばねへん いちたへん がつへん
遂	辶	しんにょう しんにゅう
髪	髟	かみがしら
廉	广	まだれ
啓	口	くち
墜	土	つち

漢字	部首	部首名
免	儿	ひとあし にんにょう
勘	力	ちから
菊	艹	くさかんむり
鶏	鳥	とり
賢	貝	かい こがい
載	車	くるま
審	宀	うかんむり
酔	酉	とりへん
礎	石	いしへん
罰	罒	あみがしら あみめ よこめ
倣	亻	にんべん
酵	酉	とりへん
簿	⺮	たけかんむり
甲	田	た
慰	心	こころ
欺	欠	あくび かける
吉	口	くち

漢字	部首	部首名
興	臼	うす
遇	辶	しんにょう しんにゅう
窓	穴	あなかんむり
婿	女	おんなへん
我	戈	ほこづくり ほこがまえ
袋	衣	ころも
伐	亻	にんべん
術	行	ぎょうがまえ ゆきがまえ
焦	灬	れんが れっか
瀬	氵	さんずい

資料4

重要な 中学で習う読みの問題

試験ではとめ、はねなどの細かい点に注意して、すべて書けるように勉強しておきましょう。

使い方▼解答部分に赤シートをあてて、問題のカタカナ部分を漢字にしてみましょう。

問題	解答
天ぷらの**コロモ**にこだわる。	衣
ウモウ布団は温かい。	羽毛
日の光で美しさが**ハ**える。	映
学びの**ソノ**で教壇に立つ。	園
英語の**ボイン**について学ぶ。	母音
先生の号令の**モト**あいさつをする。	下
神の**ケシン**の存在を信じる。	化身
キカガク模様を好む。	幾何学
商品の**シュッカ**を手伝う。	出荷
ガリュウの進め方は認められない。	我流
多くの**セッカイガン**を収集する。	石灰岩
父は大学病院の**ゲカイ**だ。	外科医
カワ製品の手入れをする。	革
ブンカツ払いで商品を買う。	分割
好天続きで池が**ヒア**がる。	干上
チマナコになって追いかける。	血眼
アヤういところを助けられた。	危
キジョウの空論は意味がない。	机上
業務内容は**タキ**にわたる。	多岐
仮説を**モト**に実験を行う。	基
神仏を**タット**ぶ心を持つ。	貴
ウツワの大きい人物に出会う。	器
ハタオり教室に通う。	機織
柔道では**ネワザ**が得意だ。	寝技
路線バスは**リョカク**自動車だ。	旅客

姉は**キュウドウ**部に所属する。	弓道
日本史を奥深く**キワ**める。	究
試合に勝って**ゴウキュウ**する。	号泣
コウグウ警察に興味がある。	皇宮
ケイヒン工業地帯にある工場で働く。	京浜
ゴウインに計画を進める。	強引
シラカワゴウは世界的な観光地だ。	白川郷
湖一周で健脚を**キソ**う。	競
野犬の**シワザ**に違いない。	仕業
カンキワまって泣き出す。	感極
チョウケイは十歳年上だ。	長兄
法事でお**キョウ**を唱える。	経
カロやかな足取りで走る。	軽
ケイケツは東洋医学の用語である。	経穴
美容院で髪を**ユ**う。	結
料理人が包丁を**ト**ぐ。	研
スコやかな毎日を過ごす。	健
オゴソかな気持ちで式に臨む。	厳
オノレを知って事を進める。	己
ユエ有りげな表情を浮かべる。	故
キオクれして話しかけることができなかった。	気後
久々に**オオヤケ**の場に姿を見せる。	公
パーティーで言葉を**カ**わす。	交
君に**サチ**あれと願う。	幸
コウセイ労働省から発表がある。	厚生
仏前で**コウ**をたく。	香
ハガネは焼いて強くした鉄をいう。	鋼
深山**ユウコク**に立ち入る。	幽谷
コキン和歌集は有名な歌集だ。	古今
大雨で**ドシャ**災害が起こる。	土砂
長時間体育館に**スワ**る。	座
口は**ワザワ**いの元といわれる。	災
はさみで生地を**タ**つ。	裁

問題	解答
ウジガミ様にお参りする。	氏神
旅先で**シマイ**に出会う。	姉妹
新製品を**タメ**しに使う。	試
仕組みを簡単に**ズシ**する。	図示
アザとは地名の表記の一種である。	字
天気は**シダイ**に回復する。	次第
事件は世間の**ジモク**を集めた。	耳目
デザインが**ルイジ**する。	類似
病院の**ショウニカ**を受診する。	小児科
栄養ドリンクで**ジヨウ**をとる。	滋養
二十年勤めた会社を**ヤ**める。	辞
ムロマチ時代に精通している。	室町
宝石を**シチ**に入れる。	質
先日の無礼を**アヤマ**る。	謝
ジャクネン層をターゲットにする。	若年
赤ん坊の**コモ**りを頼まれる。	子守
母から秘伝の味を**サズ**かる。	授
近くの河口は**サンカクス**だ。	三角州
実家は茶道の**ソウケ**である。	宗家
混乱して**シュウシュウ**がつかない。	収拾
深夜にようやく眠りに**ツ**く。	就
演奏会に多くの若者が**ツド**う。	集
ウれたトマトを丸かじりする。	熟
カキゾめを提出する。	書初
オトメには悩みが多い。	乙女
スケっ人が大活躍する。	助
身に余る大役を**ウケタマワ**る。	承
美女が優しく**ホホエ**む。	微笑
大口の**アキナ**いが舞い込む。	商
投手力は相手よりも**マサ**る。	勝
重要文化財が**ショウシツ**する。	焼失
暑さによって魚が**イタ**む。	傷
タイトル争いが話題に**ノボ**る。	上

- □ 過去の議案を**ム**し返す。 蒸
- □ **ジョウモン**時代の土器が出土する。 縄文
- □ 交通費を**シンコク**する。 申告
- □ 事態の収拾を**ハカ**る。 図
- □ 友人を生徒会長に**オ**す。 推
- □ 彼は**キ**真面目な性格だ。 生
- □ 中途半端は**ショウブン**に合わない。 性分
- □ もう一度自らを**カエリ**みる。 省
- □ 血気**サカ**んな年ごろだ。 盛
- □ **マコト**を尽くして事に当たる。 誠
- □ 一朝**イッセキ**には成功しない。 一夕

- □ **ゼッセン**の末に敗れた。 舌戦
- □ **カセンジキ**で野球をする。 河川敷
- □ 休日は**モッパ**ら寝て過ごす。 専
- □ **センガク**を恥じる。 浅学
- □ 布を**センショク**する技術を習う。 染色
- □ 前回は完全な負け**イクサ**だ。 戦
- □ **コゼニ**入れをポケットにしまう。 小銭
- □ **スデ**で魚を捕まえる。 素手
- □ **シュショウ**の所信表明を聞く。 首相
- □ 歌手の**イショウ**は派手だ。 衣装
- □ 姉は三か国語を**アヤツ**る。 操

- □ **オオクラショウ**は昔の官庁だ。 大蔵省
- □ 情報を**スミ**やかに処理する。 速
- □ クラス全員を**インソツ**する。 引率
- □ 運動不足で健康を**ソコ**なう。 損
- □ **ツイ**になる漢字を見つける。 対
- □ 文書の**テイサイ**を整える。 体裁
- □ **チンタイ**住宅の工事が始まる。 賃貸
- □ **ミノシロキン**が奪われた。 身代金
- □ 停電のため**テサグ**りで進む。 手探
- □ 日常の悪習慣を**タ**つ。 断
- □ **アタイ**千金の一打が出た。 値

キッサテンで休息をとる。　喫茶店

土地取引を**チュウカイ**する。　仲介

最近の活躍は**イチジル**しい。　著

テイ寧《ねい》な作業と評判だ。　丁

一日かけて準備が**トト**ノう。　調

テサげかばんを作ってもらう。　手提

身の**ホド**をわきまえる。　程

江戸《えど》の**カタキ**を長崎《ながさき》で討つ。　敵

旅の**シタク**をする。　支度 仕度

夜明けとともに敵を**ウ**つ。　討

オカシラツきのごちそうだ。　尾頭付

ワラベウタがどこからか聞こえる。　童歌

知り**ウ**る限りの情報を出す。　得

チキョウダイとして育つ。　乳兄弟

ギネス記録に**ニンテイ**される。　認定

父に**ソム**いて自己を貫く。　背

バクガはビールの原料だ。　麦芽

新政権が**ホッソク**する。　発足

気の迷いから過ちを**オカ**す。　犯

ハンシンは大阪を中心とする地域だ。　阪神

かなりの力を**ヒ**めている。　秘

時間を**ツイ**やして解決する。　費

ビエンがなかなか治らない。　鼻炎

ヤマイは気からといわれる。　病

ヒンプの差が問題になる。　貧富

コイブミを書くのは難しい。　恋文

電池を**ヘイレツ**につなぐ。　並列

幼少時から心を**ト**ざす。　閉

イッペンの肉を味わう。　一片

ブアイ制アルバイトをする。　歩合

ハクボで見通しが悪い。　薄暮

遠方の友人の家を**オトズ**れる。　訪

ようやく一矢を**ムク**いる。　報

□ 町内会のボウネンカイが開かれる。 忘年会
□ 世界進出のタイモウを抱く。 大望
□ 過去の秘密をバクロする。 暴露
□ マキバは広く晴れ渡る。 牧場
□ もはやバンジ休すだ。 万事
□ タミは君主に従う。 民
□ 電化製品のジュミョウが尽きる。 寿命
□ 議論がメイソウして終了する。 迷走
□ オモシロい話に爆笑する。 面白
□ 笑うカドには福来たる 門
□ ゲンエキのプロ野球選手だ。 現役

□ ウチョウテンになる。 有頂天
□ ヤサしい心で動物に接する。 優
□ すぐにお金がイる。 要
□ 新しいゲームがホしい。 欲
□ キタる三月十日は兄の誕生日だ。 来
□ ランパクでお菓子を作る。 卵白
□ 悪夢がノウリをよぎる。 脳裏
□ 明日再試合にノゾむ。 臨
□ ホガらかな性格が好感だ。 朗
□ 会議はナゴやかに進む。 和

資料5

試験に出る 四字熟語の問題

3級の問題では、四字熟語の意味を問う問題は出題されませんが、意味がわかると四字熟語の漢字も覚えやすくなります。

使い方▶四字熟語に赤シートをあてて、漢字を書けるようにしておきましょう。

四字熟語	意味
青《あお》息《いき》吐《と》息《いき》	非常に困ったり苦しんだりするときに発するため息。また、そのようなときの状態。
悪《あく》逆《ぎゃく》無《む》道《どう》	人として行う道に、はなはだしくそむいた、悪い行い。「無道」は「ぶどう」「ぶとう」とも読む。類語に「極悪非道」がある。
悪《あく》事《じ》千《せん》里《り》	とかく悪い行いや評判は、すぐに広範囲に知れわたるということ。
悪《あく》戦《せん》苦《く》闘《とう》	強敵に対する非常に苦しい戦い。転じて、困難に打ち勝とうと苦労しながら努力すること。
悪《あっ》口《こう》雑《ぞう》言《ごん》	口にまかせていろいろな悪口を言うこと。また、その言葉。
暗《あん》雲《うん》低《てい》迷《めい》	前途多難な状態が続くこと。また、雲が低くたれこめ、なかなか晴れそうにないこと。
衣《い》冠《かん》束《そく》帯《たい》	昔の貴族の礼服。
意《い》気《き》消《しょう》沈《ちん》	元気がなくしょげ返っていること。失望してがっかりしていること。
意《い》気《き》衝《しょう》天《てん》	元気がよく天を衝かんばかりに、勢いがよいこと。意気込み盛んなこと。
意《い》気《き》投《とう》合《ごう》	心持ちが互いにぴったりと合い、一つになること。
意《い》気《き》揚《よう》揚《よう》	勢いがあり、威勢がよいさま。誇らしげにふるまうこと。類語に「意気衝天」「意気軒昂《こう》」がある。
異《い》口《く》同《どう》音《おん》	「異口」は「いこう」とも読む。大勢の人が口をそろえて同じことを言う。意見が一致する。
意《い》志《し》薄《はく》弱《じゃく》	自分の明確な意志をもたないさま。意志が弱くて忍耐力に欠けたり、決定や決行ができなかったりすること。
威《い》信《しん》回《かい》復《ふく》	威厳や信望を取り戻《もど》すこと。

以心伝心《いしんでんしん》
考えや思っていることが言葉を使わずに、互いの心から心に伝わること。

異体同心《いたいどうしん》
体は別でも心は固く一つに結ばれていること。それほどに関係が深いこと。

異端邪説《いたんじゃせつ》
正統からはずれている思想・信仰・学説。

一意専心《いちいせんしん》
ひたすら一つのことに心を集中すること。

一日千秋《いちじつせんしゅう》
待ち遠しいことのたとえ。一日が千年のように感じられること。

一病息災《いちびょうそくさい》
多少気になるくらいの軽い病気を持っていたほうが、無理をせず長生きするということ。

一部始終《いちぶしじゅう》
物事の始めから終わりまで、すべてのこと。

一枚看板《いちまいかんばん》
一座の中の代表的な役者。大勢の中の中心人物。また、人に見せられる唯《ゆい》一のもの。

一喜一憂《いっきいちゆう》
状況が変化するたびに喜んだり心配したりすること。

一騎当千《いっきとうせん》
一人の騎兵が千人の敵を相手に戦うほど、強い力を持っていること。

一挙一動《いっきょいちどう》
ひとつひとつのふるまい、動作。また、ちょっとしたしぐさのこと。

一挙両得《いっきょりょうとく》
一つの行為で二つの利益をあげること。「一挙」は一つの動作。類語に「一石二鳥」がある。

一件落着《いっけんらくちゃく》
事件や課題など、物事が解決すること。

一視同仁《いっしどうじん》
差別することなく、すべての人を見て愛すること。区別なく接すること。

一触即発《いっしょくそくはつ》
非常に緊迫した状況にさらされていること。

一心同体《いっしんどうたい》
異なるものが一つになること。また、複数の人が心を一つにして、一人の人間のように固く結びつくこと。

一石二鳥《いっせきにちょう》
一つの石を投げて二羽の鳥を撃ち落とす意から、一つの行為で二つの利益をあげること。

一刀両断《いっとうりょうだん》
「両断」は「両段」とも書く。一太刀で物を真っ二つに切ること。ためらわず、すばやく物事を処理したり、解決したりすること。類語に「一剣両断」がある。

意味深長《いみしんちょう》
人の言動や詩文などが奥深い意味を持っていること。裏に別の意味が隠されていること。

因果応報《いんがおうほう》
過去における善悪の業に応じて現在における幸不幸の果報を生ずること。

有為転変《ういてんぺん》
この世の中は激しく移り変わり、しばらくも一定の状態にないこと。また、この世が無常ではかないことのたとえ。「転変」は「てんぺん」「てんでん」とも読む。類語に「諸行無常」がある。

雲散霧消《うんさんむしょう》
雲や霧が風や太陽の光にあたって消え失せるように、あとかたもなく消えてなくなること。

栄枯盛衰《えいこせいすい》
人や家が栄えたり衰えたりすること。類語に「栄枯浮沈」がある。

遠隔操作《えんかくそうさ》
離れた場所にある機器類を、間接的に操作すること。

遠交近攻《えんこうきんこう》
遠くの国と仲良くし、近くの国を挟《はさ》み撃ちして攻める策。

円転滑脱《えんてんかつだつ》
なめらかでよく変化し、自由自在なこと。物事がすらすらと運んで、とどこおらないこと。

応急処置《おうきゅうしょち》
急病人やけが人に、とりあえずその場でしておく処置。

応急措置《おうきゅうそち》
「措置」は「処置」と同じ。急場の間に合わせにする仮の処置。

汚名返上《おめいへんじょう》
不名誉な評判を、新たな成果を挙げてしりぞけること。

温故知新《おんこちしん》
古いものをたずね求めて新たな事柄の意味を知ること。「温」はたずね求める。「故《ふる》きを温《たず》ねて新しきを知る」とも読む。

音吐朗朗《おんとろうろう》
声などが豊かでさわやかなこと。

外郭団体《がいかくだんたい》
国や地方の公共機関・組織の外部にあるが、公共機関と連携しながらその活動や事業を支援する団体のこと。

皆既日食《かいきにっしょく》
太陽と地球の間に月が来ることで、地球からみた太陽が月によって覆われる日食と呼ばれる現象の一種。地球から見た月の見かけの大きさが、地球から見た太陽の見かけの大きさより大きい場合に起こり、太陽は月に完全に隠される。

外交辞令《がいこうじれい》
口先だけのお世辞。うわべだけのお愛想のこと。

怪力乱神《かいりきらんしん》
人知の及ばないふしぎな現象や、超自然的な物事の存在のたとえ。

隔《かく》世《せい》遺《い》伝《でん》
先祖にあった遺伝上の形質がその子孫に突然現れること。

花《か》鳥《ちょう》風《ふう》月《げつ》
自然の美しい景色や風流な遊びのこと。

活《かっ》殺《さつ》自《じ》在《ざい》
他人を自分の思いどおりに扱うこと。

我《が》田《でん》引《いん》水《すい》
自分の田へ水を引くこと。転じて、自分の都合のよいように言ったり、したりすること。

夏《か》炉《ろ》冬《とう》扇《せん》
夏の火ばちと冬の扇の意。時節に合わず、役に立たないもの。類語に「冬扇夏炉」がある。

感《かん》慨《がい》無《む》量《りょう》
言葉では言い表せないほど、胸いっぱいにしみじみと感じ入ること。

緩《かん》急《きゅう》自《じ》在《ざい》
速度などをゆるめたり、引き締めたり、思いのままにすること。

冠《かん》婚《こん》葬《そう》祭《さい》
「元服」「婚礼」「葬儀」「祭り」など、慶弔の儀式のこと。

気《き》炎《えん》万《ばん》丈《じょう》
他を圧倒するほど意気盛んであること。

危《き》機《き》一《いっ》髪《ぱつ》
髪の毛一本ほどのほんのわずかな違いで、非常に危険な状態になりそうな瞬間、状況。

危《き》急《きゅう》存《そん》亡《ぼう》
危険が迫っていて、生き残るかほろびるかのせとぎわのこと。

起《き》死《し》回《かい》生《せい》
今にも死にそうな病人を生き返らせること。また、崩壊寸前の状態から好転させること。

喜《き》色《しょく》満《まん》面《めん》
うれしそうな表情が顔いっぱいにあふれているようす。「色」は表情やようすの意。

疑《ぎ》心《しん》暗《あん》鬼《き》
疑う心があると、なんでもないことまで怪しく感じられるようになること。

規《き》制《せい》緩《かん》和《わ》
政府が産業や経済に関するさまざまな規制を廃《はい》止したり緩めたりすること。

奇《き》想《そう》天《てん》外《がい》
普通の人には思いつかないような、きわめて奇抜な考え。

奇《き》怪《かい》千《せん》万《ばん》
ふだんと違っていてたいそう不気味なこと。また、非常にけしからぬこと。

喜《き》怒《ど》哀《あい》楽《らく》
喜び、怒り、哀しみ、楽しみのこと。

旧《きゅう》態《たい》依《い》然《ぜん》
昔からの状態がそのまま続き、少しも変化、進歩しないさま。類語に「十年一日」がある。

急《きゅう》転《てん》直《ちょっ》下《か》
事態や情勢が急に変化し、物事が解決し決着に向かうこと。

牛《ぎゅう》歩《ほ》戦《せん》術《じゅつ》
議会などで、審議を引き延ばすために投票の際にのろのろと歩くこと。

狂《きょう》喜《き》乱《らん》舞《ぶ》

小躍りするほど非常に喜ぶさま。

驚《きょう》天《てん》動《どう》地《ち》

天を驚かし、地を動かす意で、世間を大いに驚かすこと。

器《き》用《よう》貧《びん》乏《ぼう》

器用なためにあれこれと手を出して一事に徹《てっ》底できず、大成しないこと。

玉《ぎょく》石《せき》混《こん》交《こう》

すぐれたものと劣ったものが入り混じっていること。

挙《きょ》措《そ》動《どう》作《さ》

身のこなし、立ち居振る舞いのこと。

議《ぎ》論《ろん》百《ひゃく》出《しゅつ》

多くの意見が議論されること。

金《きん》科《か》玉《ぎょく》条《じょう》

金や玉のように大切な法律。一番大切な法律。一番重要な規則。

緊《きん》急《きゅう》事《じ》態《たい》

すみやかな対応が求められる重大な事態。

金《きん》城《じょう》鉄《てっ》壁《ぺき》

金や鉄で造ったような城壁を持つ堅固な城。転じて物事が非常に堅固であることのたとえ。類語に「金城湯池」「難攻不落」がある。

空《くう》前《ぜん》絶《ぜつ》後《ご》

過去に例がなく、この先も起こりそうにない非常にめずらしいさま。類語に「前代未聞《もん》」がある。

空《くう》中《ちゅう》楼《ろう》閣《かく》

空中に築いた立派な建物の意で、本来は「しんきろう」のこと。転じて、現実性のないことのたとえ。類語に「砂上楼閣」がある。

九《く》分《ぶ》九《く》厘《りん》

十分のうち一厘を残すだけのことから、ほぼ完全に近いこと。推測・予想などがほとんど間違いなく確実なこと。

鯨《げい》飲《いん》馬《ば》食《しょく》

鯨のように多くの酒を飲み、馬のように多く食べるさま。類語に「牛飲馬食」がある。

鶏《けい》口《こう》牛《ぎゅう》後《ご》

大きな組織に隷属するよりは小さくても人の上に立つほうがよいということ。

言《げん》行《こう》一《いっ》致《ち》

言葉と行動が食い違わないこと。「言行」は言うことと行うこと。類語に「有言実行」がある。

権《けん》謀《ぼう》術《じゅっ》数《すう》

人をあざむくたくらみやはかりごと。

行《こう》雲《うん》流《りゅう》水《すい》

空を行く雲と流れ行く水。物事にとらわれず自然のままに身をゆだねて生きること。

□ **好《こう》機《き》到《とう》来《らい》**

ちょうどよい機会がくること。絶好の機会に恵まれること。

□ **巧《こう》言《げん》令《れい》色《しょく》**

言葉を飾って口先だけの言葉を言ったり顔色をつくろったりして、相手にへつらうこと。

□ **公《こう》私《し》混《こん》同《どう》**

仕事など公的にかかわっていることと、プライベートなことを区別しないこと。

□ **公《こう》序《じょ》良《りょう》俗《ぞく》**

公共の秩《ちつ》序と、善良な風俗。

□ **公《こう》平《へい》無《む》私《し》**

すべての判断、行動などがかたよらず、個人的な感情、利益などをいっさい加えないさま。類語に「公明正大」「公正平等」がある。

□ **高《こう》論《ろん》卓《たく》説《せつ》**

すぐれた意見、論説のこと。「卓」は抜きんでている意。

□ **孤《こ》軍《ぐん》奮《ふん》闘《とう》**

支援する者がない中で、一人で懸命に努力すること。

□ **古《こ》今《こん》東《とう》西《ざい》**

いつでも、どこでも。「古今」は昔から今まで（いつでも）、「東西」は東も西も（どこでも）。

□ **古《こ》今《こん》無《む》双《そう》**

昔から今に至るまで、他に比するものがないこと。「無双」は他に比べるものがないという意。類語に「海内無双」がある。

□ **後《ご》生《しょう》大《だい》事《じ》**

常に心をこめて物事に励むこと。また、物を大切に保持すること。

□ **孤《こ》城《じょう》落《らく》日《じつ》**

孤立無縁の城に沈む夕日がさし込んでいる光景。勢力も傾き、助けもこない心細いさま。

□ **故《こ》事《じ》来《らい》歴《れき》**

古くから伝わる物事のいわれや経過の次第。「故事」は昔から伝わる話。「古事」とも書く。

□ **刻《こっ》苦《く》勉《べん》励《れい》**

非常に苦労して、勉学や仕事につとめはげむこと。類語に「刻苦精励」がある。

□ **固《こ》定《てい》観《かん》念《ねん》**

心中にこり固まっていて、その人の思考や行動をしばるような考え。

□ **鼓《こ》舞《ぶ》激《げき》励《れい》**

盛んにふるいたたせ励ますこと。

□ **孤《こ》立《りつ》無《む》援《えん》**

ひとりぼっちで頼るものがないこと。

□ **困《こん》苦《く》欠《けつ》乏《ぼう》**

生活するのに必要な物の不足で苦しむこと。

□ **言《ごん》語《ご》道《どう》断《だん》**

あまりのひどさにあきれて言葉も出ない、言葉にならないこと。

□ **才《さい》色《しょく》兼《けん》備《び》**

すぐれた才知と美ぼうを兼ね備えている女性。「才色」は「さいしき」「さいそく」とも読む。

三寒四温《さんかんしおん》

冬から初春にかけて、寒い日が三日続いたのち暖かい日が四日続き、これを繰り返すこと。

山紫水明《さんしすいめい》

自然の景観が清らかで美しいこと。

四海兄弟《しかいけいてい》

世界中の人々は兄弟のように仲良くすべきだということ。

自画自賛《じがじさん》

自分で自分のことをほめること。

士気高揚《しきこうよう》

集団の熱意や意気込みが高まること。またやる気を高めること。

試行錯誤《しこうさくご》

試みと失敗をくりかえしながら適切な方法を見つけること。

自己犠牲《じこぎせい》

自分の身体や時間、労力などを、何らかの目的達成や他者のためにささげること。

事後承諾《じごしょうだく》

承諾を要する事項において、事がすんだあとで、それについての承諾をすること。

事実無根《じじつむこん》

根も葉もないこと。でたらめ。

志操堅固《しそうけんご》

正しいと信じる主義や志がしっかりと定まっていて、容易にはくずれないこと。

時代錯誤《じだいさくご》

時代の流れにそぐわない、昔ながらの考え方。

舌先三寸《したさきさんずん》

口先でうまいことを言って誠実さに欠け、中身がないこと。

七転八倒《しちてんばっとう》

激しい苦痛に転げまわってもがくこと。

失望落胆《しつぼうらくたん》

希望を失って、非常にがっかりすること。

地盤沈下《じばんちんか》

建物などの土台となる大地が沈んで下がること。転じて、勢力基盤が弱体化すること。

四分五裂《しぶんごれつ》

ばらばらに分裂していること。秩序《ちつ》がなく、乱れている様子。

自暴自棄《じぼうじき》

失敗や不満などがあって将来に希望が持てず、自分自身を粗末にし、すてばちになること。

諮問機関《しもんきかん》

行政庁の求めに応じて有識者などが調査・審議を行い、意見を答申する機関。

縦横無尽《じゅうおうむじん》

自由自在で、思う存分にふるまうこと。類語に「自由自在」「縦横自在」がある。

終始一貫《しゅうしいっかん》

主張や態度、行動が始めから終わりまで変わらないこと。類語に「首尾一貫」がある。

衆人環視《しゅうじんかんし》

多くの人が取り巻いて見ていること。物事が白日の下にさらされることについてもいう。

集中豪雨《しゅうちゅうごうう》
狭い地域に、短時間のうちに多量に降る強い雨。

主客転倒《しゅかくてんとう》
「主客」とは、主人と客人の意味。転じて、物事の立場や順序が逆転してしまうこと。

熟慮断行《じゅくりょだんこう》
じっくり考えた上で思い切って実行すること。

取捨選択《しゅしゃせんたく》
必要なものを取り、不必要なものを捨てて選び取ること。

首尾一貫《しゅびいっかん》
一つの方針や態度を貫き通し、始めと終わりで矛盾しないさま。類語に「終始一貫」がある。

順風満帆《じゅんぷうまんぱん》
帆に追い風を一杯受けて、船が快調に進むこと。転じて、物事がすべて順調に進むこと。

上意下達《じょういかたつ》
上の者の命令や意志を、下の者によく徹《てっ》底させること。

条件反射《じょうけんはんしゃ》
ある条件を与えられると起こる反射運動のこと。

小康状態《しょうこうじょうたい》
病状などが一度悪化していたものがやや回復し、落ち着いている状態のこと。

笑止千万《しょうしせんばん》
非常にばかばかしいこと。「笑止」はばかばかしいこと。「千万」はこの上なくひどいこと。

生者必滅《しょうじゃひつめつ》
生きているものは必ず死ぬこと。

小心翼翼《しょうしんよくよく》
気が小さくて、いつもびくびく恐れているさま。

焦熱地獄《しょうねつじごく》
仏教の地獄の一つで、生前に殺人や盗み、飲酒などの罪を犯したものが落とされる。

諸説紛紛《しょせつふんぷん》
いろいろな説や意見が入り乱れ、まとまりがつかないさま。

職権乱用《しょっけんらんよう》
職務上認められている権限を、不当または違法に適用すること。

署名運動《しょめいうんどう》
署名を集め、意思決定に影響を与えようとすること。

支離滅裂《しりめつれつ》
ばらばらで、まとまりがないこと。一貫性がないこと。類語に「四分五裂」がある。

思慮分別《しりょふんべつ》
物事を慎重に考えて判断すること。類語に「熟慮断行」がある。

人海戦術《じんかいせんじゅつ》
多数の人員を投じて仕事を完成させること。「人海」は人が多数集まって海のように見えるさま。

心機一転《しんきいってん》
あることを契機にして、気持ちをすっかり入れ替えて出直すこと。

真剣勝負《しんけんしょうぶ》

本物の刀で斬り合うことから、遊び半分ではなく、本気で争って勝敗を決すること。また、物事にまじめに全力で対処すること。

深山幽谷《しんざんゆうこく》

人里を離れた奥深い山山や、物の形がはっきりしないほど深い谷。

進取果敢《しんしゅかかん》

物事に積極的に取り組み、決断力に富んでいること。

神出鬼没《しんしゅつきぼつ》

すばやく、自由自在に、現れたり隠れたりすること。所在が容易につかめないさま。

信賞必罰《しんしょうひつばつ》

賞罰を厳正にすること。功労のある者には必ず賞を与え、罪を犯した者は必ず罰する。

針小棒大《しんしょうぼうだい》

針のように小さなことを、棒ほどもあるように大きくいう。

新進気鋭《しんしんきえい》

新たに参加したてで非常に意気込み、勢いが盛んなこと。また、その人。

人跡未踏《じんせきみとう》

まだ一度も人が足を踏み入れたことがないこと。

慎重審議《しんちょうしんぎ》

注意深く物事を検討してそのよしあしを決めること。

新陳代謝《しんちんたいしゃ》

古いものと新しいものが入れ替わること。組織の若返りなどにもいう。

酔生夢死《すいせいむし》

酒に酔い、夢心地で一生を過ごす意から、何もせずにぼんやりと、むなしく一生を過ごすこと。

晴耕雨読《せいこううどく》

晴れた日は田畑の仕事、雨が降れば家にこもって読書という、気の向くままの生活のこと。

生殺与奪《せいさつよだつ》

生かすも殺すも、奪うも与えるも、思いのままであること。「生殺与奪の権」と用いる。絶対的権力。類語に「活殺自在」がある。

正当防衛《せいとうぼうえい》

不当な暴行から自身や他人の身を守る権利。

清廉潔白《せいれんけっぱく》

心が清く、不正をするような後ろめたいところがないさま。類語に「青天白日」がある。

責任回避《せきにんかいひ》

自分が負うべき責任を避けようとする言動。

摂関政治《せっかんせいじ》

平安時代に藤《ふじ》原氏が摂政《しょう》や関白といった高い地位をしめて、政治の実権を代々独占し続けたこと。

☐ 是非曲直《ぜひきょくちょく》
物事の善悪。「是非」は正と不正、「曲直」は曲がっていることとまっすぐなこと。

☐ 是非善悪《ぜひぜんあく》
物事のよしあし。「是非」は正と不正、「善悪」はよいことと悪いこと。

☐ 浅学非才《せんがくひさい》
学識が浅く未熟であること。対語に「博学多才」がある。

☐ 千客万来《せんきゃくばんらい》
「千客」は「せんかく」とも読む。多くの客が絶え間なく訪れること。

☐ 前後不覚《ぜんごふかく》
物事の後先の判断がつかなくなるほど正気を失うこと。類語に「人事不省」がある。

☐ 潜在意識《せんざいいしき》
心の奥底にひそみかくれている、自覚されない意識。

☐ 千載一遇《せんざいいちぐう》
またとないよい機会のこと。「載」は年の意味で「千載」は千年の意味。

☐ 千差万別《せんさばんべつ》
いろいろなものそれぞれに相違や差異があること。「万別」は「まんべつ」とも読む。

☐ 千紫万紅《せんしばんこう》
色とりどりの花が咲き乱れているさま。「千紅万紫」ともいう。

☐ 全身全霊《ぜんしんぜんれい》
その人の体力と気力のすべて。

☐ 前人未到《ぜんじんみとう》
今までだれも到達していないこと。「未到」は「未踏」とも書く(足を踏み入れていない意)。

☐ 先制攻撃《せんせいこうげき》
先手を取って相手を攻めること。類語に「先手必勝」がある。

☐ 前途有望《ぜんとゆうぼう》
将来成功する見込みが大きいこと。類語に「前途洋洋」がある。

☐ 千変万化《せんぺんばんか》
「千変」は「せんべん」とも読む。さまざまに変化すること。類語に「変幻自在」がある。

☐ 先憂後楽《せんゆうこうらく》
先に心配事・苦痛に思うことをかたづけ、楽しみは後回しにすること。

☐ 千慮一失《せんりょのいっしつ》
知者が、どんなに入念に考えたことでも、一つぐらいは失敗や間違いがあるということ。対語に「愚者一得」がある。

☐ 創意工夫《そういくふう》
ものを新たに考え出し、いろいろな手段をめぐらすこと。

☐ 相乗効果《そうじょうこうか》
複数の原因が重なり、個々に得られる以上の結果を生じること。

☐ 則天去私《そくてんきょし》
自然の道理に従い、小さな自分を捨てて崇《すう》高に生きること。「天に則り私を去る」とも読む。

☐ 粗製濫造《そせいらんぞう》
質の悪い品をやたらに多くつくること。

率《そっ》先《せん》垂《すい》範《はん》

先頭に立って行動し模範を示すこと。「率先」は先に立って行動する、「垂範」は手本を示す。

大《たい》安《あん》吉《きち》日《じつ》

物事を行うのに最も縁起のよいという日。

大《たい》器《き》晩《ばん》成《せい》

大きな器は完成まで時間がかかることから、偉大な人物は、若いころは目立たず、じょじょに実力を養い、晩年に大成するということ。

大《たい》義《ぎ》名《めい》分《ぶん》

ある行為をするための根拠となる正当な理由。

大《たい》山《ざん》鳴《めい》動《どう》

騒ぎは非常に大きいが、結果は意外に小さいことのたとえ。「大山鳴動して鼠《ねずみ》一匹」ともいう。

大《だい》胆《たん》不《ふ》敵《てき》

度胸がすわっていて敵をまったく恐れないさま。

大《だい》同《どう》小《しょう》異《い》

多少の違いはあるが、ほぼ同じであること。似たり寄ったりであること。類語に「同工異曲」がある。

多《た》岐《き》亡《ぼう》羊《よう》

方針が多すぎてどうしたらよいのか迷うこと。「多岐」はたくさんの分かれ道の意味。

暖《だん》衣《い》飽《ほう》食《しょく》

暖かい服を着て、十分に食べること。なんの不足もない恵まれた生活。

単《たん》純《じゅん》明《めい》快《かい》

はっきりして、わかりやすいこと。筋道が通っていて内容がよくわかること。

単《たん》身《しん》赴《ふ》任《にん》

家族を残して、本人だけが任地へ赴くこと。

胆《たん》大《だい》心《しん》小《しょう》

大胆でしかも細心の注意を払うこと。

単《たん》刀《とう》直《ちょく》入《にゅう》

たった一本の刀で敵の中に切り込むことから、前置きなしにいきなり本題に入って要点をつくこと。

治《ち》外《がい》法《ほう》権《けん》

外国にいる人が滞在している国の法律（とくに裁判権）に服さない権利。

昼《ちゅう》夜《や》兼《けん》行《こう》

昼も夜も休まずに進むこと。転じて、物事を続けて行うこと。類語に「不眠不休」がある。

直《ちょく》情《じょう》径《けい》行《こう》

感情のおもむくままに行動に移すこと。「直」も「径」もまっすぐの意。

治《ち》乱《らん》興《こう》亡《ぼう》

世の中がよく治まることと、乱れて亡びること。

適《てき》者《しゃ》生《せい》存《ぞん》

環境に適したものが生き残り、適さないものはほろびること。

天《てん》衣《い》無《む》縫《ほう》
天人の衣には人工的な縫い目がないことから、詩文などで技巧の跡がなく、ごく自然に見えながら完成度の高いこと。

天《てん》下《か》無《む》双《そう》
天下にくらべる者がないほど、すぐれているということ。

電《でん》光《こう》石《せっ》火《か》
稲妻の光と火打ち石を打って出る火花。非常に短い時間のたとえ。また、動作がきわめて速いこと。

天《てん》変《ぺん》地《ち》異《い》
雷、暴風、地震など、自然界に起こる異変。類語に「天災地変」がある。

当《とう》意《い》即《そく》妙《みょう》
その場にふさわしいタイミングで即座の機転をきかすこと。

同《どう》工《こう》異《い》曲《きょく》
てぎわや技巧は同じだが、趣や味わいが違う。転じて、見かけは違うようでも同じ手法であること。類語に「異曲同工」「大同小異」がある。

同《どう》床《しょう》異《い》夢《む》
いっしょに暮らしてはいるが、別々のことを考えている状態。また同じ仕事にたずさわりながら目標などが異なっていること。

当《とう》代《だい》随《ずい》一《いち》
今の時代で、数多くある中の第一位。一番。

得《とく》意《い》満《まん》面《めん》
顔いっぱいに、誇らしい気持ちが表れること。

独《どく》断《だん》専《せん》行《こう》
他の人に相談しないで自分一人で判断し、自分の思うまま勝手に実行すること。

怒《ど》髪《はつ》衝《しょう》天《てん》
髪が逆立つほど激しく怒ること。

難《なん》攻《こう》不《ふ》落《らく》
守りが固く攻め落としにくい。転じて、相手がなかなかこちらの思い通りにならないこと。

二《に》者《しゃ》択《たく》一《いつ》
二つの中から一つを選ぶこと。類語に「二者選一」がある。

二《に》束《そく》三《さん》文《もん》
二束でわずか三文の意。多く捨て売りの場合の値段をいう。

日《にち》常《じょう》茶《さ》飯《はん》
普段の食事。転じて、ありふれた平凡なものごと。

日《にっ》進《しん》月《げっ》歩《ぽ》
絶えず進歩すること。とどまることなく急速に進歩すること。

二《に》人《にん》三《さん》脚《きゃく》
二人が互いに助け合って事に当たること。

人気絶頂《にんきぜっちょう》
人気がもっともある状態。

年功序列《ねんこうじょれつ》
勤続年数や年齢が増すにつれて賃金や地位が上がること。

破顔一笑《はがんいっしょう》
顔をほころばせて軽く笑うこと。「破顔」は顔をほころばせること。「一笑」はちょっと笑うこと。

波及効果《はきゅうこうか》
波が広がるように伝わっていく物事の影響。

博学多才《はくがくたさい》
広く学問に通じ、多方面にすぐれた才能を持っていること。対語に「浅学非才」がある。

薄志弱行《はくしじゃっこう》
意志が弱くて実行力が足りないこと。類語に「意志薄弱」「優柔不断」がある。

博覧強記《はくらんきょうき》
ひろく書物を読み、そのことを記憶していること。「博覧」は物事をよく聞き知る、「強記」は記憶力が強い。類語に「博聞強記」がある。

馬耳東風《ばじとうふう》
他人からの意見や批判に無関心で注意を払わないこと。「東風」は心地よい春風。

波瀾万丈《はらんばんじょう》
物事の変化がきわめて激しいこと。

悲願達成《ひがんたっせい》
長期間、強く願っていたことが実現すること。

美辞麗句《びじれいく》
美しく飾ったたくみな言葉。主にお世辞を言うための言葉や言いまわし。

百家争鳴《ひゃっかそうめい》
多くの学者が自由に論争すること。

百鬼夜行《ひゃっきやこう》
いろいろな化け物が夜になると動きまわる。転じて、悪人どもが自分勝手なふるまいをすること。「夜行」は「やぎょう」とも読む。

品行方正《ひんこうほうせい》
行い、行状がきちんとして正しいこと。類語に「聖人君子」がある。

不朽不滅《ふきゅうふめつ》
いつまでもほろびないこと。

複合汚染《ふくごうおせん》
複数の有害物質が複合することで、より毒性が強まった汚染。

複雑怪奇《ふくざつかいき》
いろいろなことが込み入って混乱しているため、全体として怪しく不思議なようす。

複雑多岐《ふくざつたき》
物事が多方面に分かれ、しかも入り組んでいること。

舞《ぶ》台《たい》装《そう》置《ち》
舞台芸術で、雰《ふん》囲気を出すため舞台上に設けられた照明や大道具・小道具などの装置。

物《ぶつ》情《じょう》騒《そう》然《ぜん》
世間、世人がおだやかでなく物騒な状態。

不《ふ》眠《みん》不《ふ》休《きゅう》
眠らず休まずに事にあたること。

不《ふ》老《ろう》長《ちょう》寿《じゅ》
いつまでも年をとらず、長生きすること。類語に「長生不死」「不老不死」がある。

文《ぶん》明《めい》開《かい》化《か》
人知が開け、世の中が進歩して文化の水準が高くなること。

奮《ふん》励《れい》努《ど》力《りょく》
目標を立てて一心に当たる心構え。

平《へい》穏《おん》無《ぶ》事《じ》
おだやかで、これといったこともなく安らかなこと。類語に「無事息災」がある。

平《へい》身《しん》低《てい》頭《とう》
頭を下げて、恐れ入ること。ひたすら謝ること。

変《へん》幻《げん》自《じ》在《ざい》
出没や変化が自由自在であること、またそのようす。類語に「千変万化」「変幻出没」がある。

片《へん》言《げん》隻《せき》句《く》
わずかな言葉。ちょっとした短い言葉。類語に「片言隻語」「一言半句」がある。

片《へん》言《げん》隻《せき》語《ご》
わずかな言葉。「片言隻句」に同じ。

本《ほん》末《まつ》転《てん》倒《とう》
根本的で重要な事柄と小さくつまらない事柄を取り違えること。類語に「主客転倒」がある。

漫《まん》言《げん》放《ほう》語《ご》
勝手なことを言い散らすこと。言いたい放題。

無《む》為《い》徒《と》食《しょく》
なんの仕事もせず遊び暮らすこと。「無為」は何もしない、「徒食」は働かない。

無《む》我《が》夢《む》中《ちゅう》
物事に熱中して自分を忘れ、他のことを顧みないこと。

無《む》罪《ざい》放《ほう》免《めん》
無罪であると判明した被疑者の拘束を解き、自由にすること。疑いが晴れることを幅広く指す表現。

無《む》病《びょう》息《そく》災《さい》
病気をせず健康で、また災害がなく無事。「息災」は仏の力で災いを止めること。

無《む》味《み》乾《かん》燥《そう》
少しもおもしろみや味わいのないこと。「無味」は趣がない、「乾燥」はうるおいがない。

明《めい》鏡《きょう》止《し》水《すい》
くもりのない鏡と静かな水面。転じて、心にくもりがなく静かに落ち着いているさま。

名《めい》実《じつ》一《いっ》体《たい》
表向きの評判と内容が一致していること。

名《めい》所《しょ》旧《きゅう》跡《せき》

美しい景色・風景で知られている場所、歴史的な出来事や建物がある場所、観光に適した場所。

明《めい》朗《ろう》快《かい》活《かつ》

明るく元気で、ほがらかであるさま。

名《めい》論《ろん》卓《たく》説《せつ》

格調高い議論ととりわけすぐれた意見。類語に「高論卓説」「高論名説」がある。

迷《めい》惑《わく》千《せん》万《ばん》

たいへん迷惑なこと。類語に「迷惑至極」がある。

免《めん》許《きょ》皆《かい》伝《でん》

武芸などの奥義や極意を伝授すること。

面《めん》従《じゅう》腹《ふく》背《はい》

表面だけ服従するふりをして内心は反抗していること。

面《めん》目《もく》躍《やく》如《じょ》

「面目」は「めんぼく」とも読む。世間の評価にふさわしい活躍をするさま。

門《もん》戸《こ》開《かい》放《ほう》

制限をなくして自由にすること。

優《ゆう》柔《じゅう》不《ふ》断《だん》

気が弱く、ぐずぐずとして決断力にとぼしいこと。類語に「意志薄弱」「薄志弱行」がある。

有《ゆう》名《めい》無《む》実《じつ》

名ばかりで、実質が伴わないこと。評判と実際とが違っていること。

勇《ゆう》猛《もう》果《か》敢《かん》

勇ましくて決断力が強く、屈しないこと。類語に「進取果敢」がある。

油《ゆ》断《だん》大《たい》敵《てき》

注意を怠れば必ず失敗を招くから警戒せよという戒め。類語に「油断強敵」がある。

用《よう》意《い》周《しゅう》到《とう》

心づかいがゆきとどいて手抜かりのないこと。

用《よう》意《い》万《ばん》端《たん》

事前の仕度、準備のすべて。また、それらが完全に終わっていること。

容《よう》姿《し》端《たん》麗《れい》

姿、形がきちんと整っていて美しいこと。

乱《らん》戦《せん》模《も》様《よう》

敵味方入り混じって争っているようす。

利《り》害《がい》得《とく》失《しつ》

利益になることと、損害になること。「利害」「得失」は、ほぼ同じ意味。

力《りき》戦《せん》奮《ふん》闘《とう》

力いっぱい努力すること。

離《り》合《ごう》集《しゅう》散《さん》

離れたり集まったりする。また、そのくりかえし。

立《りっ》身《しん》出《しゅっ》世《せ》

社会的な地位を確立して名をあげること。

理非曲直《りひきょくちょく》
道理にかなったこととと道理にかなわないこと。また、正しいことと間違っていること。

流言飛語《りゅうげんひご》
世間で言いふらされている、根拠のないうわさ話。

粒粒辛苦《りゅうりゅうしんく》
こつこつと努力や苦労を重ねること。

理路整然《りろせいぜん》
話や意見、物事の筋道がきちんとしている。対語に「支離滅裂」がある。

臨機応変《りんきおうへん》
その場に臨み変化に応じて最も適当な手段をほどこすこと。そのさま。

老成円熟《ろうせいえんじゅく》
経験が豊富で、人格、知識、技能などが十分に熟練して、豊かな内容を持っていること。

炉辺談話《ろへんだんわ》
いろりのそばで、くつろいでする、よもやま話。

和敬清寂《わけいせいじゃく》
茶道の精神を表す言葉。「和敬」は主人と客の心の持ち方の心得、「清寂」は茶室や茶道具などに関連する心得のこと。

和魂洋才《わこんようさい》
日本固有の精神を持ちながら西洋の学問をそなえ持つこと。類語に「和魂漢才」がある。

資料6

よく出る

同音・同訓異字の問題

正しい漢字が答えられるように練習をしてみましょう。
試験では、正しい漢字を一字選択する形式で出題されます。

使い方▼下の文章の部分に赤シートをあてて、同じ音訓の違う漢字を覚えましょう。

ア
- 何度見ても飽きない映画。
- ドーナツを油で揚げる。
- 危険な場面に遭う。

ウ
- 仕事を請ける。
- 会場が大勢の人で埋まる。
- かたきを討つ。

エン
- 炎天下、高校野球が開幕した。
- 今日は会社の宴会がある。
- 選手に大きな声援が送られた。

オ
- 親友との別れを惜しむ。
- 英雄の生い立ちを調べる。
- 彼を学級委員に推す。

カ
- 架空の人物にあこがれる。
- 物語は佳境に入った。
- 豪華な花束をもらった。

ガイ
- 意志が強く気概のある人だ。
- 人生を振り返り、感慨にひたる。
- 該当する番号を見つけた。

カク
- 30センチの間隔をあける。
- 顔の輪郭が母に似ている。
- 畑の野菜を収穫した。

カン
- 勘違いしないように気を付ける。
- 人類初の冒険を敢行する。
- 長いトンネルが貫通した。

カン
- ☐ 注意を喚起する。
- ☐ 何事にも集中力が肝要だ。
- ☐ 電車の混雑が緩和された。

キ
- ☐ 既存の製品を改良する。
- ☐ 不要となった書類を破棄する。
- ☐ 人生の岐路に立たされている。

ケイ
- ☐ 「拝啓」で手紙を書きだす。
- ☐ おもしろい記事が掲載されている。
- ☐ 二年間の契約で部屋を借りた。

コ
- ☐ 顧客の満足度を調べる。
- ☐ 身寄りがなく孤独だ。
- ☐ 経験者を優先して雇用する。

コ
- ☐ 目を凝らしてよく見る。
- ☐ ホットケーキを焦がした。
- ☐ 百人を超える参加者が集まった。

コウ
- ☐ らちがあかず強硬手段に出た。
- ☐ 推理小説の巧妙なトリックにうなる。
- ☐ 仕事で長時間拘束された。

コン
- ☐ 犯人の魂胆を探る。
- ☐ 悔恨の情を見せる。
- ☐ 濃紺のはかまをはいて試合に臨む。

シ
- ☐ 諮問機関を設置する。
- ☐ 法律の施行は来年からだ。
- ☐ 福祉事業を全国展開している。

シ
- ☐ 輸出品は原油で占められている。
- ☐ 給料日前なので財布のひもを締める。
- ☐ 厳しい戦いを強いられる。

ショウ
- ☐ 時間が迫り焦燥感がつのる。
- ☐ 意匠を凝らしたデザイン。
- ☐ 会社の実権を掌中に収める。

ジョウ
- ☐ 冗談を言って笑わせる。
- ☐ 錠剤のかぜ薬を飲んだ。
- ☐ これ以上は譲歩できない。

シン
- ☐ 試合は一対二の辛勝だった。
- ☐ 伸縮性のある布地でできている。
- ☐ 法案を慎重に審議する。

スイ
- ☐ 日曜日の炊事当番は私だ。
- ☐ フランス文学に心酔する。
- ☐ 純粋な気持ちを持っている。

セキ
- ☐ 決勝戦で惜敗した。
- ☐ 購買部では書籍と文具も取り扱っている。
- ☐ 他者の意見を排斥した。

ソ
- ☐ 自転車が車の通行を阻害している。
- ☐ 食べ物を粗末にしてはいけない。
- ☐ 危機回避のためのあらゆる措置をとる。

ソウ
- ☐ 悪い習慣を一掃した。
- ☐ 森でクマに遭遇した。
- ☐ 双方の意見が対立している。

タイ
- ☐ 梅雨前線が停滞している。
- ☐ 胎児が成長していく様子を見た。
- ☐ 怠慢な態度に腹を立てる。

タク
- ☐ 研究のテーマを選択する。
- ☐ 屈託のない笑顔。
- ☐ 卓越した技術に感動する。

チョウ
- ☐ 人間の能力を超越した技だ。
- ☐ 木に彫刻をして仏像を作った。
- ☐ その歌は聴衆を魅了した。

チン
- ☐ 鎮魂のための石碑が建設された。
- ☐ 商品を棚に陳列する。
- ☐ 地震による地盤沈下が観測された。

テイ
□ 他国と条約を締結する。
□ 国語辞典の改訂版が出た。
□ 帝政が崩壊し共和制となった。

ト
□ 長年の思いを遂げる。
□ 包丁の刃を研ぐ。
□ 風景を写真に撮る。

トウ
□ 美しい踊りに陶酔する。
□ 肉を冷凍する。
□ 天然痘は感染症の一つだ。

ハン
□ 帆船が風を受けて進む。
□ 湖畔で静かにひと休みする。
□ 父兄同伴で遠足に出かける。

ホウ
□ 邦画の展覧会に行く。
□ 植物が芳香を放っている。
□ 奉仕活動で学校外の掃除を行った。

ボウ
□ 陰謀を企てる。
□ 酸素が欠乏している。
□ 膨大な量のデータを分析する。

ヨウ
□ 人権擁護を推進する。
□ 祖母が童謡を歌っている。
□ 抑揚をつけて話をする。

リョウ
□ 作業はすべて終了した。
□ ライオンの狩猟風景を見た。
□ 丘陵地帯から景色をながめる。

レイ
□ 祖母の霊前で手を合わせる。
□ 零細な資金で事業を始める。
□ 外出後の手洗いを励行する。

ロウ
□ 漏電に備えアース線を設置する。
□ 二年の間日本中を放浪していた。
□ 寺院の回廊をスケッチする。

資料7

よく出る 対義語の問題

対義語の組み合わせは一つではないので、熟語の意味も考えて覚えましょう。

使い方▼ 下の対義語の部分に赤シートをあてて、隠れた熟語を考えてみましょう。

- 冗漫《じょうまん》・冗長《じょうちょう》 ⇔ 簡潔《かんけつ》
- 怠慢《たいまん》 ⇔ 勤勉《きんべん》
- 穏健《おんけん》 ⇔ 過激《かげき》
- 華美《かび》・豪華《ごうか》 ⇔ 質素《しっそ》
- 違反《いはん》 ⇔ 遵守《じゅんしゅ》
- 妨害《ぼうがい》 ⇔ 協力《きょうりょく》

- 膨張《ぼうちょう》 ⇔ 収縮《しゅうしゅく》
- 遠隔《えんかく》 ⇔ 近接《きんせつ》
- 地獄《じごく》 ⇔ 極楽《ごくらく》
- 丁重《ていちょう》 ⇔ 粗略《そりゃく》
- 進展《しんてん》 ⇔ 停滞《ていたい》
- 一般《いっぱん》・普通《ふつう》 ⇔ 特殊《とくしゅ》
- 修繕《しゅうぜん》 ⇔ 破損《はそん》

- 虐待《ぎゃくたい》 ⇔ 愛護《あいご》
- 潤沢《じゅんたく》 ⇔ 欠乏《けつぼう》
- 承諾《しょうだく》・受諾《じゅだく》 ⇔ 辞退《じたい》
- 具体《ぐたい》 ⇔ 抽象《ちゅうしょう》
- 衰微《すいび》・没落《ぼつらく》 ⇔ 繁栄《はんえい》
- 創造《そうぞう》・独創《どくそう》 ⇔ 模倣《もほう》
- 緩慢《かんまん》 ⇔ 敏速《びんそく》
- 倹約《けんやく》 ⇔ 浪費《ろうひ》
- 賢明《けんめい》 ⇔ 暗愚《あんぐ》
- 郊外《こうがい》 ⇔ 都心《としん》

- 侵害《しんがい》 ⇔ 擁護《ようご》
- 詳細《しょうさい》・委細《いさい》 ⇔ 概略《がいりゃく》
- 保守《ほしゅ》 ⇔ 革新《かくしん》
- 強情《ごうじょう》 ⇔ 従順《じゅうじゅん》
- 邪悪《じゃあく》 ⇔ 善良《ぜんりょう》
- 助長《じょちょう》 ⇔ 阻害《そがい》
- 抑制《よくせい》 ⇔ 促進《そくしん》
- 卑屈《ひくつ》・卑下《ひげ》 ⇔ 尊大《そんだい》
- 分裂《ぶんれつ》 ⇔ 統一《とういつ》
- 歓喜《かんき》・喜悦《きえつ》 ⇔ 悲哀《ひあい》

- ☐ 模倣《もほう》 ⇔ 独創《どくそう》
- ☐ 抽象《ちゅうしょう》 ⇔ 具体《ぐたい》
- ☐ 釈放《しゃくほう》 ☐ 解放《かいほう》 ⇔ 拘束《こうそく》
- ☐ 精密《せいみつ》 ☐ 精巧《せいこう》 ⇔ 粗雑《そざつ》
- ☐ 優雅《ゆうが》 ⇔ 粗野《そや》
- ☐ 老成《ろうせい》 ☐ 老練《ろうれん》 ⇔ 幼稚《ようち》
- ☐ 促進《そくしん》 ⇔ 抑制《よくせい》
- ☐ 正統《せいとう》 ⇔ 異端《いたん》
- ☐ 添加《てんか》 ☐ 追加《ついか》 ⇔ 削除《さくじょ》

- ☐ 愛護《あいご》 ⇔ 虐待《ぎゃくたい》
- ☐ 却下《きゃっか》 ☐ 棄却《ききゃく》 ⇔ 受理《じゅり》
- ☐ 発生《はっせい》 ⇔ 消滅《しょうめつ》
- ☐ 非難《ひなん》 ☐ 悪口《わるぐち》 ⇔ 賞賛《しょうさん》
- ☐ 興隆《こうりゅう》 ☐ 隆盛《りゅうせい》 ⇔ 衰退《すいたい》
- ☐ 辛勝《しんしょう》 ⇔ 惜敗《せきはい》
- ☐ 安定《あんてい》 ⇔ 動揺《どうよう》
- ☐ 協調《きょうちょう》 ⇔ 排他《はいた》
- ☐ 孤立《こりつ》 ⇔ 連帯《れんたい》
- ☐ 故意《こい》 ⇔ 過失《かしつ》

- ☐ 拘束《こうそく》 ☐ 束縛《そくばく》 ⇔ 解放《かいほう》
- ☐ 炎暑《えんしょ》 ⇔ 厳寒《げんかん》
- ☐ 起床《きしょう》 ⇔ 就寝《しゅうしん》
- ☐ 支配《しはい》 ⇔ 従属《じゅうぞく》
- ☐ 強固《きょうこ》 ⇔ 柔弱《にゅうじゃく》
- ☐ 軽率《けいそつ》 ⇔ 慎重《しんちょう》
- ☐ 解放《かいほう》 ☐ 自由《じゆう》 ⇔ 束縛《そくばく》
- ☐ 粗略《そりゃく》 ☐ 疎略《そりゃく》 ⇔ 丁重《ていちょう》
- ☐ 師匠《ししょう》 ⇔ 弟子《でし》
- ☐ 自慢《じまん》 ⇔ 卑下《ひげ》

- ☐ 難解《なんかい》 ⇔ 平易《へいい》
- ☐ 沈下《ちんか》 ☐ 埋没《まいぼつ》 ⇔ 隆起《りゅうき》
- ☐ 零落《れいらく》 ⇔ 栄達《えいたつ》
- ☐ 帰路《きろ》 ☐ 復路《ふくろ》 ⇔ 往路《おうろ》
- ☐ 雇用《こよう》 ☐ 採用《さいよう》 ⇔ 解雇《かいこ》
- ☐ 鎮静《ちんせい》 ⇔ 興奮《こうふん》
- ☐ 追加《ついか》 ⇔ 削減《さくげん》
- ☐ 浪費《ろうひ》 ⇔ 節約《せつやく》
- ☐ 穏和《おんわ》 ⇔ 粗暴《そぼう》
- ☐ 興奮《こうふん》 ⇔ 鎮静《ちんせい》

資料8

よく出る 類義語の問題

類義語の組み合わせは一つではないので、熟語の意味も考えて覚えましょう。

使い方▼ 下の類義語の部分に赤シートをあてて、隠れた熟語を考えてみましょう。

- ☐ 卓越《たくえつ》・☐ 非凡《ひぼん》 ＝ 抜群《ばつぐん》
- ☐ 没頭《ぼっとう》 ＝ 専念《せんねん》
- ☐ 憂慮《ゆうりょ》 ＝ 心配《しんぱい》
- ☐ 克明《こくめい》 ＝ 丹念《たんねん》
- ☐ 潤沢《じゅんたく》 ＝ 豊富《ほうふ》
- ☐ 了解《りょうかい》・☐ 得心《とくしん》 ＝ 納得《なっとく》

- ☐ 魂胆《こんたん》・☐ 心算《しんさん》 ＝ 意図《いと》
- ☐ 嘱望《しょくぼう》 ＝ 期待《きたい》
- ☐ 辛酸《しんさん》 ＝ 困苦《こんく》
- ☐ 該当《がいとう》 ＝ 適合《てきごう》
- ☐ 漂泊《ひょうはく》 ＝ 放浪《ほうろう》
- ☐ 決心《けっしん》・☐ 決意《けつい》 ＝ 覚悟《かくご》

- ☐ 露見《ろけん》 ＝ 発覚《はっかく》
- ☐ 怠慢《たいまん》 ＝ 横着《おうちゃく》
- ☐ 辛抱《しんぼう》 ＝ 我慢《がまん》
- ☐ 鼓舞《こぶ》 ＝ 激励《げきれい》
- ☐ 屈伏《くっぷく》・☐ 屈服《くっぷく》 ＝ 降参《こうさん》
- ☐ 展示《てんじ》 ＝ 陳列《ちんれつ》
- ☐ 借金《しゃっきん》・☐ 債務《さいむ》 ＝ 負債《ふさい》
- ☐ 重体《じゅうたい》・☐ 重態《じゅうたい》 ＝ 危篤《きとく》
- ☐ 正邪《せいじゃ》・☐ 可否《かひ》 ＝ 是非《ぜひ》

- ☐ 監禁《かんきん》 ＝ 幽閉《ゆうへい》
- ☐ 未熟《みじゅく》 ＝ 幼稚《ようち》
- ☐ 廉価《れんか》 ＝ 安値《やすね》
- ☐ 容赦《ようしゃ》 ＝ 勘弁《かんべん》
- ☐ 手柄《てがら》 ＝ 功績《こうせき》
- ☐ 回顧《かいこ》・☐ 回想《かいそう》 ＝ 追憶《ついおく》
- ☐ 華美《かび》 ＝ 派手《はで》
- ☐ 熱中《ねっちゅう》 ＝ 没頭《ぼっとう》
- ☐ 解雇《かいこ》・☐ 解任《かいにん》 ＝ 免職《めんしょく》
- ☐ 大要《たいよう》・☐ 概要《がいよう》 ＝ 概略《がいりゃく》

- 官吏《かんり》＝役人《やくにん》
- 計算《けいさん》＝勘定《かんじょう》
- 幽閉《ゆうへい》＝監禁《かんきん》
- 高低《こうてい》＝起伏《きふく》
- 音信《おんしん》＝消息《しょうそく》
- 期待《きたい》＝嘱望《しょくぼう》
- 完遂《かんすい》＝達成《たっせい》
- 平定《へいてい》＝鎮圧《ちんあつ》
- 欠乏《けつぼう》＝不足《ふそく》
- 案内《あんない》＝誘導《ゆうどう》
- 形見《かたみ》＝遺品《いひん》
- 追憶《ついおく》＝回顧《かいこ》
- 精励《せいれい》＝勤勉《きんべん》

- 永遠《えいえん》＝恒久《こうきゅう》
- 傍観《ぼうかん》＝座視《ざし》
- 出納《すいとう》＝収支《しゅうし》
- 名残《なごり》＝余情《よじょう》
- 手腕《しゅわん》＝技量《ぎりょう》
- 熱狂《ねっきょう》＝興奮《こうふん》
- 利口《りこう》・利発《りはつ》＝賢明《けんめい》
- 現職《げんしょく》＝現役《げんえき》
- 警護《けいご》＝護衛《ごえい》
- 計略《けいりゃく》・画策《かくさく》＝策謀《さくぼう》
- 了解《りょうかい》＝承知《しょうち》

- 外見《がいけん》＝体裁《ていさい》
- 肝要《かんよう》・肝心《かんじん》＝大切《たいせつ》
- 通行《つうこう》＝往来《おうらい》
- 卑俗《ひぞく》・野卑《やひ》・下劣《げれつ》＝下品《げひん》
- 虚構《きょこう》＝架空《かくう》
- 了承《りょうしょう》＝許諾《きょだく》
- 策謀《さくぼう》＝計略《けいりゃく》
- 不足《ふそく》＝欠如《けつじょ》
- 順序《じゅんじょ》＝次第《しだい》
- 携帯《けいたい》＝所持《しょじ》

- 困苦《こんく》・苦難《くなん》＝辛酸《しんさん》
- 即刻《そっこく》＝早速《さっそく》
- 陳列《ちんれつ》＝展示《てんじ》
- 重荷《おもに》＝負担《ふたん》
- 吉報《きっぽう》＝朗報《ろうほう》
- 閉口《へいこう》＝困惑《こんわく》
- 落胆《らくたん》＝失望《しつぼう》
- 負債《ふさい》＝借金《しゃっきん》
- 便利《べんり》＝重宝《ちょうほう》
- 排除《はいじょ》＝除去《じょきょ》
- 処罰《しょばつ》＝制裁《せいさい》

よく出る 熟語の構成の問題

熟語がどのように構成されているか、見分け方のコツをつかみましょう。

使い方▶熟語の構成のしかたについて確認しましょう。赤シートをあてて読み方もチェックしてみましょう。

ア（同じような意味の漢字を重ねたもの）でよく出題される熟語

上の字と下の字、それぞれの意味を考え、同じような意味であればこの構成。

（例）脅威
脅（おどすこと）＝威（おどすこと）

- □脅威《きょうい》
- □犠牲《ぎせい》
- □墜落《ついらく》
- □娯楽《ごらく》
- □幼稚《ようち》
- □錯誤《さくご》
- □超越《ちょうえつ》
- □悦楽《えつらく》
- □選択《せんたく》
- □安穏《あんのん》
- □緩慢《かんまん》
- □狩猟《しゅりょう》
- □隠匿《いんとく》
- □締結《ていけつ》
- □欠乏《けつぼう》
- □基礎《きそ》
- □摂取《せっしゅ》
- □終了《しゅうりょう》
- □孤独《こどく》
- □排斥《はいせき》
- □滅亡《めつぼう》
- □休憩《きゅうけい》
- □山岳《さんがく》
- □遭遇《そうぐう》
- □鍛錬《たんれん》
- □討伐《とうばつ》
- □波浪《はろう》
- □夢幻《むげん》
- □邪悪《じゃあく》
- □霊魂《れいこん》

イ（反対または対応の意味を表す字を重ねたもの）でよく出題される熟語

上の字と下の字、それぞれの意味を考え、反対または対応する意味であればこの構成。

（例）賢愚
賢（かしこい）⇔愚（おろか）

- □愛憎《あいぞう》
- □尊卑《そんぴ》
- □哀歓《あいかん》
- □屈伸《くっしん》
- □賢愚《けんぐ》
- □精粗《せいそ》
- □乾湿《かんしつ》
- □吉凶《きっきょう》
- □盛衰《せいすい》
- □緩急《かんきゅう》
- □栄辱《えいじょく》
- □虚実《きょじつ》
- □添削《てんさく》
- □正邪《せいじゃ》
- □抑揚《よくよう》
- □起伏《きふく》
- □出没《しゅつぼつ》
- □昇降《しょうこう》
- □伸縮《しんしゅく》
- □粗密《そみつ》
- □出納《すいとう》
- □去就《きょしゅう》
- □因果《いんが》
- □需給《じゅきゅう》
- □任免《にんめん》
- □賞罰《しょうばつ》
- □濃淡《のうたん》
- □彼我《ひが》
- □存亡《そんぼう》
- □清濁《せいだく》

ウ（上の字が下の字を修飾しているもの）でよく出題される熟語

上の字から下の字に読むと意味がわかるものはこの構成。

（例）暫定
暫（しばらくの間）→定（さだめる）

暫定《ざんてい》
疾走《しっそう》
徐行《じょこう》
佳境《かきょう》
愚問《ぐもん》

濫用《らんよう》
金塊《きんかい》
芳香《ほうこう》
後悔《こうかい》
佳作《かさく》

岐路《きろ》
粗食《そしょく》
裸眼《らがん》
稚魚《ちぎょ》
海賊《かいぞく》

共謀《きょうぼう》
潔癖《けっぺき》
廉価《れんか》
鼻孔《びこう》
鶏舎《けいしゃ》

硬貨《こうか》
傍聴《ぼうちょう》
厳封《げんぷう》
蛮行《ばんこう》
巨匠《きょしょう》

猟犬《りょうけん》
孤島《ことう》
気孔《きこう》
鶏卵《けいらん》
塗料《とりょう》

伴奏《ばんそう》
概観《がいかん》
既成《きせい》
必携《ひっけい》
主催《しゅさい》

辛勝《しんしょう》
湖畔《こはん》
債務《さいむ》
暫時《ざんじ》
常駐《じょうちゅう》

エ（下の字が上の字の目的語・補語になっているもの）でよく出題される熟語

下の字に「て・に・を・は」をつけ、下の字から上の字に読むことができればこの構成。

（例）棄権 ― 権利（を） すてる

棄権《きけん》
慰霊《いれい》
喫茶《きっさ》
撮影《さつえい》
捕鯨《ほげい》

潜水《せんすい》
炊飯《すいはん》
解雇《かいこ》
駐車《ちゅうしゃ》
排他《はいた》

免税《めんぜい》
隔世《かくせい》
遵法《じゅんぽう》
登壇《とうだん》
鎮魂《ちんこん》

換気《かんき》
換言《かんげん》
減刑《げんけい》
合掌《がっしょう》
翻意《ほんい》

解凍《かいとう》
譲位《じょうい》
遭難《そうなん》
除湿《じょしつ》
脱獄《だつごく》

移籍《いせき》
聴講《ちょうこう》
催眠《さいみん》
鎮痛《ちんつう》
検尿《けんにょう》

惜別《せきべつ》
赴任《ふにん》
訪欧《ほうおう》
免責《めんせき》
養豚《ようとん》

オ（上の字が下の字の意味を打ち消しているもの）でよく出題される熟語

上の字が打ち消しの意味をあらわす「不」「未」「無」「非」であればこの構成。

（例）未遂 ― 物事をなしとげる ― 打ち消し

未遂《みすい》
未了《みりょう》
不審《ふしん》
不滅《ふめつ》
不穏《ふおん》

不吉《ふきつ》
不遇《ふぐう》
未完《みかん》
未知《みち》
無粋《ぶすい》

無謀《むぼう》
未踏《みとう》
未明《みめい》
未詳《みしょう》
未納《みのう》

未来《みらい》
未熟《みじゅく》
未決《みけつ》
未婚《みこん》
無為《むい》

無双《むそう》
未開《みかい》
不沈《ふちん》
不慮《ふりょ》
無尽《むじん》

不詳《ふしょう》
未到《みとう》
未刊《みかん》
不粋《ぶすい》
未満《みまん》

無冠《むかん》
無数《むすう》
不朽《ふきゅう》
不屈《ふくつ》
不惑《ふわく》

資料10

よく出る 送りがなの問題

覚えにくいものもあるので、一つひとつの送りがなをしっかり覚えていきましょう。

使い方▼ 下の部分に赤シートをあてて、送りがなをチェックしてみましょう。

- □ あきなう—商う
- □ しいる—強いる
- □ すこやかだ—健やかだ
- □ むくいる—報いる
- □ そむける—背ける
- □ のぞむ—臨む
- □ すみやかだ—速やかだ
- □ ほがらかだ—朗らかだ
- □ たがやす—耕す

- □ おごそかだ—厳かだ
- □ ゆわえる—結わえる
- □ いちじるしい—著しい
- □ さからう—逆らう
- □ こころみる—試みる
- □ いさましい—勇ましい
- □ あびせる—浴びせる
- □ ただちに—直ちに
- □ もうける—設ける

- □ さかえる—栄える
- □ いとなむ—営む
- □ うたがう—疑う
- □ となえる—唱える
- □ たやす—絶やす
- □ こやす—肥やす
- □ したがう—従う
- □ せめる—責める
- □ たいらげる—平らげる
- □ こころよい—快い
- □ おおう—覆う
- □ すます—済ます
- □ まかせる—任せる
- □ やさしい—易しい
- □ ひきいる—率いる

- □ やすらかだ—安らかだ
- □ きよらかだ—清らかだ
- □ おぎなう—補う
- □ あやまる—謝る
- □ まったく—全く
- □ むらがる—群がる
- □ かまえる—構える
- □ つげる—告げる
- □ むらす—蒸らす
- □ そなえる—備える
- □ まずしい—貧しい
- □ さます—冷ます
- □ つらねる—連ねる
- □ たしかめる—確かめる
- □ ひめる—秘める